PASSEPARTOUT

I TEST
PSICOATTITUDINALI

ESERCIZI COMMENTATI

edizioni
Alpha Test

Via Mercalli, 14 – 20122 Milano (Italy)
Tel. 02 58 45 981 – fax 02 58 45 98 96
servizi@alphatest.it
www.alphatest.it

ISBN: 978-88-483-2228-7

Sesta edizione: gennaio 2020

Prima edizione: maggio 2001

Grafica della copertina di Andrea Morando
Copertina e illustrazioni interne a cura dell'Ufficio Grafico Alpha Test:
Marina Ilacqua e Katia Lerario.

Stampato da Arti Grafiche Franco Battaia S.r.l., Zibido San Giacomo (MI)
per conto di Alpha Test S.p.A.
nel gennaio 2020

INDICE

PREFAZIONE

La collana *Passepartout* costituisce una risposta adeguata all'esigenza di preparazione ai processi di selezione che avvengono mediante l'utilizzo di prove a test composte da quesiti a risposta multipla. Questo libro è diretto a coloro che devono sostenere una prova a test caratterizzata dalla presenza di domande di tipo psicoattitudinale. Sotto questa denominazione, non sempre utilizzata correttamente, vengono classificate diverse tipologie di esercizi che consentono di valutare specifiche attitudini e capacità di un individuo al fine di comprendere, in ultima analisi, i problemi e i contesti in cui ciascuno può applicarsi con maggior successo.

Nella maggior parte dei casi, l'applicazione dei test psicoattitudinali ha valore previsionale nel senso che essi forniscono un'indicazione della possibilità di riuscita negli studi o in una determinata carriera professionale.

Come risulterà chiaro dalla lettura delle pagine seguenti, i test psicoattitudinali tendono a valutare la capacità di ragionamento e le attitudini piuttosto che conoscenze specifiche relative a particolari argomenti o discipline. La difficoltà, spesso, è determinata dal fatto che il candidato non ha familiarità con la logica degli esercizi e che il tempo a disposizione per risolvere tali domande, in qualunque concorso o processo di selezione a test, è estremamente limitato.

Il lettore che lo desideri, può valersi di un itinerario completo di preparazione che prevede l'utilizzo di due volumi:

- il **MANUALE** PER I TEST PSICOATTITUDINALI, che rappresenta il principale strumento di lavoro; la trattazione di ogni tipologia di esercizi vede affiancate un'ampia sezione teorica - che consente lo studio o il ripasso mirato degli argomenti principali su cui potranno vertere le domande d'esame - e una rassegna esemplificativa di quesiti, risolti e commentati;
- l'**ESERCIZIARIO** PER I TEST PSICOATTITUDINALI, volume complementare rispetto al precedente; esso propone centinaia di quesiti a risposta multipla, suddivisi per tipologia, e permette al lettore di esercitarsi a fondo e valutare nella pratica il livello della propria preparazione.

In particolare, l'ESERCIZIARIO PER I TEST PSICOATTITUDINALI è suddiviso in cinque parti.

Nella **prima parte** vengono presentati i quesiti relativi all'**attitudine verbale**, esercizi volti a verificare la proprietà di linguaggio, l'ampiezza del vocabolario, la capacità di comprendere relazioni tra vocaboli e le capacità critiche, di analisi e di sintesi del candidato.

Gli esercizi di **attitudine logica** costituiscono l'argomento sviluppato nella **seconda parte**. Si tratta di prove utilizzate per verificare l'attitudine al ragionamento e le capacità logico-deduttive dei candidati.

La **terza parte** è dedicata agli esercizi di **attitudine numerica e spaziale**. Si tratta di problemi che non presuppongono la conoscenza di nozioni specifiche, ma che intendono valutare le capacità di comprendere la logica che governa particolari successioni di numeri e l'attitudine al ragionamento astratto.

Nella **quarta parte** vengono presentati i **test percettivi**, volti a verificare l'attitudine meccanica, la capacità di memorizzazione e di concentrazione, la rapidità e la precisione dei candidati.

La **quinta parte** del volume contiene una **prova simulata di test**, costruita secondo criteri del tutto analoghi a quelli che caratterizzano le prove ufficiali a cui il volume si riferisce.

Il volume ESERCIZIARIO PER I TEST PSICOATTITUDINALI è il frutto dell'esperienza pluriennale di Alpha Test in diversi settori di operatività: offerta di servizi di orientamento e formazione per gli studenti dal momento della scelta dell'università fino all'ingresso nel mondo del lavoro, collaborazione con istituzioni, enti di ricerca e di informazione per ciò che attiene in particolare l'utilizzo di test a scopi selettivi.

Per continuare a migliorare la qualità delle proprie pubblicazioni, Alpha Test considera estremamente prezioso il parere dei propri lettori ai quali chiede la cortesia di esprimere un giudizio su questo libro nell'apposita sezione "Valuta un libro" del sito alphatest.it. Per ogni valutazione ricevuta Alpha Test devolverà 2 euro alla **Fondazione Francesca Rava–NPH Italia Onlus** che aiuta i bambini orfani, abbandonati, ammalati in Italia e nei paesi più poveri del mondo (www.nphitalia.org).

Per informazioni aggiornate sui libri di Alpha Test i lettori possono visitare il sito internet alphatest.it o richiedere il catalogo gratuito a:

Alpha Test S.p.A.
via Mercalli, 14 – 20122 Milano
tel. 02 58 45 981 – fax 02 58 45 98 96
servizi@alphatest.it

Parte prima

LOGICA VERBALE

1| COMPETENZE LINGUISTICHE

1.1 | Esercizi proposti

Individuare l'alternativa che completa correttamente le seguenti proporzioni tra parole.

1 **X : scrittore = film : Y**

A X = redattore, Y = cinema
B X = libro, Y = regista
C X = editore, Y = sceneggiatore
D X = analogico, Y = digitale
E X = pagine, Y = pellicola

2 **Due : secondo = X : Y**

A X = terzo, Y = tre
B X = sei, Y = sesto
C X = quattro, Y = minuto
D X = quinto, Y = cinque
E X = tre, Y = sei

3 **Perla → X**
Y → orchestra

A X = collana, Y = musicista
B X = gioiello, Y = direttore
C X = pagine, Y = libro
D X = corallo, Y = teatro
E X = opera, Y = sabbia

4 **Quali tra le seguenti parole hanno un significato analogo tra loro?**

1 Negligere
2 Trascurare
3 Scegliere
4 Perdonare

A 2-3
B 1-2
C 1-3
D 1-4
E 2-4

5 **Effimero : stabile = X : Y**

- A X = consumato, Y = logoro
- B X = sterile, Y = produttivo
- C X = fertile, Y = fecondo
- D X = ludico, Y = giocoso

6 **X : peso = igrometro : Y**

- A X = Altezza, Y = bilancia
- B X = Umidità, Y = termometro
- C X = Costo, Y = euro
- D X = Chilo, Y = millimetro
- E X = Bilancia, Y = umidità

7 **Camicia : X = Y : suola**

- A X = giacca, Y = stringhe
- B X = maglietta, Y = calzino
- C X = bottone, Y = cuoio
- D X = manica, Y = scarpa
- E X = cotone, Y = pianta

8 **Mattone : muro = X : Y**

1: tegola2: vestito3: cappotto

4: matita5: albero6: tetto

- A 2; 3
- B 1; 5
- C 1; 6
- D 2; 5
- E 6; 5

9 **... sta a grasso come anziano sta a ...**

A: esile	**B: giovane**	**C: celibe**	**D: integerrimo**
E: magro	**F: sposato**	**G: folle**	**H: tranquillo**

- A A; C
- B F; D
- C E; B
- D F; E
- E G; F

10 **Tiepido sta a caldo come X sta a Y**

- A X = allegria, Y = simpatia
- B X = carino, Y = stupendo
- C X = enorme, Y = grosso
- D X = estate, Y = sole
- E X = bollente, Y = caldo

11 **.... : Brunelleschi = Studi di anatomia : ...**

1: Cupola Santa Maria del Fiore

2: Cappella Sistina

3: Leonardo da Vinci

4: Michelangelo

5: Cappella degli Scrovegni

6: Progetti idraulici

7: Giotto

A 1; 2

B 2; 7

C 2; 3

D 1; 4

E 1; 3

---

12 **Uno dei seguenti abbinamenti non è congruente con gli altri. Quale?**

A basilare / secondario

B cauto / avventato

C perspicuo / incomprensibile

D irreprensibile / censurabile

E pernicioso / deleterio

---

13 **Individuare la coppia di termini che appartengono allo stesso insieme.**

1: tennis

2: racchetta

3: campo

4: arbitro

5: canestro

6: basket

A 1; 2

B 5; 6

C 1; 4

D 3; 1

E 6; 1

---

14 **Quale delle seguenti coppie di termini risulta "anomala" rispetto alle altre?**

A Grande - superbo

B Bello - stupendo

C Tiepido - caldo

D Ultimo - estremo

E Freddo - gelido

15 **Individuare il termine mancante.**

pasto	canto
posto	?

A conto
B cenno
C pesto
D mosso
E lento

Scartare una parola per ciascuna delle serie presentate.

16 **Indicare la parola da scartare.**

A Rossetto
B Fard
C Ombretto
D Fondotinta
E Unghia

17 **Indicare la parola da scartare.**

A Lombardia
B Lazio
C Sicilia
D Pianura padana
E Sardegna

18 **Indicare la parola da scartare.**

A Scopa
B Detersivo
C Spugna
D Spazzolone
E Balcone

19 **Indicare la parola da scartare.**

A Nefistra
B Tarpo
C Selo
D Totet
E Rumi

20 **Indicare la parola da scartare.**

A Sincero
B Certamente
C Affabile
D Gioioso
E Ricco

21 **Indicare la parola da scartare.**

A Piave
B Brenta
C Adige
D Panaro
E Trasimeno

22 **Indicare la parola da scartare.**

A Tennis
B Baseball
C Hockey
D Ping Pong
E Calcio

23 **Indicare la parola da scartare.**

A Quaca
B Bul
C Veder
D Gollai
E Sora

24 **Indicare la parola da scartare.**

A Riga
B Praga
C Budapest
D Barcellona
E Parigi

25 **Indicare la parola da scartare.**

A Borges
B Pirandello
C Monet
D Dumas
E Dickens

26 **Indicare la parola da scartare.**

A Scepe

B Noma

C Gotta

D Virape

E Nisao

27 **Se treno = 14, tram = 11, bus = 8, trattore = ?**

A 23

B 21

C 27

D 11

E 14

Risolvere i seguenti esercizi.

28 ***Accezione* significa:**

A significato di una parola

B ammissione di una persona in un gruppo

C arma da taglio

D fatto che esce dalla norma

E esagerazione

29 ***Defalcare* significa:**

A rallentare

B derivare

C detrarre

D cacciare

E scavalcare

30 ***Vaticinio* significa:**

A predizione di avvenimenti futuri per ispirazione divina o preveggenza profetica

B comunicazione ufficiale del Vaticano, generalmente indirizzata a Vescovi e Cardinali

C toga indossata dagli antichi profeti (vati), durante le cerimonie ufficiali

D sostanza contenuta nel latte vaccino e presente nella maggior parte dei latticini in commercio

E veicolo su rotaie, costituito da un carrello con cassa ribaltabile, per il trasporto dei materiali

31 ***Ancestrale* significa:**

- A che gesticola
- B riferito alla famiglia
- C primordiale
- D cavo d'acciaio
- E proprio degli astri

32 **Il sinonimo di *alterco* è:**

- A attenzione
- B diversità
- C semplicità
- D controversia
- E accordo

33 **Il contrario di *farraginoso* è:**

- A fumoso
- B debole
- C chiaro
- D agricolo
- E confuso

34 **Il contrario di *filantropo* è:**

- A egoista
- B altruistico
- C musicofobo
- D conformista
- E sporco

35 **Il sinonimo di *evincere* è:**

- A imporre
- B arrendersi
- C desumere
- D travisare
- E tergiversare

36 **Il contrario di *eterogeneo* è:**

- A ortodosso
- B simile
- C bandito
- D differente
- E vario

37 Il sinonimo di *palesare* è:

- A pensare
- B rivelare
- C frenare
- D pesare
- E produrre

Negli esercizi che seguono, individuare l'alternativa che, sostituita alla proposizione sottolineata, completa correttamente il periodo.

38 <u>Poiché il maestro di tennis subirà un infortunio al gomito</u>, la partita è stata sospesa.

- A Il maestro di tennis aveva subito un infortunio al gomito
- B Avendo subito un infortunio al gomito
- C Avendo il maestro di tennis subito un infortunio al gomito
- D Il maestro di tennis subendo un infortunio al gomito

39 Se il candidato democratico riuscirà a intervenire al dibattito, <u>il problema più rilevante da discutere è quello relativo alle riforme istituzionali</u>.

- A il problema maggiormente rilevante da discutere è quello delle riforme istituzionali
- B il problema più rilevante da discutere sarà quello delle riforme istituzionali
- C il problema più rilevante da discutere sarebbe quello delle riforme istituzionali
- D il problema più rilevante da discutere è stato quello delle riforme istituzionali

Risolvere i seguenti esercizi.

40 Individuare l'alternativa che completa logicamente la seguente frase: "Tutti i cittadini hanno pari .... sociale e sono eguali davanti alla legge, senza .... di sesso, di razza, di lingua, di religione, di opinioni .... , di condizioni personali e sociali".

- A moralità; differenza; personali
- B opportunità; similitudine; pubbliche
- C libertà; distacco; prevalenti
- D etica; parità; collettive
- E dignità; distinzione; politiche

41 Completare la seguente frase:

Il saldo contabile è quello ... in un dato momento in base a tutte le operazioni che sono state ... a debito e a credito del correntista.

- A atteso; in
- B registrata; poste
- C che; sì
- D risultante; registrate

42 Individuare quale delle seguenti frasi contiene un errore.

A In relazione all'assemblea svoltasi nello scorso mese verrà distribuita ai dipendenti una relazione sintetica

B Se avessi visto anche tu sua sorella te ne saresti sicuramente innamorato

C Continuando di questo passo diventerai dottore in meno di tre anni

D Se avessi saputo attendere avessi avuto quello che volevi

43 Individuare quale delle seguenti frasi non contiene un errore.

A Dovendo scegliere tre queste fotografei direi che la più bella è qualla in cui è ritratta mentre coglie il fiore

B Non credere che sia pazzo, in realtà ho valutato con estrema attenzione l'intera situazione anche alla luce degli ultimi fatti che si sono verificati

C Quale dolce preferisci? A me mi piace di più quello al cioccolato, anche se quello con la crema ha un bellissimo aspetto

D Non giudicare le persone da quello che sono ma da quello che fano

44 In un ipotetico linguaggio in codice, alla parola SPECIFICA corrisponde il codice SPEFECIFIFIFICAFA e alla parola IGNORATO corrisponde il codice IFIGNOFORAFATOFO. Come si scriverà, nel medesimo codice, la parola MAIL?

A MAFIFIL

B MAFAIFIL

C MAFAFIIL

D MFAAIFIL

E MAIL

45 Il superlativo assoluto di *alto* è:

A iperalto

B più alto

C alterrimo

D altissimo

46 Il plurale di *pianoforte* è:

A pianoforti

B pianiforti

C pianiforte

D pianoforte

47 **Il prefisso in uno dei seguenti aggettivi NON obbedisce alla stessa logica degli altri. Quale?**

A Irregolare
B Imbiancato
C Illogico
D Imbattibile
E Inutile

48 **Se banco = 10, matita = 12, gomma = 10, biro = ?**

A 8
B 10
C 12
D 16
E 9

49 **L'espressione "mettere il carro davanti ai buoi" significa:**

A perdere tempo
B fare il proprio danno
C non avere nessun peso
D prendere provvedimenti tardivi
E anticipare inopportunamente

50 **Scegliere l'alternativa che completa in modo corretto la frase seguente: "Un principio fondamentale della famiglia consiste ... dei genitori, esercitata sui figli con ... e spirito di amore".**

A nella severità – autorità
B nella ricchezza – sacrificio
C nell'autorità – dolcezza
D nella lealtà – carisma
E nella fragilità – timore

1.2 | Soluzioni e commenti

1 La relazione tra gli elementi della proporzione consiste in quella tra un prodotto e la figura professionale che lo crea. Questa relazione è soddisfatta dall'alternativa **B** per cui un libro è frutto del lavoro di uno scrittore così come un film lo è di quello di un regista.

2 I termini del primo membro sono, nell'ordine, un numero cardinale (*due*) e il corrispettivo ordinale (*secondo*). Per avere la stessa logica a destra della proporzione è necessario scegliere l'alternativa **B**, che presenta l'unico ordine giusto tra i due numeri (anche le alternative **A** e **D** propongono un numero cardinale e il corrispettivo ordinale, ma invertiti di posizione).

3 Più *perle* insieme possono formare una *collana* come più *musicisti* insieme possono formare una *orchestra*. È questo il legame alla base dei termini della proporzione, per cui la soluzione all'esercizio è fornita dall'alternativa **A**.

4 La risposta corretta è la **B**. Entrambi i verbi *negligere* e *trascurare* indicano, infatti, una mancanza di cura e di attenzione.

5 *Effimero* significa fugace, caduco ed è quindi il contrario di *stabile* (durevole, duraturo). La relazione tra i termini noti della proposizione è dunque di *opposizione/contrarietà*. La risposta corretta è dunque la **B**: *sterile* (non *fertile*) è infatti il contrario di *produttivo* (*fecondo*). Le alternative **A**, **C** e **D** propongono tutte termini tra loro sinonimi.

6 La risposta esatta è la **E**. Infatti, la *bilancia* è lo strumento che misura il *peso* così come l'*igrometro* è lo strumento che misura l'*umidità*. Le altre alternative danno invece luogo a proporzioni prive di significato.

7 In una proporzione verbale occorre individuare quale alternativa determina il medesimo nesso logico tra i due termini posti a sinistra dell'uguale e tra i termini posti a destra. In questo esercizio ciò avviene con i termini proposti dall'alternativa **D**: così come la *manica* è parte della *camicia* ugualmente la *suola* è parte della *scarpa*.

8 Questa tipologia di esercizi segue le stesse regole logiche dei precedenti, seppur con una formulazione differente. La soluzione è fornita dall'alternativa **C**: sostituendo i termini proposti si ricava che il muro è formato da *mattoni*, così come il *tetto* è composto da *tegole*.

9 La soluzione al quesito è fornita dall'alternativa **C**. I termini delle due parti della proporzione sono contrari tra di loro. *Grasso* è il contrario di *magro* come *anziano* lo è di *giovane*. Da notare come tra i termini proposti c'è anche *esile* (possibile contrario di *grasso*), ma tra le alternative proposte viene accoppiato a *celibe* che non è il contrario di *anziano*.

10 In questo caso, il quesito si presenta in forma leggermente differente rispetto a quelle viste negli altri quesiti, anche se la logica dell'esercizio rimane inalterata: la proporzione non viene proposta in forma simbolica ma espressa in una frase per mezzo del linguaggio comune. La relazione tra i due termini dati (*tiepido* e *caldo*) è di un *grado di intensità differente*: sono infatti due aggettivi che esprimono il concetto di temperatura, ma con un diverso grado di intensità (caldo è più intenso di tiepido). Si osservi che, tra le alternative proposte, ne esistono tre che rispettano la relazione di *diverso grado di intensità*: la **B**, la **C** e la **E**. La **C** e la **E**, tuttavia, presentano i due termini in ordine inverso, ossia prima il più intenso e poi quello meno intenso. L'alternativa corretta è dunque la **B**.

11 Per individuare la coppia di termini che completa la proporzione conviene provare a sostituire una a una le alternative proposte. Così facendo risulta corretta l'alternativa **E**. Si ricorda infatti che la cupola di Santa Maria del Fiore a Firenze è opera di Brunelleschi, mentre autore dei famosi "Studi di anatomia" è Leonardo da Vinci.

12 Pur non conoscendo i significati di tutti i termini proposti è possibile, analizzando le alternative, arrivare alla soluzione del quesito. Le prime due alternative riportano, infatti, termini di comune utilizzo: *basilare* è il contrario di *secondario* come *cauto* lo è di *avventato*. Il criterio che lega, quindi, quattro di queste coppie è quello di *contrarietà*. *Irreprensibile* è certamente il contrario di *censurabile*, come *incomprensibile* lo è di *perspicuo* (il termine non è di largo utilizzo, ma si pensi a *perspicace*, termine etimologicamente omogeneo – entrambi derivano dal latino *perspicere*, guardare dentro, osservare attentamente – che significa "acuto", "che comprende al volo"). Sono, invece, sinonimi tra loro *pernicioso* e *deleterio*: entrambi significano "che provoca o comporta gravi danni". La soluzione al quesito è, quindi, la **E**.

13 Per risolvere l'esercizio conviene partire dalle alternative tenendo sempre a mente che i due termini proposti devono appartenere a uno stesso insieme e non avere una generica relazione logica. Osservando l'alternativa **A**, per esempio, si può affermare che benché nel *tennis* si usi la *racchetta*, i due termini appartengono a insiemi diversi (*sport* il primo, *attrezzi sportivi* il secondo). Con lo stesso ragionamento si scartano anche le alternative **B**, **C** e **D** e si arriva alla conclusione che la soluzione al quesito è fornita dall'alternativa **E** (tennis e basket appartengono entrambi all'insieme *sport*).

14 Il rapporto tra i termini dati è l'espressione di un *grado di intensità differente* della medesima qualità: così, per esempio, *freddo* e *gelido* sono due aggettivi che esprimono il concetto di temperatura bassa, ma con un diverso grado di intensità. L'unica coppia di termini che non rispecchia tale rapporto è *grande - superbo* (il secondo termine corretto avrebbe dovuto essere *massimo*). La risposta esatta è dunque la **A**.

15 La relazione logica va ricercata lavorando per colonna. Cambiando la seconda lettera da "a" a "o" si passa da *pasto* a *posto*, così mutando la "a" in "o" in *canto* si ottiene *conto* (**A** soluzione del quesito).

16 Sono elencati prodotti per il *maquillage*, tra i quali fa eccezione, naturalmente, l'*unghia*. La risposta esatta è quindi la **E**.

17 Tutti i termini proposti identificano una regione italiana a eccezione di *pianura padana*. La risposta corretta è dunque la **D**.

18 Sono elencati prodotti per la *pulizia della casa*, tra i quali fa eccezione, naturalmente, il *balcone*. La risposta esatta è quindi la **E**.

19 Tutte le alternative anagrammate si trasformano in nomi di parti di un edificio (*finestra*, *porta*, *tetto*, *muri*) a eccezione della **C**, il cui anagramma è *sole*. La risposta corretta è dunque la **C**.

20 *Sincero*, *affabile*, *gioioso* e *ricco* sono tutti aggettivi mentre *certamente* è un avverbio ed è la parola da scartare. La risposta corretta è quindi fornita dall'alternativa **B**.

21 Con un minimo di conoscenze di geografia si può facilmente risolvere l'esercizio. *Piave*, *Brenta*, *Adige* e *Panaro* sono tutti fiumi italiani, mentre *Trasimeno* è un lago.
La risposta corretta è quindi la **E**.

22 Il *tennis*, il *baseball*, l'*hockey* e il *ping pong* sono tutti sport che, per essere praticati necessitano dell'utilizzo, da parte di almeno uno dei giocatori, di uno strumento (nel tennis e nel ping pong la racchetta, nel baseball e nell'hockey la mazza); nel *calcio* invece non occorre nessuno strumento, essendo la palla colpita solo con alcune parti del corpo dei giocatori. La risposta corretta è dunque la **E**.

23 Tutte le alternative anagrammate si trasformano in colori (*blu*, *verde*, *giallo*, *rosa*) a eccezione della **A** (risposta corretta) il cui anagramma è *acqua*.

24 Il criterio che lega le varie città, tranne *Barcellona* (che va quindi scartata), è rappresentato dall'essere bagnate da un fiume. La risposta corretta è quindi la D.

25 Nesso di *professione*. La risposta esatta è la C: si tratta infatti di scrittori, a eccezione di *Monet*, celebre pittore e scultore.

26 Tutte le alternative anagrammate si trasformano in nomi di animali (*pesce*, *gatto*, *vipera*, *asino*) a eccezione della B, il cui anagramma è *mano*. La risposta corretta è dunque la B.

27 La relazione tra numero e lettera si ottiene moltiplicando per 3 il numero delle lettere che compongono la parola e sottraendo 1: "treno" è composta da 5 lettere, 5 x 3 = 15 – 1 = 14; analogamente "bus" è composta da 3 lettere, 3 x 3 = 9 – 1 = 8. Pertanto: "trattore" = 8 x 3 = 24 - 1 = 23 e la risposta corretta è quindi la A.

28 La risposta esatta è la A. Infatti, *l'accezione* è il significato assunto da un vocabolo (per esempio "una parola con molte accezioni" oppure "usare un termine nella sua accezione più comune"). Si osservi che le altre alternative proposte si riferiscono a vocaboli simili ma con significati completamente differenti: la B è la definizione di *accettazione*, la C è la definizione di *accetta*, la D è la definizione di *eccezione*, mentre la E è la definizione di *eccesso*.

29 Il verbo *defalcare*, dal latino medioevale defalcare (tagliare con la falce), significa *detrarre*, sottrarre. La risposta esatta è pertanto la C.

30 La risposta esatta è la A. È curioso osservare che una delle alternative errate, la B, presenta la parola *Vaticano*, strettamente connessa a *vaticinio* dal punto di vista del significante ma completamente diversa dal punto di vista del significato.

31 La risposta esatta è la C. *Ancestrale* significa atavico, primordiale. In biologia si parla di caratteri somatici e psichici ancestrali, per indicare quei caratteri che si suppone si trovassero anche nei nostri antenati

32 La risposta corretta è fornita dall'alternativa D, in quanto *alterco* è sinonimo di lite, bisticcio, controversia. *Accordo* (alternativa E) rappresenta invece il contrario del termine.

33 *Farraginoso* significa *caotico, confusionario, poco chiaro*. Il suo contrario è dunque identificato dall'alternativa C. Si noti che le alternative A ed E presentano un sinonimo (e non un contrario) del termine dato.

34 La risposta esatta è fornita dall'alternativa A. *Filantropo* è detto di una persona buona, altruista, caritatevole. Il contrario è quindi *egoista*. L'alternativa B rappresenta invece uno dei sinonimi del termine proposto.

35 *Evincere* significa dedurre, ricavare, rivendicare. La risposta corretta è dunque la C.

36 La risposta corretta è la B. Infatti *eterogeneo*, dalla radice greca "héteros" che significa diverso, indica qualcosa di diverso per genere, qualità o altro. Il suo contrario è dunque espresso dal termine *simile*.

37 *Palesare* significa rendere palese, evidente, manifesto; la risposta corretta è pertanto la B.

38 L'alternativa A può essere scartata in quanto il periodo risulterebbe privo di una congiunzione subordinata fra le due proposizioni. Analogamente, la B è errata in quanto priva di un soggetto (chi ha subito l'infortunio al gomito?). Infine, l'alternativa D è da eliminare in quanto la causale implicita è espressa al presente (*subendo*), mentre la principale (frase non sottolineata) è al passato (*è stata sospesa*). La risposta esatta è dunque la C.

39 Poiché la frase subordinata (quella non sottolineata) è espressa al futuro (*riuscirà*), anche la principale (frase sottolineata) deve essere espressa al futuro (*sarà*). La risposta esatta è quindi la **B**.

40 Nel testo dell'esercizio troviamo il dettato dell'art. 3 della Costituzione della Repubblica Italiana con tre lacune, da riempire scegliendo le opportune parole mancanti tra quelle proposte nelle alternative. Si può facilmente verificare che ciò accade con l'alternativa **E**.

41 La risposta corretta è data dall'alternativa **D**. Tutte le altre propongono una coppia di parole che non si adattano alla struttura della frase. In particolare, si deve porre attenzione all'alternativa **B**. In questo caso il problema deriva dal fatto che la parola *registrata* (femminile) non concorda con *saldo contabile* (maschile) a cui si riferisce.

42 La risposta corretta è la **D**. Infatti, l'errore è dato dal verbo *avessi avuto* che avrebbe dovuto assumere la forma *avresti avuto* per far risultare corretta la frase.

43 L'unica frase che non contiene nessun errore è quella proposta dall'alternativa **B**. Si lascia al lettore l'esercizio di individuare gli errori nelle restanti frasi. In questo tipo di esercizio si deve prestare attenzione al modo in cui sono scritte le varie parole, alla concordanza tra sostantivi e aggettivi e al rapporto temporale dei verbi.

44 Nell'ipotetico linguaggio in codice la parola SPECIFICA corrisponde al codice SPEFECIFIFIFICAFA. In pratica dopo ogni vocale si aggiunge una F e si ripete la vocale: infatti la prima sillaba SPE diventa SPEFE, la seconda CI diventa CIFI e così via.

Similmente, alla parola IGNORATO corrisponde il codice IFIGNOFORAFATOFO: anche in questo esempio dopo ogni vocale si aggiunge una F e si ripete la vocale.

La parola MAIL si scriverà quindi MAFAIFIL: risposta esatta **B**.

45 Il superlativo assoluto degli aggettivi esprime una qualità posseduta al massimo grado dal nome cui si riferisce, senza alcun paragone con altre grandezze; nel caso di *alto* il superlativo assoluto si ottiene aggiungendo all'aggettivo di grado positivo il suffisso *-issimo*. La risposta esatta è quindi la **D**.

46 *Pianoforte* è uno dei nomi composti il cui plurale si forma volgendo al plurale solo il secondo dei vocaboli da cui è formato. La risposta corretta è quindi fornita dall'alternativa **A**.

47 Per ottenere il significato contrario di un aggettivo, si antepone il prefisso "s-", "dis-" o "in-" all'aggettivo stesso. Il contrario dell'aggettivo "utile" (alternativa **E**) è quindi "in-utile", di "contento" è "s-contento" e così via. Se l'aggettivo comincia con "p" o "b" la "n" del prefisso "in" diventa una "m"; quindi, il contrario di "battibile" (alternativa **D**) è "im-battibile". Se l'aggettivo incomincia con "r" o "l", il contrario si ottiene con il raddoppio della lettera iniziale preceduto dalla "i": si ha quindi "regolare" che diventa "ir-regolare" (alternativa **A**) e "logico" che diventa "il-logico".

Solo l'alternativa **B** riporta un aggettivo che non è la negazione di un altro, ma per il quale il suffisso "in-" (che davanti a una labiale diventa "im-") funziona come rafforzativo.

48 I termini che vengono presentati nel testo del problema sono associati ai numeri secondo la logica: $n \times 2$, dove n è il numero di lettere da cui sono composti. *Biro* è una parola di 4 lettere e di conseguenza la soluzione è pari a $4 \times 2 = 8$ (soluzione **A**).

49 Il carro è sempre trainato dai buoi. L'espressione "mettere il carro davanti ai buoi" si riferisce, quindi, a un comportamento inadeguato, a un anticipare in modo inopportuno qualcosa (**E** soluzione del quesito), invertendo l'ordine con cui gli eventi dovrebbero susseguirsi.

50 La soluzione deve essere ricercata sulla base del significato dei vocaboli proposti, dal momento che tutti si inseriscono correttamente nella sintassi della frase. Perciò, le alternative A, B ed E possono essere scartate in quanto è privo di senso dire che un fondamento della famiglia consiste nella *severità*, o nella *ricchezza* o nella *fragilità* dei genitori. Analogamente, l'alternativa D è errata in quanto non ha alcun senso parlare di esercizio della *lealtà* con *carisma*.

È invece verosimile che l'*autorità* debba essere esercitata con *dolcezza*. La risposta esatta è la C.

2| COMPRENSIONE DI TESTI

2.1 | Esercizi proposti

Negli esercizi seguenti, leggere il breve brano e rispondere alla relativa domanda.

1 **"Può accadere ad un contribuente in buona fede di essere ingiustamente accusato di evasione fiscale. Il cittadino, di qualsiasi posizione sociale e economica, quando viene colpito da un accertamento fiscale si sente impotente di fronte all'Agenzia delle Entrate. La legge tuttavia garantisce ad ognuno una difesa e permette di far valere le proprie ragioni ricorrendo agli organi giudiziari competenti".**

Quale delle seguenti affermazioni può essere dedotta dal brano precedente?

A L'accusa di evasione fiscale comporta solo una perdita di tempo
B Il presunto evasore fiscale viene multato in ogni caso, salvo essere poi rimborsato
C Il contribuente in buona fede non è mai accusato di evasione
D Solo gli organi giudiziari sono competenti a dirimere un contenzioso fiscale
E Gli accertamenti fiscali colpiscono unilateralmente certe classi sociali

2 **"Il dolore è una esperienza sensoriale evocata da stimoli che danneggiano o tentano di distruggere i tessuti. Percezione del tutto particolare, estremamente variabile da soggetto a soggetto in quanto a soglia, intensità, manifestazioni, durata, localizzazione e andamento nel tempo. Nell'uomo, la percezione del dolore è caratterizzata da un particolare tono affettivo spiacevole, e sovente da una localizzazione poco precisa".**

Dal testo NON si può dedurre che:

A è sempre possibile identificare il punto da cui parte la sensazione dolorosa
B la percezione del dolore è soggettiva
C il dolore deriva da un possibile pericolo per i tessuti
D nell'uomo il dolore coinvolge anche la sfera affettiva
E stimoli simili possono produrre sensazioni dolorose di durata diversa in individui diversi

3 **«Con gli occhiali tondi e la mise un po' trasandata, aveva proprio l'aspetto dello studioso. Così, quando Peter Joseph Bellwood, 50 anni, si è presentato nella sala di lettura della Biblioteca Reale di Copenaghen chiedendo di consultare preziosi volumi del XVI e XVII secolo, nessuno si è fatto problemi. Un errore, e grosso, è emerso visionando i filmati delle telecamere a circuito chiuso: le immagini mostrano l'uomo che, con fare disinvolto, tira fuori un coltellino di piccole dimensioni e, una dopo l'altra, taglia dai libri otto antiche cartine, le nasconde sotto il paltò, infila la porta, senza che le guardie si accorgano del misfatto. [...] Bellwood è un Arsenio Lupin delle stampe antiche, un "Peter lo Squartatore" della carto-**

grafia d'epoca. [...] Gli inquirenti maledicono il giorno in cui se lo sono lasciato sfuggire: perché Bellwood è ben noto alla polizia britannica. [...] Le immagini di Copenaghen sono state inviate a musei e biblioteche d'Europa: Bellwood d'ora il poi potrebbe avere vita dura, ma non è da escludere che riesca a colpire ancora. Il primo arresto, dopotutto, era avvenuto dopo dieci anni di fiorente esercizio. Appassionato di giardinaggio, «è un uomo che non si fa notare, che non dà particolari confidenze, che vive una vita silenziosa», raccontano gli ex vicini. [...] Secondo Jonathan Potter, presidente dell'Associazione britannica dei rivenditori di libri antichi, Bellwood non è che un esponente di un giro criminale che vale milioni.»

Paola De Carolis, *Il superladro che ruba le mappe antiche*, «Corriere della Sera»

Individuate LA SOLA tra le osservazioni ricavate NON FONDATA sull'articolo citato:

A un aspetto serio e innocuo può indurre a trascurare le precauzioni messe in atto contro eventuali furti

B le biblioteche non sono sufficientemente fornite di strumenti di protezione

C nonostante la sua attività fosse fiorente, Bellwood agì per lunghi anni indisturbato

D le Associazioni interessate ritengono che esista un giro di ladri specializzati in mappe antiche

E le segnalazioni ormai giunte in tutta Europa non garantiscono affatto la cessazione dei furti

---

4 **Il rischio di morte o di infortunio per i neopatentati e i passeggeri che viaggiano con loro è più alto della media. Nel 2007 il 32 per cento dei guidatori e il 40 per cento dei passeggeri morti per incidente stradale avevano un età compresa tra i 17 e i 24 anni. Tra i neopatentati, il richio di incorrere in un incidente mortale è stato più alto per gli uomini che per le donne. Dunque, al fine di ridurre il numero di incidenti stradali e il numero di morti e feriti, ai giovani non dovrebbe essere permesso di guidare fino all'età di 24 anni.**

Su quale supposizione implicita si basa il brano precedente?

A L'esame per il conseguimento della patente non testa efficacemente le abilità dei guidatori

B La maggioranza dei guidatori di età compresa fra i 17 e i 24 anni guida in modo pericoloso

C I giovani si opporranno all'innalzamento dell'età minima per poter guidare

D Tra i guidatori di età compresa tra i 17 e 24 anni ci sono più uomini che donne

E La maggior parte degli incidenti in cui sono stati coinvolti dei giovani sono stati causati da neopatentati

5 **«Le "carte fedeltà" dei supermercati sono state ideate per incoraggiare il cliente a fare sempre la spesa nello stesso supermercato. Tuttavia, oggigiorno tutte le grandi catene di supermercati offrono tali "carte fedeltà". La maggioranza dei clienti possiede una "carta fedeltà" per ciascuno dei supermercati della zona in cui risiede. È, quindi, inutile per i supermercati continuare a offrire indiscriminatamente simili "carte fedeltà" e sembrerebbe invece più opportuno smettere di offrirle. Dalla situazione appena descritta si potrebbe desumere che le "carte fedeltà" non sono per nulla la ragione principale per cui i clienti scelgono di fare la spesa in un determinato supermercato».**

Quale delle seguenti affermazioni è totalmente sostenuta dal brano precedente?

- A Le "carte fedeltà" sono troppo costose per i supermercati
- B La gente ha ormai "carte fedeltà" per tutti i supermercati della zona in cui risiede
- C I supermercati dovrebbero smettere di offrire le "carte fedeltà"
- D Le "carte fedeltà" sono state ideate per incoraggiare il cliente a fare la spesa nello stesso supermercato
- E Le "carte fedeltà" non sono la ragione principale per cui la gente sceglie di fare la spesa in un determinato supermercato

Brano 1 **In base alle informazioni contenute nel brano seguente, rispondere alle successive domande.**

Karl Marx non divenne un dissidente e un rivoluzionario per reazioni a stenti e a privazioni patiti in gioventù. I moderni discepoli che si recano in pellegrinaggio a Treviri, sua città natale, che sorge nella valle della Mosella ed è contigua alla più bella campagna d'Europa, trovano una dimora attraente, straordinariamente spaziosa. Salvo casi estremamente rari, essa supera in eleganza quelle da cui provengono gli stessi visitatori. Il padre di Marx, il più eminente avvocato di Treviri, nonché magistrato presso la corte d'appello, apparteneva a un'antica famiglia ebraica. All'epoca della nascita di Karl, si era da poco convertito al protestantesimo, ma non pare che in ciò entrassero genuine persuasioni spirituali. Il fatto è che nella posizione ufficiale da lui occupata in Prussia non era facile essere ebreo. Il giovane Marx frequentava l'élite sociale locale; e il suo matrimonio con Jenny von Westphalen, figlia del barone Ludwig von Westphalen, il primo cittadino della città, era in armonia con la sua posizione. I primi anni di Marx non offrono nessun segno premonitore del violento dissenso rivoluzionario che l'avvenire aveva in serbo.

Questo dissenso fu alimentato per la prima volta durante gli anni degli studi universitari, quando, dopo un periodo romanticamente spensierato trascorso a Bonn, Marx si trasferì a Berlino, dove cadde sotto l'influsso di Georg Wilhelm Friedrich Hegel (1770-1831). Da Hegel, o, più precisamente, dalla formidabile e spesso sconcertante aggregazione del pensiero hegeliano, scaturì un'idea in cui ci siamo già imbattuti, sia pure in forma molto elementare, nell'opera di Friedrich List. Si tratta della ferma convinzione che la vita economica, sociale e politica sia impegnata in un processo di costante trasformazione. Quando una struttura o istituzione sociale conquista autorità o preminenza, un'altra sorge a sfidarla. E dalla sfida e dal conflitto che ne derivano nascono una nuova sintesi e un nuovo potere, che saranno successivamente a loro volta sfidati da nuove strutture o istituzioni. L'ovvia esemplificazione in carne e ossa di questa superba astrazione era costituita dai capitalisti – i nuovi industriali – e dalla loro sfida alle vecchie classi dominanti terriere. E non era necessario un grande sforzo di immaginazione per rendersi conto che, dopo aver opportunamente demolito il potere della vecchia aristocrazia e aver raggiunto una nuova sintesi, la nuova borghesia sarebbe stata a sua volta sfidata dagli operai che aveva chiamato a raccolta al proprio servizio.

La tradizione classica – l'abbiamo visto – aveva postulato un equilibrio; e questa dottrina sarebbe stata chiamata l'economia dell'equilibrio. La relazione fondamentale tra datore di lavoro e operaio, tra terra, capitale e lavoro, non mutava mai. Potevano verificarsi variazioni nell'offerta di lavoro e di capitale, ma queste variazioni non avevano altro effetto che quello di portare a un nuovo e analogo equilibrio. L'identificazione e lo studio di tale equilibrio finale costituivano la sostanza della scienza economica.

Muovendo da Hegel, Marx fu dunque indotto a rifiutare il più fondamentale dei presupposti dell'economia classica. Per lui l'equilibrio non era il punto d'arrivo, ma un evento incidentale in un'assai più ampia trasformazione, che modificava l'intera relazione tra capitale e lavoro.

Possiamo individuare qui la base della più importante divergenza singola nelle visioni dell'economia moderna. Per gli economisti di orientamento classico o neoclassico esiste tuttora un modello fisso, immutabile. A questa norma la vita economica – quali che siano le temporanee perturbazioni o interferenze – tende irresistibilmente a tornare. La scienza economica fa progredire e perfeziona la conoscenza di istituzioni e relazioni basilari che sono costanti. A questa concezione si contrappone la fede in una trasformazione ininterrotta cui gli economisti e le idee economiche devono adattarsi. È il lascito di Hegel e di Marx. Le istituzioni economiche – sindacati, società anonime, le manifestazioni economiche e le politiche dello stato, il conflitto di classe – sono tutte in movimento o sono fonte di movimento. Credere nell'equilibrio – ossia concepire lo studio dell'economia come una ricerca che mira a far progredire la conoscenza di un oggetto fisso e definito una volta per tutte, insomma come una scienza non diversa dalla chimica o dalla fisica – significa condannarsi a un'ineluttabile obsolescenza.

Negli Stati Uniti, come vedremo in seguito, lo schieramento degli economisti si divide oggi tra classicisti (la stragrande maggioranza) e istituzionalisti, tra quanti postulano un equilibrio inevitabile e costante e quanti (che rivendicano pretese assai minori di precisione scientifica) accettano un mondo in evoluzione e in continuo mutamento. Una delle fonti delle idee degli istituzionalisti è la Germania nel mondo di Hegel (e di Marx).

---

6 Il carattere del brano è:

- A descrittivo
- B giornalistico
- C polemico
- D critico
- E poetico

---

7 Una delle tesi centrali avanzate dall'autore del brano è che:

- A l'economia si presenta come una rigorosa disciplina scientifica
- B Hegel influenzò il pensiero di Marx che si pone in opposizione al più fondamentale dei presupposti dell'economia classica
- C la grande maggioranza degli economisti statunitensi accettano un mondo in continuo mutamento
- D nelle origini aristocratiche di Marx vanno ricercate le origini del suo pensiero rivoluzionario
- E il pensiero di Marx aveva trovato precedente espressione nell'opera di Friedrich List

---

8 Quale delle seguenti affermazioni è corretta, secondo quanto riportato dal brano?

- A Il padre di Karl era di religione sinceramente protestante
- B La teoria economica istituzionalista trae origine anche dal pensiero di Hegel
- C Marx non fu un rivoluzionario
- D Secondo la teoria classica la vita economica è in costante trasformazione
- E Nessuna delle alternative è corretta

9 Quale delle seguenti affermazioni non è contenuta nel brano?

- **A** I sindacati sono istituzioni economiche
- **B** La dimora di Treviri supera spesso in eleganza le residenze da cui provengono i visitatori che vi si recano in pellegrinaggio
- **C** Marx trascorse a Berlino un periodo romanticamente spensierato
- **D** Hegel morì all'età di almeno 60 anni
- **E** Nessuna delle alternative è corretta

Brano 2 In base alle informazioni contenute nel brano seguente, rispondere alle successive domande.

Per Delacroix, capo riconosciuto della "scuola romantica", la storia non è esempio o guida dell'agire umano, è un dramma che è cominciato con l'umanità e dura nel presente. La storia contemporanea è lotta politica per la libertà. *La libertà guida il popolo* è il primo quadro politico nella storia della pittura moderna: esalta l'insurrezione che, nel luglio del 1830, ha posto fine al terrore bianco della restaurata monarchia borbonica. Nel quadro che esalta le giornate di luglio c'è un entusiasmo sincero e un significato politico ambiguo. Per Delacroix e in genere per i romantici libertà è indipendenza nazionale. Nella vasta tela del 1830 la donna che sventola il tricolore sulle barricate è, allo stesso tempo, la Libertà e la Francia. E chi combatte per la libertà? Popolani e intellettuali borghesi: nel nome della Libertà-Patria si suggella l'*union sacrée* dei popolani scamiciati e dei borghesi in cilindro. Non è un quadro storico: non rappresenta un fatto o una situazione. Non è un quadro allegorico: di allegorico non c'è che la figura della Libertà-Patria. È un quadro realistico, che culmina con una tirata retorica. Persino la figura allegorica è un misto di realismo e retorica: una figura "ideale" che, per l'occasione, s'è vestita con gli stracci della popolana e, invece della simbolica spada, impugna un fucile d'ordinanza. Nelle note realistiche si scende alla caratterizzazione sociale delle figure per dimostrare che ragazzi, giovani, adulti, operai, contadini, intellettuali, soldati legittimisti e soldati ribelli, tutti sono popolo e tutti affratella il tricolore. È proprio con il romanticismo di Delacroix che l'arte comincia a proporsi di essere, a tutti i costi, del proprio tempo.

(Da: G. C. Argan, "*L'arte moderna 1770/1970*", Sansoni)

10 Quale delle seguenti affermazioni NON può essere dedotta dal brano?

- **A** Delacroix inizia a far sì che l'arte appartenga al proprio tempo
- **B** *La libertà guida il popolo* è stato dipinto nel secondo semestre del 1830
- **C** Clero, monarchia e borghesia sono legati da una *union sacrée*
- **D** Delacroix reinterpreta in chiave realistica la figura allegorica della libertà, raffigurandola con un fucile
- **E** *La libertà guida il popolo* non ha un significato politico univoco

11 Stando al testo, il dipinto di Delacroix è considerato il primo quadro politico nella storia della pittura moderna perché:

- **A** esalta il sostegno popolare all'instaurazione della monarchia borbonica
- **B** nessuno prima di Delacroix aveva osato celebrare la caduta di una dinastia reale
- **C** pur non rappresentando fedelmente un evento, ha una tirata retorica
- **D** nessuno prima di Delacroix aveva messo sullo stesso piano popolani e borghesi
- **E** vi si trova un riferimento a un preciso evento politico

12 **Come è definito il quadro di Delacroix?**

- A Globalmente retorico
- B Realistico
- C Allegorico
- D Storico
- E Sociale

13 **Stando al contenuto del brano, quale significato attribuisce Delacroix alla storia?**

- A Quello di essere un esempio per l'uomo
- B Quello di essere una guida per le azioni dell'uomo
- C Quello di non rappresentare fatti o situazioni
- D Quello di essere un dramma in continuo divenire
- E Quello di essere il compimento di un destino di indipendenza nazionale

14 **La figura allegorica della donna che sventola il tricolore sulle barricate è descritta dall'autore del brano come un misto di realismo e retorica perché:**

- A la donna rappresenta la Libertà e la Francia, ma è raffigurata in maniera realistica, come una popolana che combatte per il suo Paese
- B imbraccia un fucile e non una spada, e proprio nel fucile sta il vero messaggio finale del quadro, ossia quello di esortare il popolo a combattere
- C tramite questa figura si completa l'identificazione tra Libertà, Francia e donna del popolo, dato che Delacroix voleva celebrare la Francia come Paese libero e "popolano"
- D essa incarna il messaggio finale del dipinto, che è quello di esortare i francesi a combattere, altrimenti i popolani conquisteranno nuovamente il potere
- E la donna guerriera è un cliché tipico dell'arte francese, che Delacroix riprende per dare al suo quadro nazionalistico un carattere decisamente radicato nella cultura francese

Brano 3 **In base alle informazioni contenute nel brano seguente, rispondere alle successive domande.**

Disperata e violenta: sono questi i due aggettivi che gli storici e i critici d'arte usano con più frequenza per descrivere la breve vita di Michelangelo Merisi da Caravaggio, uno dei massimi protagonisti della pittura barocca, morto nel 1610, a trentasette anni, sulla strada che lo riportava a Roma, da dove era fuggito quattro anni prima, dopo esser stato condannato a morte in seguito a un omicidio commesso durante una rissa di strada. Realistica e morale è invece la coppia di aggettivi con cui viene generalmente connotata l'opera dell'artista lombardo di nascita ma romano di formazione stilistica. In questa duplice caratterizzazione la ricerca del reale si contrappone a quella dell'ideale e la tensione morale, l'approfondimento dei motivi quotidiani o degli esiti trascendenti, alla ricerca del bello. Lo stacco rispetto al formalismo tardo-manieristico e alla contemporanea elaborazione artistica dei Carracci è talmente marcato da giustificare, per la pittura caravaggesca, la definizione di rivoluzionaria.

Una delle opere che illustrano i motivi caratteristici della pittura caravaggesca più matura è *La morte della Madonna*. Dipinta fra il 1605 e il 1606 per la cappella Cherubini della chiesa di Santa Maria del Popolo a Roma, l'opera fu rifiutata dal clero della chiesa. Un critico dell'epoca biasimò il quadro perché raffigurava la Madonna come una "donna morta gonfia" e probabilmente fu proprio questo aspetto dell'opera a spingere il clero che l'aveva commissionata al rifiuto. In effetti la tela non presenta nessuna delle tipiche connotazioni dei soggetti sacri del tempo. In primo piano si vede la Madonna morta, vestita di rosso, deposta su una lettiga, pianta da una giovane donna disperata seduta al suo fianco e da alcuni uomini che stanno intorno, assiepati. L'interno è buio, dominato da un drappo rosso che sovrasta l'ambiente, la luce illumina solo la defunta, la giovane donna piangente e le teste calve degli uomini in lacrime. Sono umili che piangono un'umile, una popolana che non ha nulla di sacro, ma Dio è lì tra loro, la vera devozione e la vera fede sono fra loro. Caravaggio in quest'opera non fa che ribadire il suo pensiero morale, calando nel quotidiano la rappresentazione delle tematiche religiose e trascendenti, riproponendo il modulo espressivo e figurativo già usato sei anni prima nella *Vocazione di San Matteo*, ambientata in una taverna romana, a un tavolo di giocatori. Destò ancora una volta più scandalo che ammirazione ma continuò a cercare di rappresentare su tela la presenza di Dio fra gli uomini, fra i popolani, gli umili, i balordi e i disperati che frequentava quotidianamente e tra cui si confondeva.

---

15 Dal brano si può dedurre che Caravaggio nacque nel:

A 1606 B 1573 C 1583 D 1586 E 1567

---

16 Nel brano l'opera del Caravaggio viene definita:

A realistica e morale
B disperata e violenta
C ideale e volta al bello
D quotidiana e trascendente
E realistica e figurativa

---

17 Chi definì la Madonna morta dipinta da Caravaggio "donna morta gonfia"?

A Un critico manierista del Cinquecento
B Un sacerdote di Santa Maria del Popolo
C Un critico del Seicento che biasimò l'opera
D Un critico del Seicento
E Un critico del Seicento che apprezzò l'opera

---

18 Cosa accomuna, secondo il brano, *La morte della Madonna* e la *Vocazione di San Matteo*?

A Entrambi furono dipinti nel 1605-1606
B Entrambi furono dipinti per la cappella Cherubini
C Il modulo espressivo e figurativo usato da Caravaggio
D L'ambientazione in una taverna
E La presenza di uomini in lacrime

---

19 Quale delle seguenti frasi del brano non è riportata correttamente?

A Caravaggio in quest'opera non fa che ribadire
B Lo stacco rispetto al formalismo tardo-manieristico
C Uno dei massimi protagonisti della pittura secentesca
D Sono umili che piangono un'umile
E L'opera fu rifiutata dal clero della chiesa

Brano 4 In base alle informazioni contenute nel brano seguente, rispondere alle successive domande.

Il sistema immunitario è il meccanismo con cui il nostro organismo si difende dalle malattie. Ma a volte sarebbe meglio che facesse cilecca. Per esempio, in alcuni tipi di tumori o nelle malattie infiammatorie in cui una reazione immunitaria esasperata crea o agevola la malattia invece di guarirla. Il problema è come "disattivare" il sistema immunitario quando serve. Alberto Mantovani, docente di Patologia generale all'Università di Brescia e coordinatore del Laboratorio di immunologia dell'Istituto Mario Negri di Milano, c'è riuscito studiando le citochine. La prima scoperta della sua équipe è di otto anni fa: il sistema immunitario è dotato di recettori "falsi", che catturano le molecole preposte all'attivazione delle difese immunitarie e ne inibiscono l'azione. Ora il ricercatore italiano ritorna alla carica con un nuovo studio, apparso in questi giorni su «Nature Immunology», dove presenta altri componenti della stessa famiglia: le chemochine e l'interleuchina 10.

Le citochine, catturate da appositi recettori, attivano la risposta immunitaria del nostro organismo. Ma ci sono situazioni in cui un eccesso di tali molecole provoca una risposta spropositata e, di conseguenza, l'insorgere di ulteriori malattie. È il caso appunto di alcune forme di tumore, dell'artrite reumatoide, della sclerosi multipla o delle malattie infiammatorie. In questi casi, allora, sarebbe più opportuno che il sistema immunitario si disattivasse. Ed è quello che accade all'interleuchina 1, la prima citochina studiata anni fa dall'équipe di Mantovani. «Abbiamo notato la presenza di alcuni recettori che catturavano l'interleuchina» spiega Mantovani, «ma che non davano seguito al processo immunitario. Toglievano semplicemente dalla circolazione la molecola, per evitare che svolgesse il suo compito». Insomma: in un organismo sano i "falsi" recettori impediscono che l'interleuchina 1 sovraecciti il sistema immunitario. Ma in qualche caso i "falsi" recettori vanno sostituiti con i farmaci.

Oggi i risultati di quella prima ricerca, pubblicata nel 1993 su «Science», hanno aperto la strada alla sperimentazione di un nuovo farmaco costituito dai falsi recettori – altrimenti detti *decoy* – che blocca la risposta immunitaria dell'organismo. La novità dell'ultimo studio è l'interleuchina 10 che impedisce che le chemochine, pur legandosi a un "vero" recettore del sistema immunitario, attivino la cellula. «È come se staccasse i fili della comunicazione tra la cellula e il suo recettore» spiega Mantovani. Così ancora una volta la reazione immunitaria che potrebbe risultare dannosa viene bloccata.

La nuova molecola sarà anch'essa testata al fine di produrre un farmaco ancora più efficace contro le malattie autoimmuni, ma anche contro alcuni tipi di tumori che utilizzano le citochine come combustibile. «La nostra autentica speranza» precisa Mantovani, «sarebbe di potenziare a nostro favore la capacità che questa molecola ha di guidare il transito dei globuli bianchi, in modo da far sì che aggrediscano il tumore invece che esserne fagocitati».

L'attenzione e le aspettative dei ricercatori sono dunque concentrate su questa nuova molecola, perché – conclude Mantovani – «avere un nuovo bersaglio, un nuovo modo per bloccare i recettori del sistema immunitario, significa aprirsi a ipotesi del tutto inaspettate e cariche di nuove speranze». Questi studi, che devono ancora passare il vaglio della sperimentazione, potrebbero portare a un nuovo farmaco nell'arco di cinque-dieci anni.

---

20 Secondo quanto riportato nel brano, le citochine:

- **A** agiscono sempre a beneficio dell'organismo
- **B** svolgono la funzione di falsi recettori
- **C** possono agevolare il decorso delle malattie
- **D** sono state scoperte per la prima volta da Alberto Mantovani

---

21 Secondo quanto riportato nel brano:

- **A** l'interleuchina 10 non è una citochina
- **B** i recettori inibiscono sempre l'attivazione del sistema immunitario
- **C** l'azione dei falsi recettori è sempre dannosa per l'organismo
- **D** l'interleuchina 1 è una citochina

22 **In base a quanto sostenuto nel brano una delle strade percorse dalla ricerca medica nelle cure dei tumori è oggi quella orientata:**

A alla messa a punto di un farmaco che si basi sui falsi recettori

B a individuare il sistema più semplice per imitare sinteticamente l'azione dei falsi recettori

C verso la ricerca di un vaccino in grado di disattivare, quando necessario, il sistema immunitario umano

D verso il perfezionamento della chirurgia applicata alla cura dei tumori

23 **La disciplina medica a cui questo brano fa riferimento è:**

A la genetica

B la cardiologia

C l'angiologia

D l'immunologia

Brano 5 **In base alle informazioni contenute nel brano seguente, rispondere alle successive domande.**

Il destino dei libri a volte è strano come quello degli uomini. Herman Melville conobbe il suo primo insuccesso di critica e di pubblico nel 1851, quando diede alle stampe il suo capolavoro *Moby Dick*. Troppo ampio il divario fra i romanzi d'avventure esotiche e marinare che gli avevano regalato una certa notorietà e la tragedia senza tempo del capitano mutilato che insegue la balena (il caos?) che lo ossessiona, vicenda troppo cupa e apocalittica per poter essere subito accettata, compresa e apprezzata. Lo scrittore di New York sarebbe sopravvissuto quarant'anni al suo romanzo sulla balena bianca, non abbastanza per vedergli riconosciuti quei meriti stilistici ed epici che ne hanno fatto uno dei capisaldi di quel formidabile battaglione letterario che è il romanzo ottocentesco.

Già nel capitolo "Etimologia", che apre il romanzo, e che Melville attribuisce a «uno smunto assistente ginnasiale ormai morto» c'è un assaggio di quel che attende il lettore, del viaggio cui si sta apprestando. Prima di presentare le varie forme linguistiche con cui sono designati i cetacei, lo scrittore americano descrive così l'assistente ginnasiale che le ha raccolte: «Amava spolverare le sue vecchie grammatiche; quel gesto, in qualche modo, gli ricordava con dolcezza la sua condizione di mortale». E insieme alla mortalità, l'abisso, il male, il dolore dell'uomo e il caos che lo circonda sono i temi di *Moby Dick*. Argomenti con cui Melville aveva familiarità fin da quando, dodicenne, era rimasto orfano e aveva dovuto abbandonare gli studi per mettersi a lavorare, finendo per abbracciare la vita marinara, imbarcandosi su mercantili e baleniere. Temi tragici e universali con cui aveva familiarità anche Cesare Pavese, insuperato traduttore italiano di *Moby Dick*, maestro di Fernanda Pivano - la più importante americanista italiana del secondo Novecento - e poeta di un verso immortale: «Verrà la morte e avrà i tuoi occhi». Niente ci impedisce di immaginare che siano gli occhi acquosi della balena bianca che dal libro di Giobbe a quello di Melville ha navigato e turbato l'oceano dei sogni di generazioni di lettori.

24 **Dal brano si deduce che Herman Melville morì nel:**

A 1881

B 1891

C 1851

D 1871

E 1819

25 **Nel brano si dice che *Moby Dick*:**

A fu tradotto subito in italiano
B fu censurato per la sua crudezza
C fu subito considerato come un capolavoro
D inizialmente fu un insuccesso di critica e pubblico
E inizialmente registrò un grande successo di pubblico ma non di critica

26 **L'assistente ginnasiale cui si accenna nel brano è:**

A l'autore dell'intero romanzo di Melville
B l'autore della "Etimologia" che apre il romanzo
C la persona alla quale Melville attribuisce l'"Etimologia" che apre il romanzo
D l'autore degli "Estratti" che aprono il romanzo
E il narratore del romanzo

27 **Nel brano c'è una citazione in cui qualcuno «ricordava con dolcezza la sua condizione di mortale». Di chi si tratta?**

A Dell'assistente ginnasiale
B Del capitano Achab
C Di Cesare Pavese
D Di Giobbe
E Del sottoassistente di biblioteca

28 **Secondo l'autore del brano, il romanzo ottocentesco è:**

A uno dei capisaldi della cultura occidentale
B soprattutto d'avventure esotiche e marinare
C esemplificato da *Moby Dick*
D in grado di turbare l'oceano dei sogni di generazioni di lettori
E un formidabile battaglione letterario

Brano 6 **In base alle informazioni contenute nel brano seguente, rispondere alle successive domande.**

Nel linguaggio comune la domanda di assistenza sanitaria si articola in tre fasi: prevenzione, cura e riabilitazione. Ogni atto medico conosciuto o previsto si deve quindi riportare a una di queste categorie. Nel linguaggio specialistico ogni intervento di medicina preventiva è da ascriversi o alla forma primaria o secondaria o terziaria. Restando fermi al linguaggio, queste forme di intervento medico preventivo parrebbero tutte e tre da attribuirsi al campo della prevenzione (la prima delle tre categorie del linguaggio comune). In realtà solo la prevenzione primaria si configura come prevenzione, la prevenzione secondaria si può in effetti considerare come una modalità più corretta di cura e la terziaria come una modalità più corretta di riabilitazione. È infatti necessario chiarire che qualunque intervento medico efficace deve contenere elementi preventivi. Quando si considera, dal punto di vista medico, un soggetto, per controllare il suo stato di salute, i giudizi di sintesi, le conclusioni (della visita, degli esami, della storia del soggetto e della sua famiglia) devono sempre rispondere a due domande: esiste una malattia in atto? Esistono delle probabilità più concrete di quelle dovute al caso che il soggetto si ammali? In caso di risposta positiva alla seconda domanda ci veniamo a trovare nelle condizioni di chiederci che cosa è necessario fare per diminuire quanto più è possibile le probabilità di comparsa di malattia e quindi a instaurare una prevenzione primaria. In caso di risposta positiva alla prima domanda ci troviamo nelle condizioni di instaurare una cura per guarire (se è possibile) la malattia, ma nel contempo dobbiamo prevedere che cosa è necessario fare per impedire complicazioni o la ricomparsa della malattia e quindi ci poniamo un problema di prevenzione secondaria. Nel caso non sia possibile, curando la malattia, ripristinare le condizioni di salute completa, ci troviamo di fronte a una malattia cronica e/o a una infermità di cui dobbiamo correggere gli effetti ai fini della salvaguardia della vita del soggetto e quindi facciamo della riabilitazione; nel contempo dobbiamo porci il problema della previsione di complicazioni, sia a livello fisico che psichico, e quindi facciamo della prevenzione terziaria. Nel modello specialistico, la prevenzione primaria è in generale legata alla individuazione di due cause possibili di malattia, una causa ambientale e una genetica (tra di loro collegate nel senso della possibile influenza dell'ambiente sul patrimonio genetico). In altre parole, o si possono prevedere effetti dovuti alla combinazione di patrimoni ereditari alterati (perché portatori di malattie ereditarie) e quindi esiste un rischio di figli affetti da malattie ereditarie, o si può prevedere che cause ambientali, da lavoro (esempio, presenza di silice), da abitudini di vita (esempio, alimentazione insufficiente e/o non equilibrata, abuso di alcool e di tabacco), da condizioni di abitazione (città o quartieri privi di fognature, case malsane ecc.) possano provocare malattie o alterare il patrimonio genetico. Da questa previsione il modello specialistico può solo, nella realtà attuale, offrire consigli al singolo individuo; non ha possibilità reale di intervento e quindi la prevenzione primaria si riduce a quattro aspetti: modificare le abitudini alimentari, modificare l'uso di alcool e/o tabacco, modificare le abitudini relative all'attività fisica, extra–lavorativa, proporre delle terapie medicamentose. Le cause del rischio delle malattie da prevenire, quando anche vengano individuate, non trovano una possibilità di soluzione. La prevenzione primaria specialistica resta confinata nell'ambito delle possibilità che il singolo individuo ha di modificare il proprio ambiente di vita e di lavoro.

---

29 Quale dei seguenti rappresenta meglio un titolo adeguato del brano?

- A I rischi di malattia
- B Considerazioni etiche in medicina preventiva
- C Limiti della medicina moderna
- D Significato della medicina preventiva

---

30 Secondo l'autore:

- A se un soggetto è a rischio di ammalarsi, la prevenzione da attuare è di tipo secondario
- B i fattori ambientali non possono influenzare il patrimonio genetico
- C se un soggetto è malato, si pone un problema di prevenzione secondaria
- D nessuna delle precedenti

---

31 Secondo il modello specialistico, la prevenzione primaria può essere attuata agendo su:

- A le abitudini alimentari
- B il patrimonio genetico
- C il patrimonio genetico e le abitudini alimentari
- D nessuna delle precedenti

---

32 Prevenzione terziaria significa:

- A prevenzione nel linguaggio comune
- B curare
- C prevedere complicazioni di una malattia cronica in atto
- D mantenere in vita un malato

33 Dal brano si deduce che l'autore è un:

A genetista
B epidemiologo
C medico
D ricercatore

Brano 7 In base alle informazioni contenute nel brano seguente, rispondere alle successive domande.

La maggior parte degli impulsi umani si può dividere in due classi, quelli possessivi e quelli costruttivi o creativi. Le istituzioni sociali sono le incarnazioni o le personificazioni degli impulsi e si possono classificare approssimativamente secondo gli impulsi che rappresentano. La proprietà è l'espressione diretta del possesso; scienza e arte sono tra le più dirette espressioni della creatività. Il desiderio di possesso può essere aggressivo o difensivo: cerca di togliere ad altri o di trattenere quanto si possiede. Nei due casi, l'atteggiamento di ostilità verso gli altri è la sua caratteristica principale. Sarebbe un errore supporre che l'impulso di possesso difensivo sia sempre giustificabile, mentre quello offensivo sia sempre biasimevole; quando lo *status quo* è caratterizzato da una grande ingiustizia, può essere l'esatto opposto e di solito nessuno dei due casi è giustificabile. L'interferenza dello Stato nelle azioni degli individui è resa necessaria dall'impulso del possesso. Alcuni beni possono essere acquistati o mantenuti con la forza, mentre altri no. Si può ottenere una moglie con la forza, come hanno fatto i Romani con le donne sabine; ma l'affetto di una moglie non può essere acquistato in questo modo. Non si sa però se i Romani desiderassero l'affetto delle donne sabine. Coloro nei quali gli impulsi di possesso sono forti, tendono a preoccuparsi soprattutto dei beni che la forza può ottenere. Tutti i beni materiali appartengono a questa categoria. La libertà nei confronti di questi beni, se fosse illimitata, tenderebbe a rendere ricchi i forti e poveri i deboli. Una società capitalista, a causa degli impedimenti parziali imposti dalla legge, rende ricchi gli uomini astuti e poveri gli uomini onesti, perché la forza dello Stato è messa a disposizione degli uomini, non secondo un principio giusto o razionale, ma secondo una serie di massime tradizionali la cui spiegazione è puramente storica. Per tutto quel che riguarda il possesso e l'uso della forza, la libertà illimitata porta anarchia e ingiustizia. La libertà di uccidere, la libertà di rubare, la libertà di defraudare, non appartengono più agli individui, però appartengono ancora ai grandi stati e vengono da essi esercitate in nome del patriottismo. Tanto gli individui, quanto gli stati, non dovrebbero essere liberi di esercitare la forza secondo la loro iniziativa, se non nei casi di improvvisa emergenza, come verrà in seguito stabilito a giustificazione davanti a un tribunale. La ragione è che l'esercizio della forza da parte di un individuo contro un altro è sempre male, da ambedue le parti, e può essere tollerato soltanto quando viene compensato da un preponderante bene che ne consegue. Allo scopo di rendere minima la quantità di forza esercitata attualmente nel mondo, è necessaria l'esistenza di un'autorità pubblica, depositaria di una forza praticamente irresistibile la cui funzione dovrebbe essere soprattutto quella di reprimere l'uso privato della forza. L'uso della forza è *privato* quando viene esercitato da una delle parti interessate, o dai suoi amici o complici, e non da un'autorità pubblica neutrale, secondo una determinata regola intesa nel pubblico interesse. Il regime della proprietà privata sotto il quale viviamo fa ben poco per impedire l'uso privato della forza. Quando un tale è proprietario di un appezzamento di terra, per esempio, può usare la forza contro coloro che vi transitano abusivamente, che però non devono usare la forza contro di lui. È chiaro che sono necessarie restrizioni alla libertà di transito, perché la terra possa essere coltivata. Ma se questo potere deve appartenere all'individuo, lo Stato dovrebbe assicurarsi che non occupi più terra di quanta gli spetti, nell'interesse pubblico, e che la parte dei prodotti che ne ricava non sia più di un giusto compenso per la sua fatica. I possessori di terre e di capitali oggi possono, con la pressione economica, usare la forza contro quelli che non posseggono niente. Questa forza è sanzionata dalla legge, mentre la forza esercitata dai poveri contro i ricchi è illegale. Questo stato di cose è ingiusto e non impedisce l'uso della forza privata come dovrebbe. L'intero campo degli impulsi possessivi, e dell'uso della forza che producono, ha bisogno di un controllo da parte di un'autorità neutrale pubblica, nell'interesse tanto della giustizia, quanto della libertà. All'interno di una nazione, quest'autorità pubblica sarà naturalmente lo Stato; nei rapporti tra le nazioni, se l'attuale anarchia deve cessare, dovrà essere un parlamento internazionale.

34 **Secondo l'autore del brano:**

A la scienza è espressione del desiderio di possesso
B non si sa se i Romani ottenessero le mogli con la forza
C nel desiderio di possesso di tipo difensivo c'è un'essenza di ostilità
D nessuna delle precedenti è corretta

35 **Nel brano si afferma che:**

A l'esercizio della forza da parte di un individuo contro un altro non può essere mai tollerato
B l'uso della forza è sempre illegale
C esiste una forza ingiusta individuata dalla legge
D nessuna delle precedenti è corretta

36 **Il titolo del brano potrebbe essere:**

A natura degli impulsi umani
B libertà individuale e pubblico controllo
C libertà e impulsi individuali
D pubblico e privato dai Romani a oggi

37 **Il contenuto del brano è di natura:**

A storica
B etica
C civica
D scientifica

38 **Secondo l'autore, una forza pubblica:**

A dovrebbe essere superiore a qualsiasi forza privata
B è in grado di diminuire l'uso della forza nel mondo
C è in grado di privilegiare gli interessi pubblici rispetto a quelli privati
D tutte le precedenti risposte sono esatte

Brano 8 **In base alle informazioni contenute nel brano seguente, rispondere alle successive domande.**

La fedeltà con cui l'uomo culturale si attiene alle norme tramandate del comportamento è assicurata in larga misura dal fatto che egli traspone quei sentimenti che aveva avuto per il portatore della tradizione su tutto ciò che da questi gli veniva trasmesso. La persona che, in condizioni normali, esercita maggiormente questo influsso sul giovane è molto probabilmente il padre. Nelle grandi famiglie primitive questo ruolo poteva però essere assunto nello stesso modo anche da un fratello maggiore, da uno zio o dal nonno, ma in ogni caso da un membro della stessa famiglia. In questa sede io ho parlato sempre al singolare di portatore di tradizione perché volevo esprimere con ciò la mia opinione che nella maggior parte dei casi è una persona singola ad assumersi il ruolo paterno di portatore di tradizione; col che non voglio dire naturalmente che anche l'azione di massa di molti portatori di cultura non sia in grado di trasmettere la tradizione. Non sarebbe possibile svincolarsi dalle più strette e peculiari norme comportamentali della tradizione familiare, se l'amore e il rispetto che l'adolescente sente per chi gli dà la tradizione non si trasformasse a un certo punto, attraverso un vero e proprio cambiamento di segno, in una moderata ostilità e aggressività o, per essere più precisi, se questi sentimenti non si mescolassero con i loro antagonisti in modo ambivalente. L'intensità di questo rovesciamento dipende da molti fattori collaterali. Se il portatore di tradizione è una persona tirannica e severa, che ha imposto con la violenza all'adolescente le norme comportamentali della famiglia, la ribellione sarà più violenta e accompagnata da più forti sentimenti di odio che nei confronti di un educatore più mite e *democratico*. In ogni caso, però, probabilmente non è possibile che il distacco del giovane dalla famiglia avvenga senza che intervengano in qualche modo sentimenti di ostilità. Questo distacco, comunque, è altrettanto necessario per lo sviluppo della cultura umana quanto lo è l'impollinazione per certe piante e l'esogamia per molte specie animali. Appena l'adolescente ha cominciato a contrapporsi criticamente e quasi ostilmente alla figura paterna e alle norme del comportamento sociale che questa gli ha trasmesso, comincia anche a guardarsi intorno alla ricerca di altri portatori di tradizione, che siano più lontani dallo stretto ambito familiare. A ciò seguono quindi i famosi anni di vagabondaggio, dopo gli anni dell'apprendistato. A volte essi si esprimono in un vero e proprio vagabondare, ma spesso prendono la forma di un viaggio di ricognizione spirituale. Ciò che spinge lontano l'individuo giovane è la nostalgia per qualcosa di ineffabile ed elevato, che si differenzi sostanzialmente dagli avvenimenti quotidiani della vita familiare. Non è difficile indicare quale sia il vero scopo, utile alla cultura e alla conservazione della specie, di questo comportamento appetitivo: esso sta nella ricerca di un gruppo culturale le cui norme sociali tradizionali si differenzino da quelle della società dei genitori, ma che nello stesso tempo abbiano sufficienti somiglianze con esse, in modo da permettere all'individuo di identificarsi con queste nuove norme. Così l'adolescente si trova spesso ad *adottare* un maestro, un amico più anziano, a volte addirittura un'intera famiglia amica, che agiscono per lui come nuovi portatori di tradizione.

---

39 Secondo l'autore, il distacco del giovane dalla propria famiglia:

- A riveste un ruolo marginale nello sviluppo della cultura umana
- B avviene senza sentimenti di ostilità
- C non può avvenire senza sentimenti di ostilità
- D difficilmente avviene senza sentimenti di ostilità

---

40 Il comportamento appetitivo del giovane:

- A si esprime spesso in un vero e proprio vagabondare
- B ha come oggetto norme sociali tradizionali totalmente diverse da quelle della società dei genitori
- C presuppone una posizione critica nei confronti del portatore di tradizione
- D nessuna delle precedenti

---

41 Nel brano si afferma che il portatore di tradizione:

- A è sempre il padre
- B è sempre un membro della famiglia del giovane
- C è sempre una persona singola
- D nessuna delle precedenti

---

42 Individuare, tra le seguenti, l'affermazione che non concorda con quanto espresso nel brano:

- A gli anni dell'apprendistato precedono quelli del vagabondaggio
- B sentimenti di odio e di amore non possono coesistere tra loro nella fase di distacco del giovane dalla famiglia
- C un individuo, nel corso della vita, può avere più portatori di tradizione
- D «viaggio di ricognizione spirituale» non è necessariamente sinonimo di vagabondare

Brano 9 **In base alle informazioni contenute nel brano seguente, rispondere alle successive domande.**

In fondo ci sono due grandi categorie di scrittori. Ci sono quelli che hanno bisogno di una preparazione molto forte e che, prima di cominciare a scrivere seriamente, devono dedicarsi a un lungo periodo di riflessione e di ricerche preliminari per informarsi, per documentarsi, elaborando al termine di questo periodo uno schema di programmazione della loro redazione: schema che servirà loro da guida durante tutto il lavoro di scrittura. Ci sono poi quelli che lavorano in modo più istintivo e meno programmato – con un minimo di schizzi e di abbozzi preparatori – ma che hanno bisogno soprattutto di una sorta di scatto iniziale, non nella forma di una programmazione nella quale sentirebbero una restrizione alla loro libertà, ma piuttosto nella forma di un nucleo embrionale. Uno scrittore come Jean Giono dichiara di non poter cominciare a scrivere un libro se non dopo aver trovato il titolo, che è spesso una formula enigmatica: per esempio *Deux cavaliers de l'orage*; il titolo deriverebbe direttamente dall'*ispirazione*, come, per il poeta, quel primo verso «donato dagli dèi» di cui parlava Paul Valéry. Una volta trovato il titolo, tutto il lavoro consiste nel tentativo di giustificarlo restando allo stesso livello di qualità. Giono ha una bella immagine per evocare questo fenomeno: «Se scrivo una storia prima di averne trovato il titolo, in generale essa mi abortisce. Mi occorre assolutamente un titolo, perché il titolo è quella sorta di bandiera verso cui ci si dirige; spiegare il titolo è la meta che si deve raggiungere». Tutta la redazione dell'opera consisterà nel rendere significante questo titolo, nel risolverne l'enigma, nel conferire una necessità a questo dono del caso. Nello stesso spirito, ci sono altri scrittori, come Aragon, che non riescono a scrivere un'opera finché non hanno trovato l'*incipit*, la prima pagina. Una volta trovata la prima pagina, però – cosa che può richiedere un numero considerevole di stesure preliminari – è come se avesse cominciato a costruirsi una sorta di prima necessità: l'embrione è ormai formato, e si svilupperà spontaneamente. In effetti, a ben riflettervi, questi modi di procedere non sono affatto interpretabili in termini di padronanza, e complicano singolarmente questa famosa dialettica fra il caso e la necessità. Nel ritrovamento dell'*incipit* o del titolo c'è, beninteso, una parte di aleatorietà; nello stesso tempo, però, questo primo scatto dipende verosimilmente da una necessità interna, inconscia, fantasmatica; e, infine, tutto il resto del lavoro – la redazione propriamente detta – consisterà nel trasformare questa falsa *alea* del dono iniziale (che d'altronde non sempre viene donato) in una vera logica che sarà quella dell'opera, ma che perverrà a svilupparsi solo a partire da un principio in origine oscuro. Gli scrittori più numerosi sono comunque quelli che lavorano con documenti di programmazione. In questo caso si ha un vero lavoro da geometra, consistente nel definire il progetto di un senso che si deve costruire dal nulla: una sorta di scommessa, e di lotta formidabile dello spirito per costruire, contro il non-senso ambiente, una forma significante avente la sua logica e la sua necessità. Ma, una volta inventato lo schema e posta una sorta di assiomatica di partenza, il lavoro dello scrittore consisterà non solo nello sviluppare il modello (passando dal progetto alla sceneggiatura, dalla sceneggiatura a una prima stesura ecc.) ma anche nel problematizzarlo, reiniettando nel testo quel minimo di non–senso e di aleatorio senza il quale la struttura, logica e necessaria, resterebbe inerte. Si vede allora, paradossalmente, che la scrittura si sforza di conseguire un nuovo tipo di rapporto col caso: quel coefficiente d'incertezza senza il quale il certo diventa artificioso.

43 **Il titolo del brano potrebbe essere:**

- **A** Correnti letterarie al tempo di Giono e Valéry
- **B** La scrittura di un libro: importanza del titolo e della prima pagina
- **C** Diversi approcci e percorsi di scrittura
- **D** Aleatorietà letteraria

44 **Dal brano si deduce che lo scrittore Jean Giono:**

- **A** ha bisogno di una programmazione iniziale prima di cominciare a scrivere
- **B** appartiene a una categoria di scrittori diversa da quella di Aragon
- **C** amava Paul Valéry
- **D** nessuna delle precedenti

45 Secondo l'autore:

- **A** c'è una componente di aleatorietà nei lavori di entrambe le categorie di scrittori descritte
- **B** *Deux cavaliers de l'orage* è un verso di Valéry
- **C** scrittori come Aragon hanno bisogno di programmare interamente l'opera prima di iniziare a scrivere
- **D** nessuna delle precedenti

46 Dal brano si deduce che:

- **A** Aragon e Giono sono contemporanei
- **B** l'autore è francese
- **C** l'autore è amante dell'embriologia
- **D** nessuna delle precedenti

Brano 10 **In base alle informazioni contenute nel brano seguente, rispondere alle successive domande.**

Lo sperimentiamo tutti i giorni: il mondo ha una faccia ordinata e regolare. Lo capiamo quando osserviamo il moto periodico degli astri o l'alternarsi delle stagioni. Formalizzare queste regolarità è il cuore della ricerca delle "leggi di natura", cioè di quelle espressioni dove si condensa il massimo dell'informazione con il minimo di parole possibili. La cui scoperta, da quando è nata la scienza, è considerata il suo fine ultimo. Tuttavia, su cosa sia davvero una legge di natura non c'è accordo. C'è chi pensa sia il tentativo umano di ordinare ciò che altrimenti sarebbe privo di significato, e chi invece sostiene che l'ordine della natura sia oggettivo e quindi del tutto indipendente dalla nostra osservazione. Una disputa che ha radici antiche e che si ripropone ancora oggi come irrisolta, nonostante i tentativi di scienziati ed epistemologi di trovare metafore esplicative. L'ultima in ordine di tempo è quella del *software*: se la natura è l'*hardware*, allora le sue leggi sono il *software* a partire dal quale il mondo calcola da un istante all'altro il suo stato successivo. Ma se il *software* di un computer è un insieme di istruzioni che si traducono in una serie di impulsi elettrici, che cosa è una legge di natura nell'ambito della filosofia della scienza?

La nascita del concetto di legge di natura avviene in epoca moderna, quando, da normativa, diventa descrittiva. Per Platone e Aristotele infatti si può parlare di legge soltanto nell'ambito civile, della *polis*. Gli astri non seguono leggi quindi il concetto di legge e quello di natura si escludono a vicenda. Nel cristianesimo non esiste una legge di natura che sia autosufficiente, dal momento che l'azione della natura presuppone sempre la creazione divina. È a partire da Cartesio che il concetto inizia a cambiare: è vero che la volontà di Dio è indispensabile per creare il mondo, ma è poi la natura che si dispiega quasi autonomamente. Così i fenomeni si possono studiare prescindendo dal momento iniziale. A dare il colpo di grazia alla legge normativa è l'affermarsi dei modelli meccanicistici dell'Universo: la macchina che esegue dei movimenti non può essere considerata dotata di mente.

Su che cosa sia oggi una legge di natura le opinioni sono diverse e il dibattito è aperto. Si può far coincidere il concetto di legge di natura con quello di regolarità, assumendo così una posizione minimalista. Ancora più minimalista è chi nega *in toto* l'esistenza delle leggi perché non esisterebbe nell'ambito della scienza e della filosofia nessuna teoria che spieghi tutte le proprietà che praticamente gli scienziati attribuiscono alle leggi di natura. Una terza posizione è quella che considera la legge di natura una relazione fra universali, proprietà che tutti i sistemi fisici hanno in comune e che ci permettono di riconoscerli. Questa è una concezione platonica perché gli universali sono indipendenti dal tempo e dallo spazio.

Comunque la si interpreti, nell'idea di legge è implicito il tentativo di ridurre quello che noi non riusciamo a capire a ciò che riusciamo a costruire. Era così già nell'antichità quando si usava l'immagine del mondo come un enorme animale, e poi nel Seicento quando l'Universo era raffigurato come un orologio. La metafora che oggi prevale è quella del *software* che, per quanto non sia in grado di spiegare tutto, è molto suggestiva. Il fatto che la metafora non funzioni vuol dire che non siamo ancora riusciti a costruire una macchina che simuli l'Universo e che la scienza non è ancora finita.

47 Qual è l'argomento centrale del brano?

- A La ricerca della causa della regolarità dei fenomeni scientifici
- B L'analisi delle diverse metafore utilizzate nella storia per rappresentare la natura
- C Lo studio delle relazioni tra *hardware* e *software*
- D L'analisi del concetto di legge di natura nella filosofia della scienza

48 Qual è la metafora più attinente i tempi moderni impiegata, secondo quanto affermato nel brano, per rappresentare il rapporto tra la natura e le sue leggi?

- A Quella dell'orologio
- B Quella del grande animale
- C Quella del *software* e dell'*hardware*
- D Quella dell'alternarsi delle stagioni

49 Secondo quanto sostenuto nel brano, il concetto di legge di natura:

- A fu introdotto in epoca moderna, quando la legge, da normativa, diviene descrittiva
- B fu introdotto nell'epoca della *polis*, con Platone e Aristotele, quando la legge di natura era anche legge civile
- C fu introdotto con la diffusione del Cristianesimo, quando natura e volontà divina coincidono
- D non è mai riuscito a imporsi, proprio a causa della sua equivocità

50 Da dove può essere più verosimilmente tratto questo brano?

- A Da un testo di informatica
- B Da un testo di storia
- C Da un testo di filosofia della scienza
- D Da un testo di storia delle religioni

2.2 | Soluzioni e commenti

1 Anche se in buona fede, un contribuente, di qualsiasi posizione e classe sociale, può essere accusato di evasione (alternative **C** ed **E** errate). Il cittadino accusato di evasione, però, può difendersi facendo ricorso presso gli organi giudiziari, che sono, quindi. secondo la legge, gli organi competenti a dirimire i contenziosi fiscali (**D** soluzione del quesito). Da nessuna parte si trova invece quanto affermato dall'alternativa **B** (errata) e cioè che il contribuente sottoposto ad accertamenti venga comunque multato e poi rimborsato.

2 La percezione del dolore è "variabile da soggetto a soggetto" (come correttamente affermato dall'alternativa **B**), anche in quanto a durata (come espresso dall'alternativa **E**) e deriva da stimoli che "danneggiano o cercano di danneggiare" i tessuti (come affermato dall'alternativa **C**). Inoltre il testo afferma che la percezione del dolore è, nell'uomo, caratterizzata da un particolare tono affettivo (anche l'alternativa **D** è coerente) e spesso da una localizzazione poco precisa. Non è invece deducibile dal testo quanto affermato dall'alternativa **A** (che è pertanto la risposta corretta) ossia che è SEMPRE possibile identificare il punto da cui la sensazione dolorosa parte.

3 L'articolo di Paola De Carolis sull'ultimo colpo dell'"Arsenio Lupin delle stampe antiche" evidenzia come il personale della Biblioteca Reale di Copenaghen non si sia fatto problemi a fare consultare preziosi volumi del XVI e XVII secolo a questo strano personaggio, abilmente truccato da "studioso". Le telecamere interne alla biblioteca, però, sono riuscite a riprenderlo. Il successo del ladro, dunque, non è dipeso da una carenza negli strumenti di protezione, bensì nella superficialità degli addetti alla sicurezza («senza che le guardie si accorgano del misfatto»). Di conseguenza, l'unica alternativa non fondata su quanto riportato nel brano è la **B**.

4 Il brano evidenzia l'elevato rischio di morte o ferimento per incidenti d'auto (molto sopra la media) dei giovani tra i 17 e 24 anni, soprattutto se maschi. La conclusione dell'articolo prospetta un innalzamento a 24 anni dell'età per ottenere la patente. Solo un'alternativa tra le 5 proposte rappresenta l'assunto da cui deriva una simile conclusione: la maggior parte degli incidenti che coinvolgono giovani sono causati dai giovani stessi (alternativa esatta **E**).

5 La domanda chiede di individuare l'affermazione che è totalmente in linea con il brano proposto, quindi espressamente e completamente riportata nel testo.

L'alternativa **A** non viene sostenuta in alcuna parte del ragionamento e quindi va scartata.

L'alternativa **B** è errata in quanto sostiene, in modo generico, che tutti («la gente») possiedono tali carte, mentre il brano parla solo di «maggioranza dei clienti», (non per forza tutti quelli che risiedono in una zona sono anche clienti di uno dei supermercati in zona).

Anche l'alternativa **D** è errata perché parla in generale di «carte fedeltà», mentre il brano parla di «carte fedeltà dei supermercati». Non si può sapere cioè se, le «carte fedeltà» siano state inventate per i supermercati o per altre tipologie di esercenti. È, infine, errata anche la **E**, perché il brano si conclude affermando «si potrebbe desumere» e non «è certo». Non si può quindi con sicurezza affermare che le «carte fedeltà» non sono la ragione principale per cui la gente sceglie di fare la spesa in un determinato supermercato. La soluzione del quesito è invece fornita dall'alternativa **C** che riporta quanto sostanzialmente detto a metà del brano e cioè che sembrerebbe più opportuno smettere di offrire tali «carte fedeltà».

6 Ricordato che per carattere di un brano si intende il modo in cui il brano è scritto e quindi il modo in cui l'argomento è affrontato, si deve concludere che questo brano ha carattere descrittivo, poiché descrive alcuni aspetti della vita di Marx e della formazione del suo pensiero, dai quali passa poi a mostrare le differenze tra la teoria economica classica e quella istituzionale. Se non ci fosse la prima parte, che è la più lunga, il brano si potrebbe definire critico, ma la differenza tra le teorie economiche è esposta in funzione della chiarificazione del pensiero di Marx, e dunque il brano è di carattere descrittivo (risposta A).

7 La A non è una tesi del brano, anzi, si dice invece che esiste una teoria economica che non ha tra le sue preoccupazioni una grande precisione scientifica. La C ribalta una delle affermazioni dell'ultima parte del brano, come il lettore può facilmente verificare. Anche la D rovescia sostanzialmente un passaggio del brano: i primi anni di Marx, quelli quindi più legati alle sue origini, non offrono nessun segno premonitore del suo violento dissenso rivoluzionario. Nemmeno la E è accettabile come risposta al quesito di partenza: nel testo si dice solamente che un'interpretazione di Hegel scaturì in Marx un'idea simile a una idea di List. Hegel, e non List, è dunque la fonte di Marx; inoltre l'accenno a List non è certo una delle tesi centrali del brano. La risposta esatta è la B, come del resto dimostra il quarto paragrafo del brano.

8 La risposta esatta è la B. Nell'ultima parte del brano si dice infatti che una delle fonti delle idee degli istituzionalisti è Hegel. Quanto alla D, essa rovescia le posizioni delle teorie economiche: sono gli istituzionalisti, e non i classicisti, a credere nel costante mutamento della vita economica. Le affermazioni A e C, infine, possono essere facilmente scartate.

9 Il "periodo romanticamente spensierato" di Marx si svolse a Bonn, non a Berlino (risposta C).

10 L'affermazione non deducibile dal brano di Argan sul capolavoro di Delacroix è la C: sono infatti i popolani e i borghesi che formano l'*union sacrée*, da cui sono invece esclusi monarchia e clero. La limitazione dei poteri di quelle due classi era infatti alla base del patto che univa "i combattenti per la libertà".

11 Il quadro di Delacroix è per Argan un quadro politico poiché fa riferimento a un evento preciso, di poco precedente alla realizzazione dell'opera: l'insurrezione del luglio 1830 che portò alla caduta della monarchia borbonica, restaurata dopo la sconfitta napoleonica. La risposta esatta è dunque la E.

12 Non storico, non allegorico, ma realistico (alternativa corretta B): questa è la definizione proposta dal brano.

13 La risposta a questo quesito è rintracciabile nel primo periodo del brano, dove si legge che per il romantico Delacroix la storia non è né esempio né guida dell'agire umano ma un dramma, che perdura tuttora. L'alternativa da scegliere è quindi la D.

14 La risposta corretta è la A. Infatti la figura femminile che campeggia al centro del dipinto di Delacroix è al contempo sia retorica sia realistica, perché rappresenta la libertà e la Francia in senso allegorico e allo stesso tempo raffigura in modo realistico una donna del popolo.

15 Nel brano si dice che Caravaggio morì all'età di 37 anni, nel 1610. Se ne ricava che il pittore era nato nel 1573. La risposta esatta è quindi la B. Tra le alternative proposte, l'unica data che si può dedurre dal brano è il 1606, anno in cui Caravaggio lasciò Roma per sfuggire al patibolo e iniziò la peregrinazione che lo avrebbe portato a Napoli, in Sicilia e a Malta e che si sarebbe conclusa con la sua morte.

16 La risposta esatta è la A. L'opera del Caravaggio viene infatti definita realistica e morale, in contrapposizione a quella ideale e volta al bello tipica del tardo-manierismo e anche della scuola dei Carracci, artisti bolognesi contemporanei a Caravaggio. Disperata e violenta viene invece definita la sua vita.

17 La risposta esatta è la C. Nel brano si dice infatti che l'espressione "donna morta gonfia" fu coniata da un critico dell'epoca che biasimò l'opera. L'epoca è ovviamente quella in cui la tela fu dipinta, ovvero il Seicento.

18 La risposta esatta è la C. Nella parte finale del brano viene detto che Caravaggio ripropose in *La Morte della Madonna* il modulo espressivo e figurativo già usato sei anni prima nella *Vocazione di San Matteo,* opera ambientata in una taverna. Non si fa però alcun cenno alla localizzazione del quadro (chiesa di San Luigi dei Francesi a Roma).

19 In apertura del brano si dice che Caravaggio fu uno dei massimi protagonisti della pittura barocca e non di quella secentesca. Le altre alternative sono corrette. La risposta esatta è quindi la C.

20 La risposta corretta è la C (si veda il primo paragrafo). L'alternativa A non trova riscontro nel brano mentre la B è sbagliata dal momento che, in base alla lettura del brano, è possibile dedurre che i falsi recettori sono le molecole che bloccano l'azione delle citochine. Quanto alla possibilità prevista dall'alternativa D, la lettura del brano non consente di dedurre nulla in merito a un presunto primato del ricercatore Mantovani.

21 L'individuazione della risposta al quesito richiede di considerare attentamente la prima metà del brano. L'alternativa A è sbagliata, in quanto nel primo paragrafo si dice che l'interleuchina 10 appartiene alla "stessa famiglia" delle citochine. Per escludere le alternative B e C occorre proseguire con la lettura del secondo paragrafo. L'alternativa corretta è la D, come espressamente indicato nel secondo paragrafo.

22 L'alternativa corretta è la A, come evidenziato chiaramente all'inizio del terzo paragrafo. L'alternativa B può forse suscitare qualche dubbio, ma in realtà esprime un concetto che nel brano non si trova, così come la C e la D.

23 La risposta corretta è la D, a cui si può arrivare paradossalmente anche ignorando cosa sia l'immunologia: il medico di cui il brano illustra le ricerche è infatti coordinatore del laboratorio di Immunologia dell'Istituto "Mario Negri" di Milano.

24 La risposta esatta è la B. Nel brano infatti si dice che Melville sopravvisse quarant'anni a *Moby Dick*, di cui viene indicata la data di pubblicazione, il 1851. Sommando le due cifre si ricava 1891, l'anno di morte dello scrittore. L'alternativa E riporta invece la data di nascita di Melville, che non viene mai citata nel brano.

25 La risposta esatta è la D. Proprio all'inizio del brano si dice che *Moby Dick* fece registrare il primo insuccesso di critica e di pubblico di Melville. Dal brano si deduce che il romanzo cominciò a essere considerato un capolavoro solo nel Novecento. Si accenna anche alla traduzione italiana di Pavese che però non è ottocentesca ma risale agli anni Quaranta del Novecento.

26 Nel brano non si accenna affatto né alla figura del narratore né agli *Estratti* che seguono l'*Etimologia*. Le ultime due alternative sono quindi da scartare, al pari delle prime due: l'autore del romanzo e quindi anche dell'*Etimologia* che lo apre è ovviamente Melville, l'assistente ginnasiale è semplicemente uno dei tanti personaggi creati dallo scrittore (al pari del sottoassistente di biblioteca cui sono attribuiti gli *Estratti*). La risposta esatta è quindi la C.

27 La risposta esatta è la A. Le due uniche citazioni da *Moby Dick* contenute nel brano hanno come protagonista l'assistente ginnasiale. Il capitano Achab invece, pur essendo la figura centrale del romanzo di Melville, non viene mai citato nel brano.

28 La risposta esatta è la E. Nel brano si dice infatti che *Moby Dick* è uno dei capisaldi di quel formidabile battaglione letterario che è il romanzo ottocentesco. L'alternativa D riporta invece le ultime parole del brano, che però non sono specificamente rivolte al romanzo ottocentesco, quanto piuttosto a *Moby Dick* e alla riflessione sulla morte che lo caratterizza.

29 Il brano ruota attorno al tema della medicina preventiva, spiegandone il significato nel linguaggio comune e nel linguaggio specialistico. La soluzione esatta a questa domanda è pertanto la D.

30 Per ciò che riguarda l'alternativa A, il brano afferma che, di fronte al rischio di ammalarsi, la prevenzione deve essere di tipo primario e non secondario. Anche l'alternativa B è da scartare perché l'autore afferma esplicitamente che l'ambiente può influenzare il patrimonio genetico. L'alternativa C è invece coerente con il brano e rappresenta dunque la soluzione esatta del quesito.

31 La risposta a tale domanda è contenuta nelle ultime due righe del brano, in riferimento alle quali è evidente che le abitudini alimentari (alternativa A) fanno parte dell'ambiente di vita.

32 Secondo quanto riportato a metà del brano, la prevenzione terziaria è quella che cerca di prevedere e di evitare le complicazioni, sia a livello fisico sia psichico, che possono sopraggiungere nel caso di una malattia cronica, per la quale non è possibile ripristinare le condizioni di salute completa. La risposta esatta è dunque la C.

33 Le alternative A, B e D indicano qualifiche molto specifiche che non trovano riscontro nelle informazioni contenute nel brano. In altre parole, il brano non fornisce elementi per poter dire che l'autore è un ricercatore, un epidemiologo o un genetista. Più ragionevole è invece affermare, sulla base della competenza con cui il brano affronta argomenti di medicina e prevenzione, che l'autore è un medico. L'alternativa C costituisce dunque la risposta esatta.

34 L'autore afferma, nella prima parte del brano, che nel desiderio di possesso, sia di tipo aggressivo che di tipo difensivo, c'è un'essenza di ostilità e dunque l'alternativa corretta è la C. L'alternativa B può sembrare corretta, ma secondo il brano ciò che non si sa è se i Romani desiderassero l'affetto delle donne sabine e non se i Romani ottenessero le mogli con la forza.

35 Poco oltre la metà del brano, l'autore afferma che l'esercizio della forza da parte di un individuo contro un altro può essere tollerato quando viene compensato da un preponderante bene che ne consegua. L'alternativa A è dunque da scartare. Allo stesso modo, verso la fine del brano, si dice che vi è una «forza sanzionata dalla legge» e dunque non sempre l'uso della forza è illegale. È vero invece, secondo quanto affermato nel brano, che esiste una forza ingiusta individuata dalla legge quale quella esercitata dai proprietari di terra e di capitali contro i poveri: la risposta corretta è la C.

36 Il brano illustra brevemente la natura degli impulsi umani, ma è incentrato sul tema della libertà individuale e dell'uso della forza per il controllo dei rapporti interpersonali. L'alternativa B è dunque da preferire alla A e alla C. L'alternativa D, infine, è errata perché, nonostante nel brano vengano citati i Romani, non viene svolta alcuna trattazione storica dell'argomento dai Romani a oggi.

37 La natura del contenuto del brano non è né storica né tanto meno scientifica. Sebbene l'etica non sia totalmente estranea all'argomento trattato nel brano, quest'ultimo, analizzando alcuni aspetti e norme della convivenza tra individui all'interno di una società, è di contenuto propriamente civico: è quindi corretta la risposta **C**.

38 L'alternativa **A** contiene un'affermazione equivalente a quanto sostenuto dall'autore, secondo il quale «è necessaria l'esistenza di un'autorità pubblica, depositaria di una forza praticamente irresistibile». Analogamente, l'alternativa **B** è coerente con l'opinione espressa dall'autore, il quale associa all'esistenza di una forza pubblica la finalità di rendere minima la quantità di forza esercitata nel Mondo. Infine l'alternativa **C** è anch'essa coerente con quanto affermato dall'autore nella seconda parte del brano. La soluzione è dunque la **D**.

39 Da quanto si afferma verso la metà del brano, si comprende che la risposta corretta a tale quesito è la **D**. L'alternativa **A** è errata in quanto l'autore giudica il distacco del giovane dalla propria famiglia come «altrettanto necessario per lo sviluppo della cultura umana quanto lo è l'impollinazione per certe piante e l'esogamia per molte specie animali».

40 In relazione al comportamento appetitivo del giovane, trattato nella seconda parte del brano, risulta vera l'alternativa **C**. Questo comportamento si esprime a volte, e non spesso (alternativa **A**), in un vero e proprio vagabondare e ha come oggetto norme sociali solo in parte e non totalmente (alternativa **B**) diverse da quelle della società dei genitori.

41 Nella prima parte del brano, l'autore afferma che "*nella maggior parte dei casi è una persona singola ad assumersi il ruolo paterno di portatore di tradizione*". Questa informazione è sufficiente a escludere le alternative **A**, **B** e **C**. La risposta esatta è dunque la **D**.

42 Verso la metà del brano, si afferma implicitamente che sentimenti di odio e amore possono mescolarsi tra loro nel corso della fase di distacco del giovane dalla famiglia. L'alternativa **B** è la soluzione del quesito perché non concorda con il brano.

43 La soluzione a questa domanda è la **C**. L'alternativa **A** è scorretta perché il brano non parla di correnti letterarie e non si riferisce solo al periodo di Giono e Valéry. L'alternativa **B** è errata perché l'autore non considera solo l'importanza del titolo e della prima pagina. La **D**, infine, non inquadra affatto l'argomento centrale, diversamente dall'alternativa **C**, che individua esattamente il tema del brano.

44 Parlando di Giono, l'autore afferma che aveva lo stesso spirito di Aragon e che per iniziare a scrivere un libro doveva aver predefinito il titolo. Tali informazioni consentono di escludere le alternative **A** e **B** e, allo stesso modo, la **C** va scartata perché dal brano non è possibile dedurre che Giono amasse Paul Valéry. La soluzione esatta è la **D**.

45 L'alternativa **A** è concorde con quanto affermato nell'ultima parte del brano ed è dunque la soluzione esatta del quesito. L'alternativa **B** è errata in quanto dal brano sembra possibile dedurre che *Deux cavaliers de l'orage* sia il titolo di un libro di Giono. Analogamente, l'alternativa **C** può essere esclusa in quanto il brano afferma che scrittori come Aragon non riescono a scrivere un'opera finché non hanno trovato l'*incipit*, la prima pagina.

46 Dal brano non è possibile ricavare elementi sufficienti a supportare quanto affermato dalle alternative **A**, **B** e **C**. La soluzione esatta è la **D**.

47 Il contenuto di questo brano è piuttosto complesso. Per questa ragione, cercare di capirne tutti i passaggi può richiedere troppo tempo. È invece consigliabile limitarsi a una prima lettura veloce, che consenta di farsi un'idea di massima del contenuto e di evidenziare i passaggi più complicati, per poi focalizzare l'attenzione sulle singole domande. Per rispondere a questa prima domanda può essere sufficiente una semplice lettura del brano. Tra le alternative proposte, infatti, almeno due (la B e la C) sono da escludere in partenza; la prima alternativa può trarre in inganno, ma solo se ci si limita alla lettura della prima parte del brano. Proseguendo, invece, e facendo in particolare attenzione all'inizio di ogni paragrafo del brano, non possono esserci dubbi: la risposta esatta è la D.

48 La risposta al quesito è piuttosto semplice e intuitiva (l'alternativa C è quella corretta). L'unica difficoltà può essere rappresentata dal fatto che due delle alternative proposte (la A e la B) si trovano alla fine del brano e, per poter essere escluse con certezza, ne richiedono una lettura completa.

49 Questo è forse il quesito più difficile tra quelli proposti. Tuttavia, se si riesce a identificare velocemente il paragrafo a cui fare riferimento (in questo caso il secondo), non è poi così complicato trovare la risposta giusta che è espressa piuttosto chiaramente all'inizio del paragrafo (alternativa A). Per fugare ogni dubbio, l'alternativa B può essere esclusa perché riporta in modo addirittura sbagliato ciò che l'autore dice a proposito di Platone e Aristotele. L'alternativa C è senz'altro da escludere. Quanto all'alternativa D, questa interpreta erroneamente il contenuto del terzo paragrafo.

50 Escluse piuttosto velocemente le alternative A e D, può sussistere qualche dubbio in merito alla correttezza dell'alternativa B, che va esclusa definitivamente facendo riferimento alla domanda con la quale si chiude il primo paragrafo («che cosa è una legge di natura nell'ambito della filosofia della scienza?»). La risposta corretta è quindi la C.

Parte seconda

ATTITUDINE LOGICA

3 | PROBLEMI DI NATURA LOGICA

3.1 | Esercizi proposti

Esercizio 1 Leggere il testo del seguente problema e rispondere alle relative domande.

Luisa, Marcella, Giulia e Riccardo devono sostenere l'esame finale di lingua inglese il giorno venerdì 14 ottobre e desiderano ripassare insieme almeno per una volta, solamente al pomeriggio o alla sera, prima dell'esame. Si risponda ai quesiti che seguono sapendo che:

1) Luisa può studiare soltanto lunedì sera, martedì sera, mercoledì sera e giovedì pomeriggio e sera.

2) Marcella può studiare soltanto lunedì sera, mercoledì sera, giovedì sera e martedì pomeriggio e sera.

3) Giulia può studiare soltanto mercoledì sera e giovedì sera, martedì pomeriggio e lunedì pomeriggio e sera.

4) Riccardo può studiare i pomeriggi e le sere del martedì e del giovedì, il pomeriggio del lunedì e la sera del mercoledì.

1 Se il gruppo dovesse incontrarsi due volte, i giorni potrebbero essere:

A mercoledì e giovedì

B martedì e mercoledì

C lunedì e venerdì

D martedì e giovedì

E lunedì e mercoledì

2 Se Luisa decidesse di studiare tutte le sere:

A avrebbe almeno due compagni di studio per sera

B l'incontro con gli altri tre studenti potrebbe avvenire soltanto lunedì o martedì

C dovrebbe studiare da sola il lunedì sera

D non riuscirebbe mai a incontrare Riccardo

E nessuna delle precedenti risposte è corretta

3 Se l'esame venisse anticipato a giovedì mattina, quale delle seguenti affermazioni sarebbe esatta?

I) I quattro studenti non riuscirebbero mai a studiare tutti insieme

II) Luisa non potrebbe mai studiare al pomeriggio

III) Giulia e Marcella potrebbero studiare insieme tre volte

A La I, la II e la III
B Soltanto la I e la II
C Soltanto la I e la III
D Soltanto la II e la III
E Soltanto la I

4 Daniele vorrebbe aggiungersi al gruppo di studio. Qualora il gruppo accettasse di studiare tutti insieme, Daniele dovrebbe essere disponibile:

A giovedì pomeriggio
B martedì pomeriggio
C lunedì sera
D mercoledì sera o giovedì sera
E mercoledì pomeriggio

Esercizio 2 Leggere il testo del seguente problema e rispondere alle relative domande.

Dodici scout (A, B, C, D, E, F, G, H, I, L, M, N) partono per un'escursione di più giorni in montagna. La prima sera i ragazzi devono sistemarsi in quattro tende. Ogni tenda è occupata da tre ragazzi e deve avere un capo tenda. I quattro ragazzi più anziani (A, B, C e F) sono i capi delle quattro tende e devono scegliere gli altri componenti della tenda. Per fare questo devono però tenere conto dei seguenti vincoli:

- H non vuole stare con A;
- B e N hanno litigato e non possono stare nella stessa tenda;
- E non vuole stare con F;
- G non vuole stare con C;
- N ha litigato con A e non può stare nella sua stessa tenda;
- G è il fratello di I e vuole stare in tenda con lui;
- H e N hanno litigato e non possono stare nella stessa tenda;
- E è amico inseparabile di D e vogliono stare nella stessa tenda;
- N e L non si parlano da giorni e non vogliono stare nella stessa tenda;
- G è diventato molto amico di F e vuole stare nella sua stessa tenda.

5 In base alle informazioni riportate nel testo, quali dei seguenti gruppi di persone è nella tenda con A?

A B, M
B G, I
C L, M
D E, D

6 In base alle informazioni riportate nell'esercizio, quali dei seguenti gruppi di persone è nella tenda con B?

A L, M
B E, F
C H, L
D D, E

7 **In base alle informazioni riportate nell'esercizio, quali dei seguenti gruppi di persone è nella tenda con I?**

- A F, G
- B H, B
- C A, D
- D C, M

8 **Se non fosse nota l'informazione fornita dall'ultima affermazione (G è diventato molto amico di F e vuole stare nella sua stessa tenda), cosa è possibile affermare con sicurezza?**

- A A si deve trovare in tenda o con G o con E
- B B si deve trovare in tenda con L
- C F si deve trovare in tenda o con N o con L
- D C si deve trovare in tenda con H o con L

Esercizio 3 **Leggere il testo del seguente problema e rispondere alle relative domande.**

Al torneo di Calcetto del Centro Sportivo Boito si sono iscritte quattro squadre: Allenati, Brocchi, Capaci, Dascartare. La formula del torneo prevede che ogni squadra incontri tutte le altre per due volte. In caso di vittoria alla vincente vengono assegnati tre punti, e zero alla perdente. In caso di pareggio ogni squadra ottiene un punto. Dopo un mese dall'inizio del torneo ogni squadra ha incontrato una volta tutte le proprie avversarie. Inoltre si sa che:

- la squadra Brocchi non ha mai perso;
- la squadra Capaci ha pareggiato due volte;
- la squadra in testa al torneo ha 7 punti e 2 punti di vantaggio sulla seconda;
- la squadra Allenati è penultima da sola;
- la squadra Allenati ha pareggiato con quella Dascartare.

9 **Quale squadra è ultima in classifica?**

- A Allenati
- B Brocchi
- C Dascartare
- D Capaci

10 **Quanti punti dividono la squadra Brocchi da quella Allenati?**

- A 7
- B 2
- C 5
- D 6

11 **Quanti punti dividono in classifica la prima squadra dall'ultima?**

- A 4
- B 5
- C 2
- D 6

12 **Se fino alla fine del torneo la squadra Capaci perde tutte le partite e la squadra Brocchi fa ancora 5 punti, alla fine del torneo quanti punti divideranno le due squadre?**

A 12
B 7
C 6
D 8

13 **Se prima della fine del torneo la squadra Dascartare ottiene ancora 3 punti, quale sarà il suo punteggio finale?**

A 5
B 4
C 6
D 10

Esercizio 4 **Leggere il testo del seguente problema e rispondere alle relative domande.**

La società Mirtidinotte ha una squadra di pallavolo in cui giocano sei ragazzi: Carlo, Diego, Federico, Gabriele, Marco e Paolo. Ognuno ha un ruolo ben preciso nella squadra. Ci sono due schiacciatori, un opposto, due centrali e un alzatore. La peculiarità della squadra è che ogni ragazzo proviene da una città diversa: Roma, Milano, La Spezia, Pisa, Arezzo e Nuoro.

Inoltre si sa che:

- l'alzatore è di Arezzo;
- uno degli schiacciatori è Marco;
- uno dei centrali è di Pisa;
- Paolo è sardo;
- né Carlo né Federico giocano nel ruolo di centrale;
- Diego è milanese;
- nel ruolo di opposto gioca il romano;
- un centrale è Paolo;
- Carlo non gioca nel ruolo di alzatore.

14 **In quale ruolo gioca Federico?**

A Alzatore
B Opposto
C Schiacciatore
D Centrale

15 **Da quale città proviene Marco?**

A Roma
B Arezzo
C Pisa
D La Spezia

16 **Da quali città provengono i due schiacciatori?**

- A Roma e La Spezia
- B Arezzo e Nuoro
- C La Spezia e Milano
- D Pisa e Roma

17 **Da quali città provengono i due centrali?**

- A Arezzo e Roma
- B Pisa e Nuoro
- C Nuoro e Milano
- D La Spezia e Pisa

Risolvere i seguenti esercizi.

18 **Alla finale di una gara di automobilismo la classifica dal 1° al 7° posto è la seguente: Alessandro, Federico, Iris, Bruna, Cesare, Eligio, Gianna. Cinque di questi sette piloti indossano il casco integrale e si sa che a indossarlo sono tre tra i primi quattro classificati e tre tra gli ultimi quattro classificati. Si può essere certi che a indossare il casco integrale è:**

- A Eligio
- B Federico
- C Bruna
- D Cesare
- E Iris

19 **Delle tre figlie di Giacomo – Alma, Beatrice e Chiara – almeno una è bionda. Sapendo che se Alma è bionda anche Beatrice lo è, che se Chiara è bionda lo è anche Alma, e che tra Beatrice e Chiara una non è bionda, si può dedurre con certezza che:**

- A Alma, Beatrice e Chiara sono bionde
- B Beatrice non è bionda mentre Alma lo è
- C Beatrice è bionda
- D Chiara è bionda
- E almeno uno delle tre figlie di Giacomo è mora

20 **«Tutti i condottieri sono coraggiosi – nessun coraggioso è dissimulatore – dunque ... è condottiero».**
S'individui il CORRETTO COMPLETAMENTO del sillogismo:

- A nessun dissimulatore
- B ogni dissimulatore
- C nessun coraggioso
- D qualche condottiero
- E qualche dissimulatore

21 **Tutti gli amici di Vincenzo bevono sia birra sia vino.**
Se la precedente affermazione è falsa, allora si può dedurre con certezza che:

A almeno un amico di Vincenzo non beve birra
B almeno un amico di Vincenzo non beve birra o vino
C almeno un amico di Vincenzo non beve vino
D almeno un amico di Vincenzo non beve né birra né vino
E gli amici di Vincenzo sono astemi

22 **Quale delle seguenti affermazioni è logicamente equivalente a: "Gli assenti non hanno mai ragione"?**

A I presenti hanno sempre ragione
B I presenti hanno talvolta torto
C Gli assenti hanno sempre torto
D Chi ha torto è sempre assente
E Per avere ragione è sufficiente essere presenti

23 **È sbagliato negare che è falso che il quadro non è stato dipinto da Cimabue.**

Basandosi sulla precedente affermazione, individuare quale delle seguenti alternative è esatta:

A il quadro non è stato dipinto da Cimabue
B il quadro è stato dipinto da un pittore sconosciuto
C il quadro è stato dipinto da Cimabue
D non si può riconoscere quale pittore ha dipinto il quadro

24 **«Nessun ingenuo è cattivo – qualche cattivo è adulto – dunque ... non è ingenuo».**
S'individui il CORRETTO COMPLETAMENTO del sillogismo:

A qualche cattivo
B qualche adulto
C ogni adulto
D ogni cattivo
E qualche ingenuo

25 **Laura dice a Danilo: «Se venerdì starò bene, giocherò la partita. Se starà bene anche Betty la porterò a giocare con me». È venerdì, Danilo va a vedere la partita e vede Laura in tribuna a guardare la partita. Allora sicuramente:**

A Laura sta bene, ma Betty no
B Laura e Betty non stanno bene
C Laura sta bene, Betty non ha voluto giocare la partita con lei
D Betty non sta bene
E Laura non sta bene

26 **Quale delle seguenti affermazioni equivale, in quanto a senso, alla seguente: «Chi tace acconsente»?**

- **A** Chi non parla non ha nulla in contrario
- **B** Chi non parla non è d'accordo
- **C** Chi parla è d'accordo
- **D** Chi parla non è d'accordo

---

27 **Non si può affermare che chi non è stato condannato con sentenza passata in giudicato si possa considerare innocente.**

Se l'argomentazione precedente è corretta quale delle seguenti è certamente vera?

- **A** Finché una persona non è stata condannata con sentenza passata in giudicato viene considerata innocente
- **B** Non è detto che finché una persona non ha subito una condanna con sentenza passata in giudicato possa essere considerata innocente
- **C** Se si viene considerati colpevoli, ciò vuol dire che c'è stata sentenza di condanna passata in giudicato

---

28 **Quale delle seguenti affermazioni è logicamente equivalente: «I giovani non dimenticano mai nulla»?**

- **A** Gli anziani dimenticano tutto
- **B** Gli anziani dimenticano sovente
- **C** Chi non dimentica nulla è giovane
- **D** I giovani ricordano sempre tutto

---

29 **È errato negare che è falso che l'aereo militare non è stato abbattuto da un missile nemico.**

Basandosi sulla precedente affermazione, individuare quale delle seguenti alternative è esatta:

- **A** l'aereo militare non è stato abbattuto da un missile nemico
- **B** l'aereo militare è stato abbattuto da un missile amico
- **C** l'aereo militare è stato abbattuto da un missile nemico
- **D** non si conosce la causa dell'abbattimento dell'aereo militare

---

30 **La frase «Qualche dirigente non è corretto con i suoi dipendenti» è logicamente equivalente a:**

- **A** tutti i dirigenti sono scorretti con i loro dipendenti
- **B** non tutti i dirigenti sono corretti con i loro dipendenti
- **C** nessun dirigente è del tutto corretto con propri dipendenti
- **D** i dirigenti farebbero meglio a essere più corretti con i propri dipendenti

---

31 **Se gli studenti si applicano, conseguiranno la promozione.**

Se quanto affermato è vero, quale delle seguenti affermazioni è vera?

- **A** Se uno studente si applica, conseguirà il massimo risultato
- **B** Verranno promossi solo gli studenti che si sono applicati
- **C** Se uno studente non si applica, verrà bocciato
- **D** Se uno studente è stato promosso è possibile che si sia applicato

32 **Alla domanda: «Quanti cugini hai?» Luca risponde: «Se il numero dei miei cugini è divisibile per sei, allora è pari».**
Basandosi sulla precedente proposizione, individuare quale delle seguenti alternative è esatta.

- A Il numero dei cugini di Luca è un multiplo di sei
- B Il numero dei cugini di Luca è un numero pari
- C Se il numero dei cugini di Luca non è divisibile per sei, è un numero dispari
- D Non è possibile aggiungere alcuna informazione certa sul numero dei cugini di Luca

---

33 **Recenti ricerche hanno mostrato che le università che hanno introdotto il numero programmato sono riuscite a conseguire una significativa riduzione del numero di studenti che abbandonano gli studi prima della laurea. È dunque opportuno che tutte le università introducano il numero programmato.**
L'argomentazione sopra riportata presuppone che:

- A vi è una percentuale elevata di studenti che abbandonano gli studi prima della laurea
- B le università che hanno introdotto il numero programmato sono ancora poche
- C la riduzione del numero di studenti che abbandonano gli studi prima della laurea è una ragione sufficiente per l'introduzione del numero programmato
- D il numero programmato consente di migliorare la didattica

---

34 **Ogni qual volta si verifica una contrazione dell'offerta di petrolio dalla regione del Golfo, si registra un immediato aumento del prezzo del petrolio proveniente da quella regione.**
Se l'argomentazione sopra riportata è vera, quale delle seguenti affermazioni è vera?

- A Se c'è un incremento del prezzo del petrolio proveniente dalla regione del Golfo, ciò significa che vi è stata una contrazione dell'offerta di petrolio da quella regione
- B Se non vi è alcuna contrazione dell'offerta di petrolio dalla regione del Golfo, allora non vi è alcun incremento del prezzo del petrolio proveniente da quella regione
- C Ogni qual volta vi è una contrazione dell'offerta di petrolio, si verifica un immediato aumento del prezzo dello stesso
- D Ogni qual volta vi è instabilità politica nella regione del Golfo, si verifica un immediato incremento del prezzo del petrolio proveniente da quella regione
- E Se non vi è alcun incremento nel prezzo del petrolio proveniente dalla regione del Golfo, ciò significa che non vi è stata alcuna contrazione dell'offerta del petrolio da quella regione

---

35 **In base alle informazioni in suo possesso, l'investigatore non può non negare che è falso quanto affermato dal suo informatore, il quale dichiarò di non conoscere l'autore della rapina di ieri.**
Basandosi sulla precedente affermazione, individuare quale delle seguenti alternative è esatta:

- A l'informatore conosce l'autore della rapina di ieri
- B l'informatore non conosce l'autore della rapina di ieri
- C non è possibile sapere se l'informatore conosce l'autore della rapina di ieri
- D nessuna delle precedenti

36 **Alberto, Carlo, Roberto, Paolo e Sergio sono nati in cinque città diverse: Amsterdam, Cagliari, Roma, Pavia, Siracusa. Alberto e Sergio mentono sempre mentre Paolo non mente mai. Alberto afferma di essere nato ad Amsterdam e che Sergio è nato a Siracusa. Paolo afferma di essere nato a Pavia e riferisce che Alberto gli ha detto di essere nato a Cagliari. Dove può essere nato Alberto?**

A Siracusa o Pavia

B Roma o Pavia

C Roma o Cagliari

D Roma o Amsterdam

E Roma o Siracusa

37 **Interrogato dal magistrato, Francesco negò fermamente di non aver rifiutato di affermare il falso.**

Basandosi sulla precedente affermazione, individuare quale delle seguenti alternative è esatta:

A Francesco ha affermato il falso

B Francesco si è rifiutato di dire il falso

C Francesco ha detto la verità

D nessuna delle precedenti

38 **Se è vero che "tutti i fiori che ho comprato sono rose eccetto tre, tutti i fiori che ho comprato sono gladioli eccetto tre, tutti i fiori che ho comprato sono orchidee eccetto tre e che tutti i fiori che ho comprato sono primule eccetto tre", quanti fiori ho?**

A Uno

B Due

C Tre

D Quattro

E Cinque

39 **Mario è il secondogenito di una coppia con due figli, e sua moglie è figlia unica. Uno dei nonni del figlio di Mario ha una figlia che si chiama Francesca, la quale ha due anni meno di Mario.**

Date queste premesse, chi è la Francesca di cui si parla nel testo?

A Una zia di Mario

B Una figlia di Mario

C La moglie di Mario

D La sorella di Mario

E La madre di Mario

40 **I) Paolo è goloso**

II) Chi è grasso è goloso

III) Federico è grasso

Se le tre affermazioni sono vere, quale delle seguenti è vera?

A Paolo è grasso

B Federico è goloso

C Chi è goloso è grasso

D Nessuna delle precedenti

41 **Il partito guidato dall'onorevole Berlondoni riscuote particolare successo tra gli imprenditori e i lavoratori autonomi e assai meno presso i lavoratori dipendenti. In vista delle prossime elezioni politiche, sarebbe dunque opportuno che l'onorevole Berlondoni proponesse misure economiche a favore dei lavoratori dipendenti, al fine di aumentare i voti del suo partito.**

Tutte le seguenti affermazioni indeboliscono l'argomentazione sopra riportata tranne una. Quale?

A Le proposte dell'onorevole Berlondoni non sono mai apprezzate dai lavoratori dipendenti

B Le misure economiche a favore dei lavoratori dipendenti sono inevitabilmente sfavorevoli per i lavoratori autonomi e per gli imprenditori

C Le misure economiche a favore dei lavoratori dipendenti sono inconciliabili con un programma di risanamento della finanza pubblica

D Le ragioni per le quali l'onorevole Berlondoni non è gradito ai lavoratori dipendenti non riguardano il programma economico di quest'ultimo

42 **Se l'affermazione "tutti i piloti sono persone colte" è FALSA, quale delle seguenti proposizioni è certamente vera?**

A Almeno un pilota è colto

B Almeno un pilota non è una persona colta

C Alcuni piloti non sono persone colte

D Nessun pilota è una persona colta

E I piloti leggono poco

43 **"Se i candidati si applicano, conseguiranno l'idoneità". Sulla base dell'affermazione precedente, quale delle seguenti affermazioni è vera?**

A Se un candidato non si applica, non conseguirà l'idoneità

B Conseguiranno l'idoneità solo candidati che si sono applicati

C Se un candidato consegue l'idoneità è possibile che si sia applicato

D Se un candidato si applica, conseguirà il massimo risultato

E Tutte le altre affermazioni sono vere

44 **Non vi è motivo di escludere la possibilità di vita su Urano. Dunque dobbiamo intraprendere l'esplorazione di questo pianeta.**

L'argomentazione sopra riportata presuppone che:

A la vita su Urano esiste

B Urano è l'unico pianeta del sistema solare sul quale è possibile incontrare forme di vita

C la ricerca della vita è una ragione sufficiente per l'esplorazione dei pianeti

D nessuno ha mai tentato l'esplorazione di Urano

---

45 **In una scuola milanese gli studenti studiano l'inglese e/o il francese. Il 70% studia l'inglese e il 60% studia il francese. Quale percentuale di studenti studia entrambe le lingue?**

A 65%

B 10%

C 30%

D 40%

E I dati del problema sono insufficienti per rispondere

---

46 **Arianna non dice il falso solo a Barbara, che solo a lei non dice il vero. Carlo dice il vero ma non a Barbara; Michele non dice il falso solo a Barbara. Se uno dei quattro dice all'altro "Mi piacciono i libri che scrivi", ciò è:**

A vero, se Arianna lo dice a Carlo o a Michele

B falso, se Michele lo dice a Carlo o ad Arianna

C falso, se Barbara lo dice a Carlo o a Michele

D nessuna delle altre alternative è vera

---

47 **Cosa si può logicamente affermare se si stabilisce che:**

blu – bianco – blu = va bene;

bianco – blu – blu = va bene;

bianco – rosso – verde = non va bene;

verde – verde – bianco = non va bene.

A Il blu può trovarsi in qualsiasi posizione

B Nella serie il rosso può occupare la posizione centrale

C La serie può terminare con il bianco

D Nella serie può essere presente un verde

48 **Un recente studio ha mostrato che negli ultimi 20 anni il peso medio degli italiani è salito del 5%. Più in particolare, il peso medio dei cittadini del Centro-Nord è cresciuto del 6%, mentre quello dei cittadini del Meridione è cresciuto del 3%. Quale delle seguenti conclusioni può essere dedotta dalle informazioni riportate sopra?**

- **A** I cittadini del Centro-Nord sono più numerosi dei cittadini del Meridione
- **B** Alcuni cittadini del Centro-Nord sono immigrati dal Meridione
- **C** I cittadini del Centro-Nord hanno un peso medio superiore rispetto ai cittadini del Meridione
- **D** I cittadini del Centro-Nord sono mediamente aumentati di peso di 3 chilogrammi in più rispetto ai cittadini del Meridione
- **E** Nessuna delle altre alternative è corretta

49 **Esistono ragionamenti induttivi e deduttivi.**
Quanti dei seguenti diversi ragionamenti sono INDUTTIVI?
Rag. 1) Tutte le volte che ho mangiato la pizza a Napoli l'ho trovata buonissima; un mio collega, di passaggio nella città partenopea per lavoro, ne è rimasto entusiasta; non c'è nessuno tra i miei amici che sono stati a Napoli che non vada matto per la pizza fatta laggiù. I napoletani sanno fare la pizza.
Rag. 2) Tutti quelli che pensano di poter fare a meno degli altri sono degli incoscienti. Luciana è convinta di poter vivere da sola in un rifugio alpino sperduto in alta quota; lei non si rende conto degli innumerevoli pericoli cui può andare incontro.
Rag. 3) Visitare il centro storico e lanciare la classica monetina nella fontana di Trevi è nei sogni d'ogni turista tedesco in visita alla Capitale; Werner è un giovane turista tedesco appena arrivato a Roma e dunque non vede l'ora di trovarsi a tu per tu con la celebre fontana.
Rag. 4) Nessuna persona dabbene uscirebbe da un locale senza pagare il conto. Con la scusa di dover prendere qualcosa dalla macchina, Paolo, dopo aver cenato, ha lasciato a bocca asciutta il proprietario della pizzeria; non si può dire che Paolo sia una brava persona.

A Uno　**B** Nessuno　**C** Quattro　**D** Due　**E** Tre

50 **Date le seguenti affermazioni, individuare quale alternativa è sicuramente vera:**

- **Gigi beve birra e lavora;**
- **Bruno lavora e mangia;**
- **chi lavora è ricco;**
- **Gigi gioca a pallone;**
- **chi gioca a pallone beve birra;**
- **chi gioca a pallone o mangia è giovane e simpatico.**

- **A** Bruno è giovane e beve birra
- **B** Gigi mangia ed è simpatico
- **C** Gigi e Bruno mangiano
- **D** Bruno è ricco e simpatico

3.2 | Soluzioni e commenti

1 I quesiti dell'esercizio possono essere risolti basandosi su una tabella a doppia entrata nella quale inserire le informazioni disponibili.

	Lunedì		Martedì		Mercoledì		Giovedì	
	Pom.	**Sera**	**Pom.**	**Sera**	**Pom.**	**Sera**	**Pom.**	**Sera**
Luisa		X		X		X	X	X
Marcella		X	X	X		X		X
Giulia	X	X	X			X		X
Riccardo	X		X	X		X	X	X

Le caselle barrate con una X indicano la disponibilità dello studente. Osservando la tabella è possibile constatare come gli unici due giorni in cui tutti i quattro studenti sono disponibili sono il mercoledì sera e il giovedì sera. La risposta esatta è dunque la **A**.

2 La risposta esatta è la **A**. Infatti la tabella mostra che ogni sera, oltre alla disponibilità di Luisa (prima riga) vi è sempre almeno la disponibilità di altri due studenti. La **B** è errata in quanto né il lunedì sera né il martedì sera sarebbero disponibili tutti gli altri tre studenti. La **C** è errata in quanto anche il lunedì sera Luisa avrebbe due compagni di studio (Marcella e Giulia). La **D** è errata in quanto Luisa potrebbe incontrare Riccardo sia il martedì sera che il mercoledì sera che il giovedì sera.

3 La I è falsa in quanto anche escludendo il giovedì i quattro studenti avrebbero l'opportunità di trovarsi tutti insieme il mercoledì sera; la II è esatta in quanto l'unico pomeriggio disponibile per Luisa era proprio quello di giovedì; la III è esatta in quanto Giulia e Marcella potrebbero studiare insieme lunedì sera, martedì pomeriggio e mercoledì sera.
La risposta esatta è la **D**.

4 La risposta esatta è la **D**. Infatti mercoledì sera e giovedì sera sono le uniche occasioni in cui i quattro studenti sono tutti disponibili.

5 Per risolvere l'esercizio è opportuno schematizzare le relazioni logiche esistenti tra i membri del gruppo scout in modo da chiarire quali ragazzi faranno parte di ogni tenda. Si sa innanzitutto che i quattro capi delle tende sono A, B, C e F (ognuno quindi insieme ad altri due compagni forma una delle quattro tende).

Si può inoltre affermare che:

- $A \not\Rightarrow H$
- $B \not\Rightarrow N$
- $F \not\Rightarrow E$
- $G \not\Rightarrow C$
- $N \not\Rightarrow A$
- $G \Rightarrow I$

- $H \not\Rightarrow N$
- $E \Rightarrow D$
- $N \not\Rightarrow L$
- $G \Rightarrow F$

Dalle relazioni sopra illustrate si possono formare le diverse coppie da affiancare a ciascun capo tenda. Infatti, la relazione 8 specifica che E sta con D mentre la 6 specifica che G sta con I. A questo punto devono essere formate le coppie tra i quattro scout restanti: H, L, N e M. Le relazioni 7 e 9 specificano che N non può stare né con H né con L; le coppie rimanenti sono dunque H, L e N, M. Le quattro coppie da associare ai capi tenda sono quindi:

- H, L
- N, M
- G, I
- E, D

Si sa inoltre che A non può stare né con la prima né con la seconda coppia di questo elenco (non può infatti stare con H né con N, come indicato dalle relazioni 1 e 5), B non può stare con la seconda coppia (incompatibile con N per la relazione 2), C con la terza (incompatibile con G per la relazione 4) mentre F, dovendo stare con G in base alla relazione 10, è il capo tenda della terza coppia. Ne segue che A è il capo della tenda della quarta coppia, B della prima e C della seconda.

Le tende hanno dunque i seguenti componenti:

- B, H, L
- C, N, M
- F, G, I
- A, E, D

Risulta ora facile rispondere al quesito e individuare la soluzione **D**.

---

6 B ha come compagni di tenda H e L quindi la soluzione corretta è la **C**.

---

7 Nella stessa tenda di I vi sono F e G e dunque la risposta corretta è la **A**.

---

8 Se viene meno l'informazione della presenza contemporanea nella stessa tenda di F e G, l'esercizio deve essere nuovamente impostato. I capi tenda sono A, B, C e F mentre le coppie da associare ai capi tenda sono:

- H, L
- N, M
- G, I
- E, D

Ancora si può dire che: A non può stare né con la prima né con la seconda coppia di questo elenco; B non può stare con la seconda coppia; C non può stare con la terza e F con la quarta. L'unica cosa che si può affermare con certezza è, quindi, che A si deve trovare nella tenda o con G (terza coppia) o con E (quarta coppia). La soluzione al quesito è dunque fornita dall'alternativa **A**.

9 Per risolvere questo esercizio è necessario compilare una tabella simile a quella vista negli esercizi precedenti.

Seguendo le informazioni fornite dal testo dell'esercizio in prima battuta si possono compilare le prime caselle nel seguente modo:

Squadra	Punti
1)	7
2)	5
3) Allenati	
4)	

È inoltre possibile finire di compilare la tabella con opportuni ragionamenti. Si tenga conto che:

- in ogni partita vengono assegnati al massimo tre punti (in caso di vittoria di una squadra);
- il numero di partite fino a ora giocato è pari a sei (se si fanno i diversi possibili incroci tra le varie squadre ci si accorge della validità di tale considerazione).

Il massimo numero totale di punti assegnati è quindi 18. La squadra Brocchi non ha mai perso per cui (considerando anche tutte le informazioni già presenti) può aver totalizzato 5 o 7 punti (se avesse totalizzato 3 punti sarebbe ultima e la squadra degli Allenati ne avrebbe dovuti totalizzare 4, ma la somma totale dei punti supererebbe i 18). Si sa inoltre che Dascartare ha pareggiato con Allenati e non può essere a 7 punti perché altrimenti avrebbe dovuto battere Brocchi che però non ha mai perso. Così Capaci che ha pareggiato due volte non può aver ottenuto 7 punti. Si deduce che Brocchi è prima in classifica a 7 punti:

Squadra	Punti
1) Brocchi	7
2)	5
3) Allenati	
4)	

Chi si trova al secondo posto? Se fosse la squadra Dascartare, allora per ottenere 5 punti, oltre al pareggio con Allenati dovrebbe aver almeno pareggiato con Brocchi (che non ha mai perso) e vinto con Capaci. Ma allora Brocchi, per totalizzare 7 punti, deve battere le altre due squadre (Capaci e Allenati) e Capaci avrebbe sicuramente perso due partite (Brocchi e Dascartare), il che contraddice il punto 2) dell'esercizio (Capaci ha pareggiato due volte). È quindi la squadra Capaci a essere seconda in classifica (due pareggi e una vittoria) e Dascartare ultima.

Squadra	Punti
1) Brocchi	7
2) Capaci	5
3) Allenati	
4) Dascartare	

Quanti punti hanno totalizzato le ultime due squadre in classifica?

Allenati e Dascartare hanno pareggiato tra di loro e quindi hanno realizzato un punto a testa. Inoltre Capaci ha pareggiato oltre che con Brocchi con un'altra squadra. Essendo Allenati penultima da sola, sarà con questa che Capaci ha pareggiato. Lo schema finale è quindi il seguente:

Squadra	Punti
1) Brocchi	7
2) Capaci	5
3) Allenati	2
4) Dascartare	1

L'ultima squadra in classifica è dunque Dascartare; la risposta corretta è pertanto la C.

10 La squadra Brocchi ha 7 punti e quella Allenati 2, per cui sono 5 i punti di differenza tra le due squadre. La risposta corretta è la C.

11 Tra la prima e l'ultima in classifica ci sono 6 punti di differenza, per cui la soluzione all'esercizio è fornita dall'alternativa D.

12 Se la squadra Brocchi totalizza altri 5 punti e Capaci non realizza più alcun punto fino alla fine del torneo, allora il distacco finale tra le due squadre ammonterà a 7 punti. La soluzione è fornita dall'alternativa B.

13 Dascartare al momento ha un solo punto in classifica. Se dovesse realizzarne altri tre fino alla fine del torneo totalizzerebbe in tutto 4 punti. La risposta esatta è dunque la B.

14 Per rispondere ai quesiti dell'esercizio è conveniente costruire uno schema utilizzando per esempio una tabella come quella che segue:

Ruolo	Nome	Città

A questo punto è possibile compilarla seguendo le diverse istruzioni che vengono fornite dal testo:

Ruolo	Nome	Città
Alzatore	Federico	Arezzo
Schiacciatore	Marco	La Spezia
Schiacciatore	Diego	Milano
Opposto	Carlo	Roma
Centrale	Gabriele	Pisa
Centrale	Paolo	Nuoro

La risposta corretta è la A poiché, come si vede nella tabella, Federico è l'alzatore.

15 Marco viene da La Spezia. La risposta corretta è quindi la D.

16 I due schiacciatori sono Marco e Diego che provengono da La Spezia e Milano.
La risposta corretta è la C.

17 I due centrali sono Paolo e Gabriele che vengono rispettivamente da Nuoro e da Pisa. La risposta corretta è la B.

18 Il quesito afferma che in tutto sono in 5 a indossare il casco integrale e che sono 3 tra i primi 4 classificati e 3 tra gli ultimi 4 classificati. Si può essere certi che a indossare il casco integrale è allora Bruna che si è classificata quarta. Se questo non fosse vero, infatti, a indossare il casco tra i primi 4 classificati sarebbero Alessandro, Federico e Iris e a indossarlo tra gli ultimi 4 sarebbero Cesare, Eligio e Gianna. In questo modo però si avrebbero 6 e non 5 piloti a indossare il casco integrale. Affinché i piloti siano in 5 è necessario che Bruna (che fa parte di entrambi i gruppi) indossi il casco (C soluzione del quesito).

19 La A è palesemente errata perché l'esercizio afferma che una tra Beatrice e Chiara non è bionda. Tra le due a non essere certamente bionda è Chiara, perché se lo fosse lo sarebbe anche Alma e di conseguenza anche Beatrice e si avrebbero tutte e tre le figlie bionde, che si è già visto essere impossibile (alternativa D errata). A questo punto si può affermare con certezza che Beatrice è bionda e la soluzione è la C.

20 Derivato dalla logica aristotelica, il sillogismo è il tipo fondamentale di ragionamento deduttivo ed è formato da una premessa maggiore (affermativa o negativa), da una minore e da una conclusione che dalle due premesse deriva necessariamente. Infatti, in questo caso, la conclusione del sillogismo le cui premesse sono «Tutti i condottieri sono coraggiosi» e «nessun coraggioso è dissimulatore» non può che essere: «dunque nessun dissimulatore è condottiero» (risposta esatta A).

21 Negare che tutti gli amici di Vincenzo bevono sia birra sia vino significa affermare che ce ne è almeno uno che non beve o l'uno o l'altra. L'unica cosa che si può affermare con certezza è quindi quanto riportato dall'alternativa B che è la soluzione del quesito. L'alternativa A è errata in quanto non è certo il fatto che almeno uno degli amici di Vincenzo non beve birra, come non è necessariamente vero che almeno uno degli amici di Vincenzo non beve vino (alternativa C errata).

22 Se una persona non ha ragione, ciò significa che ha torto: avere ragione e avere torto sono due condizioni opposte e comprensive di tutte le possibilità: chi non ha ragione ha infatti torto, non esistendo una terza possibilità. Se gli assenti non hanno mai ragione, come afferma il testo dell'esercizio, ciò significa che essi hanno sempre torto (risposta C). Le alternative A e B sono errate in quanto l'affermazione di partenza non fornisce alcuna informazione circa i presenti. Non è pertanto possibile concludere, senza informazioni ulteriori, che chi è presente si trovi in una condizione opposta o simile rispetto a chi è assente. Per la stessa ragione è da scartare l'alternativa E. L'alternativa D è errata in quanto confonde il legame di tipo insiemistico esistente fra gli assenti e coloro che hanno torto. Affermare che chi è assente ha sempre torto implica che l'insieme "assenti" è sottoinsieme di "coloro che hanno torto" e non viceversa. In altre parole, il fatto che gli assenti abbiano sempre torto non implica che chi ha torto è sempre assente. Potrebbero esservi anche alcuni presenti che hanno torto: quest'ultima possibilità non contraddice infatti l'affermazione di partenza.

23 La risposta esatta al quesito è fornita dall'alternativa C. La soluzione si ottiene scomponendo l'affermazione in più parti. L'espressione «è errato negare che è falso ...» equivale, infatti, a «è falso ...»; analogamente l'espressione «è falso che ... non è stato dipinto» equivale a «è stato dipinto».

24 La risposta esatta è la **B**. In questo caso, la conclusione del sillogismo è «dunque qualche adulto non è ingenuo».

25 L'esercizio è basato su due condizioni, entrambe sufficienti:

- se venerdì starà bene, Laura giocherà la partita;
- se Betty starà bene, giocherà anche lei la partita.

È dunque possibile trarre le seguenti conclusioni:

- se venerdì Laura non gioca la partita, significa che non sta bene;
- se venerdì Betty non gioca la partita, significa che non sta bene.

Osservando la prima conclusione appare evidente che, poiché Laura non sta giocando la partita (dato che è in tribuna a guardarla), sicuramente non sta bene. Ciò consente di escludere le alternative **A** e **C**. Si osservi inoltre che le due condizioni iniziali (e dunque anche le due conclusioni) sono slegate fra loro. Ciò significa in particolare che Laura potrebbe non aver giocato perché non stava bene, senza che per questo si possa concludere alcunché circa la salute di Betty. L'unica cosa certa che si può affermare è che Laura non sta bene, mentre nulla si può dire su Betty. La risposta al quesito è dunque la **E**: poiché infatti Laura non gioca, l'unica certezza è che non sta bene.

26 La risposta corretta è la **A**. Infatti il senso della frase: «Chi tace acconsente» è che colui che non ha nulla in contrario a quanto è stato detto da altri non dice nulla, tace, appunto. Quindi a tale affermazione equivale l'espressione: «Chi non parla non ha nulla in contrario».

27 L'esercizio è molto particolare, perché, oltre a proporre la distinzione tra *condizione necessaria* e *condizione sufficiente*, mette in risalto come si debba fare molta attenzione a limitarsi, nel risolvere l'esercizio, alle nozioni proposte dal brano, senza far ricorso a nozioni o conoscenze esterne. In questo caso, infatti il testo chiede di partire dalla premessa *assumendola per vera*, senza cioè verificare la sua corrispondenza alla realtà. Per l'ordinamento giuridico italiano, infatti, fino alla sentenza passata in giudicato l'imputato si presume innocente; questa consapevolezza, tuttavia, può essere nociva nel caso in esame e portare a conclusioni sbagliate. La risposta **A** è errata perché deduce dalla premessa la *necessaria conseguenza* che una persona viene necessariamente considerata innocente se non è ancora stata giudicata con sentenza definitiva, il che non è vero, data la premessa di cui sopra. La risposta **C** è sbagliata perché, capovolgendo il discorso, deduce dalla premessa che se una persona viene giudicata colpevole *necessariamente* c'è stata sentenza di condanna passata in giudicato, il che non è vero, dal momento che (sempre secondo l'argomentazione iniziale) si può essere considerati colpevoli anche prima che la sentenza lo stabilisca definitivamente. La risposta corretta è dunque la **B**: la premessa indica che si può essere considerati colpevoli anche se non si viene condannati con sentenza definitiva e quindi non è detto che si possa essere considerati innocenti finché non si è stati condannati.

28 Se una persona non dimentica nulla, significa che si ricorda tutto. In altre parole, dimenticare e ricordare sono due condizioni opposte e comprensive di tutte le possibilità: chi non dimentica, infatti, ricorda, non esistendo una condizione intermedia. Se dunque i giovani non dimenticano mai nulla, ciò significa che essi ricordano sempre tutto. La risposta esatta è quindi la **D**. Le alternative **A** e **B** sono errate in quanto l'affermazione di partenza non dice nulla circa gli anziani. Non è pertanto immaginabile, senza informazioni ulteriori, che chi è anziano si trovi in una condizione opposta o simile rispetto a chi è giovane. L'alternativa **C** è errata in quanto confonde il legame di tipo insiemistico esistente fra *giovani* e *coloro che ricordano tutto*. Affermare che chi è giovane non dimentica mai nulla implica che l'insieme *giovani* sia sottoinsieme di *coloro che ricordano tutto* e non viceversa. In altre parole, il fatto che i giovani ricordino sempre tutto non equivale al fatto che chi ricorda tutto sia giovane. Potrebbero esservi anche anziani che ricordano tutto. Quest'ultima possibilità non contraddice infatti l'affermazione di partenza.

29 La risposta esatta è la C. La soluzione si ottiene scomponendo l'affermazione in più parti, infatti, «è errato negare che è falso ...» equivale a «è falso ...». Analogamente «è falso che ... non è stato abbattuto» equivale a «è stato abbattuto».

30 La risposta esatta è la B. Il fatto che qualche dirigente sia scorretto non implica che tutti lo siano (alternativa A), né che nessuno sia corretto (alternativa C). Viceversa, poiché qualcuno dei dirigenti non è corretto, è certamente vero che non tutti sono corretti (alternativa B). La frase di partenza non ha peraltro alcuna valenza normativa, ossia non intende in alcun modo fornire indicazioni circa il modo in cui i dirigenti dovrebbero comportarsi con i loro dipendenti (alternativa D).

31 Il fatto che uno studente si applichi è condizione *sufficiente* per la promozione: possono tuttavia configurarsi anche altre condizioni sufficienti per essere promossi. È quindi solo possibile, ma *non necessario*, che uno studente promosso si sia applicato. Ciò dimostra che la risposta corretta è la D e che l'alternativa C è errata. L'alternativa A è sbagliata perché la promozione non corrisponde con il massimo risultato, mentre l'alternativa B è sbagliata perché pone l'impegno degli studenti quale condizione *necessaria* affinché essi siano promossi.

32 La risposta di Luca («Se il numero dei miei cugini è divisibile per sei, allora è pari») rappresenta una tautologia: è evidente che un numero divisibile per sei è anche pari. Trattandosi inoltre di un'ipotesi («Se ...») tale risposta non offre alcuna informazione utile. Sono dunque da scartare sia l'alternativa A che la B. L'alternativa C è errata in quanto affermare che «Se il numero è divisibile per sei, allora è pari», non significa che se il numero non fosse divisibile per sei tale numero non sarebbe pari. In altre parole, potrebbe darsi il caso che il numero dei cugini di Luca sia pari pur non essendo divisibile per sei. La risposta esatta è quindi la D.

33 L'argomentazione è composta da una constatazione («Recenti ricerche hanno mostrato che le università che hanno introdotto il numero programmato sono riuscite a conseguire una significativa riduzione del numero di studenti che abbandonano gli studi prima della laurea») e da una conseguenza («È dunque opportuno che tutte le università introducano il numero programmato»). Essendo le due proposizioni strettamente legate, la logica sottostante è che se un certo strumento consente di ridurre il numero di abbandoni degli studi, allora tale strumento deve essere utilizzato. In altre parole, la riduzione del numero di abbandoni degli studi è una ragione sufficiente per l'introduzione del numero programmato. La risposta esatta è dunque la C. L'alternativa A è errata in quanto l'argomentazione di partenza si limita ad affermare la possibilità di ridurre la percentuale di studenti che abbandonano gli studi prima della laurea, ma non fornisce alcuna indicazione circa il loro numero. Analogamente, l'alternativa B è errata in quanto l'argomentazione di partenza non fornisce alcun dato circa il numero di università che già hanno introdotto il numero programmato. L'alternativa D, infine, è errata in quanto l'argomentazione di partenza non fornisce indicazioni che consentano di valutare gli effetti sulla qualità della didattica prodotti dall'introduzione del numero programmato.

34 La risposta corretta è la E. Si tratta infatti di un'affermazione del tipo: se è vero X, allora è vero Y. In questo tipo di affermazioni, X è *condizione sufficiente, ma non necessaria* affinché si verifichi Y. Ciò significa che dall'affermazione presentata si può dedurre: *se non è vero Y, allora non è vero X.* Con riferimento all'esercizio, si può solo dedurre quanto riportato dall'alternativa E. Non è invece possibile dedurre: *se è vero Y, allora è vero X* (cioè: se vi è un immediato incremento del prezzo del petrolio proveniente dalla regione del Golfo, allora vi è una contrazione dell'offerta dello stesso). Ciò equivarrebbe infatti a considerare X condizione necessaria e sufficiente affinché si verifichi Y (alternativa A). Analogamente, non è possibile dedurre: *se non è vero X, allora non è vero Y,* che è quanto presentato dall'alternativa B. Le alternative C e D sono invece errate per altri motivi: la prima generalizza il concetto al di là del caso della regione del Golfo e dunque non può essere considerata come una logica deduzione di quanto affermato nel testo dell'esercizio; la seconda introduce un elemento nuovo, quello dell'instabilità politica, non menzionato nel testo e dunque non utilizzabile per alcun tipo di conclusione logica.

35 L'espressione «... l'investigatore non può non negare» equivale a «... l'investigatore non può affermare». Analogamente, «... deve negare che è falso ...» equivale a «... è vero ...». Ne segue che quanto affermato dall'informatore è vero. La risposta esatta è quindi la B.

36 Alberto afferma di essere nato ad Amsterdam, ma poiché mente sempre è possibile concludere che in realtà NON è nato ad Amsterdam. Paolo dice sempre la verità e afferma:

1) di essere nato a Pavia; da ciò si deduce che Alberto NON è nato a Pavia;

2) che Alberto gli ha riferito di essere nato a Cagliari; ma poiché Alberto mente sempre da ciò si deduce che Alberto NON è nato a Cagliari.

In conclusione, Alberto non è nato ad Amsterdam, né a Pavia, né a Cagliari e dunque può essere nato solo a Roma o Siracusa (risposta E).

37 L'espressione «... negò ... di non aver rifiutato» equivale a «ha rifiutato». Dunque Francesco ha rifiutato di affermare il falso (risposta B). La A è dunque errata, così come è errata la C. Il fatto che Francesco abbia rifiutato di dire il falso non equivale infatti a concludere che abbia affermato il vero. Potrebbe infatti essersi semplicemente limitato a non dire nulla.

38 L'unica alternativa che rispetta tutte le condizioni dell'esercizio è la D (soluzione del quesito) che prevede quattro fiori. Solo in questo caso, infatti, e solo se i quattro fiori sono una rosa, un gladiolo, un'orchidea e una primula, viene, infatti, rispettato l'enunciato dell'esercizio.

39 Dato il testo dell'esercizio, Francesca non può che essere la moglie di Mario: infatti il figlio di Mario ha come nonni i genitori di Mario (nonni paterni) oppure i genitori della moglie di Mario (nonni materni). Nel primo caso la figlia Francesca risulterebbe sorella di Mario ma ciò non è possibile in quanto il testo afferma che i genitori di Mario hanno 2 figli di cui il secondogenito è Mario (quindi il fratello o la sorella devono avere più anni di lui mentre il testo indica che Francesca ne ha 2 di meno). L'unico caso possibile è dunque il secondo: Francesca è la figlia unica dei nonni materni ed è dunque la moglie di Mario. La risposta esatta è pertanto la C.

40 La risposta esatta è la B. Infatti, se «Federico è grasso» e «chi è grasso è goloso», allora «Federico è goloso». L'alternativa C è errata in quanto il fatto che i grassi siano golosi non implica necessariamente che i golosi siano grassi; vi possono anche essere golosi che non sono grassi. L'alternativa A è errata per lo stesso motivo.

41 La risposta esatta è la C. Infatti, l'argomentazione di partenza si compone di una constatazione («Il partito guidato dall'onorevole Berlondoni riscuote particolare successo tra gli imprenditori e i lavoratori autonomi e assai meno presso i lavoratori dipendenti») e di una conclusione («In vista delle prossime elezioni politiche, sarebbe dunque opportuno che l'onorevole Berlondoni proponesse misure economiche a favore dei lavoratori dipendenti»). La conclusione si basa dunque sull'efficacia delle proposte economiche nell'aumentare il consenso del partito guidato dall'onorevole Berlondoni. È solo contrastando tale efficacia che si indebolisce l'argomentazione e non sostenendo l'inconciliabilità delle proposte con il risanamento della finanza pubblica. Sia l'alternativa A, sia la B, sia la D contrastano tale efficacia. L'alternativa C avrebbe indebolito l'argomentazione di partenza solo se questa si fosse basata anche sulla conciliabilità delle misure economiche a favore dei lavoratori dipendenti con il risanamento della finanza pubblica.

42 Per rendere falsa l'affermazione virgolettata nel testo deve risultare vero che esiste **almeno un pilota** che non sia una persona colta come indicato nell'alternativa corretta B: infatti ne basta uno solo per rendere falsa l'affermazione iniziale. Occorre prestare attenzione a non farsi trarre in inganno dall'alternativa errata C che indica la necessità di "alcuni" piloti (più d'uno, quindi almeno due) che non siano persone colte: questa alternativa non è la corretta negazione dell'affermazione virgolettata.

43 Davanti a una condizione sufficiente del tipo "**se A allora B**", come nel caso di questo quesito, si può affermare con certezza "**se NON B allora NON A**", che andrebbe a tradursi con "se i candidati non hanno conseguito l'idoneità, allora vuol dire che non si sono applicati". Nessuna alternativa però riporta questa corretta deduzione.

Osservando le alternative occorre quindi concentrarsi su altro. Sappiamo che se i candidati si applicano, sicuramente conseguiranno l'idoneità. Non potrà quindi mai succedere che i candidati si applichino senza conseguire l'idoneità, né possiamo dire che se hanno conseguito l'idoneità è perché si sono applicati, che rappresenta una deduzione logica corretta e quindi un'affermazione vera solo nel caso ci trovassimo davanti a una condizione necessaria. Potrebbero aver conseguito l'idoneità anche per altri motivi.

Quindi se un candidato consegue l'idoneità è possibile che si sia applicato, proprio perché servendoci della possibilità possiamo implicitamente asserire che il candidato potrebbe essersi applicato come potrebbe non essersi applicato. Tra quelle proposte l'unica alternativa sempre vera è quindi la C.

Infine va sottolineato come le alternative A e B riportano deduzioni valide solo per la condizione necessaria.

44 L'argomentazione è composta da una constatazione («Non vi è motivo di escludere la possibilità di vita su Urano») e da una conclusione («Dunque dobbiamo intraprendere l'esplorazione di questo pianeta»). Essendo le due strettamente legate, la logica sottostante è che se esiste la possibilità di vita su un pianeta, allora tale pianeta deve essere esplorato. In altre parole, la ricerca della vita è una ragione sufficiente per l'esplorazione dei pianeti (risposta C). L'alternativa A è errata in quanto l'argomentazione di partenza si limita ad affermare la possibilità di vita su Urano. Analogamente, l'alternativa B è errata in quanto l'argomentazione di partenza si limita a considerare il caso di Urano e non afferma nulla circa gli altri pianeti del sistema solare. Infine, l'alternativa D è errata in quanto l'argomentazione di partenza non fornisce indicazioni che consentano di escludere che qualcuno abbia già tentato, magari senza successo, l'esplorazione di Urano.

45 La risposta esatta è la C. Infatti, ogni studente della scuola ha tre possibilità: o studia solo il francese, o studia solo l'inglese, o studia entrambe le lingue. Si tratta di capire come si ripartiscono, in termini percentuali, gli studenti della scuola nei tre gruppi. Se il 70% studia l'inglese, ciò significa che il rimanente 30% degli studenti studia solo il francese. È stata così individuata la percentuale degli studenti del primo gruppo. Se inoltre il 60% degli studenti studia il francese, se ne deduce che la percentuale di studenti che studiano solo l'inglese è pari al 40%. In questo modo si individua la percentuale di studenti del secondo gruppo. Il terzo gruppo (studenti che studiano sia l'inglese che il francese) sarà dunque composto dal 30% degli studenti della scuola (100% – 30% – 40%).

46 Per risolvere l'esercizio si provi a costruire una tabella in cui indicare, per ognuna delle persone, quelle a cui dice il vero o il falso:

	Vero	**Falso**
Arianna	Barbara	Carlo, Michele
Barbara	Carlo, Michele	Arianna
Carlo	Arianna, Michele	Barbara
Michele	Barbara	Arianna, Carlo

La soluzione al quesito è, quindi, fornita dall'alternativa B, essendo la frase falsa se detta da Michele a Carlo e Arianna.

47 L'alternativa A è vera ed è la soluzione del quesito. Osservando infatti le prime due istruzioni tra le quattro proposte, si vede come "blu" può trovarsi sia in prima o in terza posizione (prima istruzione) oppure anche in posizione centrale (seconda istruzione). Il rosso, invece, non può trovarsi al centro (nella terza si dice che quelle posizioni di bianco, rosso e verde non vanno bene), il bianco non può essere l'ultimo colore (la quarta affermazione) e non si può usare il colore verde (terza e quarta informazione): le alternative B, C e D sono dunque errate.

48 Lo studio riporta che il peso medio degli italiani è aumentato negli ultimi 20 anni del 5%. Tale percentuale differisce significativamente se si considerano i due sottoinsiemi: cittadini del Centro-Nord (dove l'aumento è stato del 6%) e cittadini del Sud (dove l'aumento è stato solo del 3%). Poiché il valore medio della popolazione italiana (aumento del 5%) si avvicina maggiormente al valore relativo ai cittadini del Centro-Nord, possiamo dedurre che i cittadini del Centro-Nord sono più numerosi di quelli del Sud. Se fossero in egual numero il peso medio degli italiani sarebbe infatti salito del 4,5% (valore medio fra 3% e 6%).

La risposta corretta sarebbe la A; tuttavia il Ministero, a fronte di alcune ambiguità (considerando una ipotesi poco reale per cui gli abitanti del Centro-Nord pesano il doppio rispetto a quelli del Sud, si arriverebbe allo stesso risultato e quindi si potrebbe dedurre anche l'alternativa C), ha deciso di considerare la risposta a questa domanda esatta per tutti i candidati assegnando, d'ufficio 1,5 punti a tutti.

49 Un ragionamento induttivo è un ragionamento che partendo da un'esperienza o un'osservazione particolare ricava un principio generale. Dei quattro ragionamenti presentati l'unico che è induttivo è quello riguardante la pizza e i napoletani mentre tutti gli altri sono deduttivi. La risposta cercata è, quindi, in questo caso, la A.

50 Tracciando graficamente le relazioni individuate dalle affermazioni presentate si può ottenere il seguente schema:

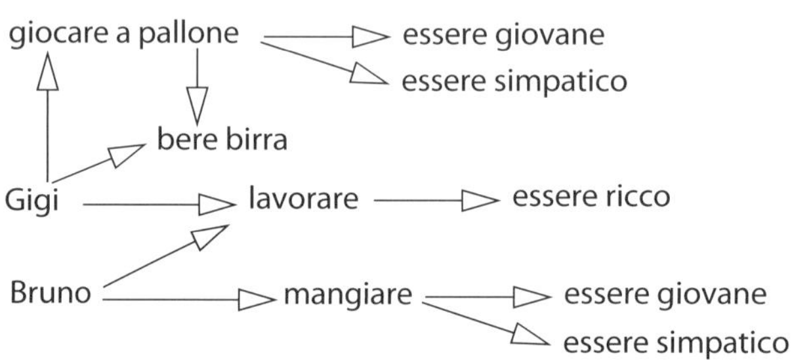

Dalle relazioni si osserva che l'unica affermazione corretta è la D, secondo la quale Bruno, lavorando e mangiando, è ricco (chi lavora è ricco) e simpatico (chi mangia è giovane e simpatico).

4| DIAGRAMMI INSIEMISTICI

4.1 | Esercizi proposti

Per ciascuno degli esercizi seguenti, indicare la rappresentazione (A, B, C, D o E) che soddisfa la relazione insiemistica esistente tra i tre termini dati (le alternative proposte per ciascun esercizio sono quelle raffigurate qui di seguito).

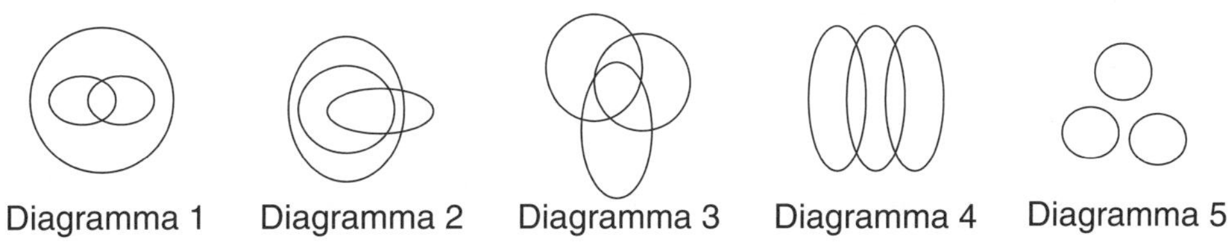

1 **Mammiferi, Delfini, Creature marine**

A Diagramma 1
B Diagramma 2
C Diagramma 3
D Diagramma 4
E Nessuna delle precedenti

2 **Stilisti, Amanti della fotografia, Giovani**

A Diagramma 5
B Diagramma 1
C Diagramma 3
D Diagramma 4
E Nessuna delle precedenti

3 **Calciatori, Sportivi, Biondi**

A Diagramma 4
B Diagramma 2
C Diagramma 5
D Diagramma 1
E Nessuna delle precedenti

4 **Ristoranti, Cuochi, Antipasti**

- A Diagramma 5
- B Diagramma 3
- C Diagramma 1
- D Diagramma 4
- E Nessuna delle precedenti

5 **Operai, Persone simpatiche, Commercialisti**

- A Diagramma 1
- B Diagramma 5
- C Diagramma 3
- D Diagramma 4
- E Nessuna delle precedenti

6 **Persone di alta statura, Romani, Sportivi**

- A Diagramma 1
- B Diagramma 4
- C Diagramma 3
- D Diagramma 2
- E Nessuna delle precedenti

7 **Esseri viventi, Mammiferi, Cani**

- A Diagramma 1
- B Diagramma 5
- C Diagramma 4
- D Diagramma 3
- E Nessuna delle precedenti

8 **Liceali di nome Carlo, Liceali di cognome Bianchi, Studenti**

- A Diagramma 1
- B Diagramma 2
- C Diagramma 5
- D Diagramma 4
- E Nessuna delle precedenti

9 **Computer, Programmi software, Microsoft Word**

- A Diagramma 5
- B Diagramma 2
- C Diagramma 1
- D Diagramma 4
- E Nessuna delle precedenti

10 **Studenti, Persone con più di 50 anni d'età, Laureati**

- (A) Diagramma 2
- (B) Diagramma 1
- (C) Diagramma 3
- (D) Diagramma 5
- (E) Nessuna delle precedenti

11 **Pittori, Francesi, Cinesi**

- (A) Diagramma 5
- (B) Diagramma 1
- (C) Diagramma 3
- (D) Diagramma 4
- (E) Nessuna delle precedenti

12 **Notai, Architetti, Laureati**

- (A) Diagramma 2
- (B) Diagramma 4
- (C) Diagramma 3
- (D) Diagramma 5
- (E) Nessuna delle precedenti

13 **Oggetti d'arredamento, Oggetti in legno, Oggetti in metallo**

- (A) Diagramma 1
- (B) Diagramma 2
- (C) Diagramma 3
- (D) Diagramma 4
- (E) Nessuna delle precedenti

14 **Giraffe, Felini, Rettili**

- (A) Diagramma 1
- (B) Diagramma 5
- (C) Diagramma 2
- (D) Diagramma 4
- (E) Nessuna delle precedenti

15 **Laureati in medicina, Dermatologi, Ospedali**

- (A) Diagramma 5
- (B) Diagramma 3
- (C) Diagramma 1
- (D) Diagramma 4
- (E) Nessuna delle precedenti

16 Nubili, uomini, persone affabili

- A Diagramma 3
- B Diagramma 2
- C Diagramma 5
- D Diagramma 4
- E Nessuna delle precedenti

17 Riviste di arredamento, Riviste settimanali, Pubblicazioni

- A Diagramma 1
- B Diagramma 4
- C Diagramma 3
- D Diagramma 5
- E Nessuna delle precedenti

18 Piatti, Oggetti di carta, Oggetti bianchi

- A Diagramma 2
- B Diagramma 1
- C Diagramma 3
- D Diagramma 4
- E Nessuna delle precedenti

Per ciascuno degli esercizi seguenti, indicare la rappresentazione (A, B, C, D o E) che soddisfa la relazione insiemistica esistente tra i tre termini dati (le alternative proposte per ciascun esercizio sono quelle raffigurate qui di seguito).

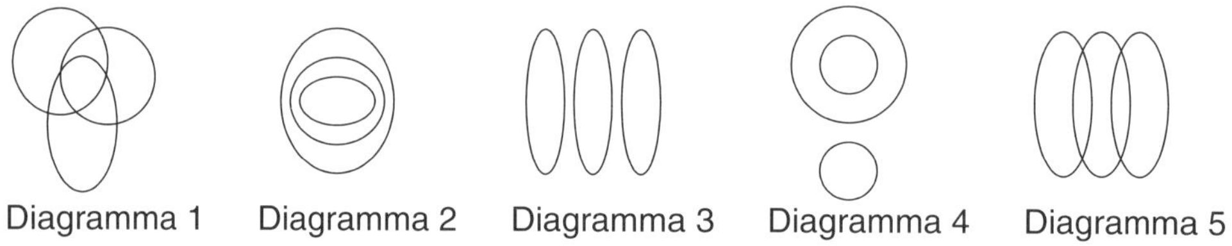

19 Professori universitari, Aule, Laureati

- A Diagramma 1
- B Diagramma 2
- C Diagramma 3
- D Diagramma 4
- E Diagramma 5

20 Animali, Felini, Leoni

- A Diagramma 1
- B Diagramma 2
- C Diagramma 3
- D Diagramma 4
- E Diagramma 5

21 **Artisti, laureati, magri**

- A Diagramma 1
- B Diagramma 2
- C Diagramma 3
- D Diagramma 4
- E Diagramma 5

22 **Libri, Librerie, Librai**

- A Diagramma 1
- B Diagramma 2
- C Diagramma 3
- D Diagramma 4
- E Diagramma 5

23 **Automobili, Meccanici, Mezzi di locomozione**

- A Diagramma 1
- B Diagramma 2
- C Diagramma 3
- D Diagramma 4
- E Diagramma 5

24 **Persone alte, Bolognesi, Laureati in economia**

- A Diagramma 1
- B Diagramma 2
- C Diagramma 3
- D Diagramma 4
- E Diagramma 5

25 **Navicelle spaziali, Pianeti, Asteroidi**

- A Diagramma 1
- B Diagramma 2
- C Diagramma 3
- D Diagramma 4
- E Diagramma 5

26 **Avvocati, Penalisti, Guardie giurate**

- A Diagramma 1
- B Diagramma 2
- C Diagramma 3
- D Diagramma 4
- E Diagramma 5

27 **Telegiornali, Telegiornali Rai, Giornalisti**

- A Diagramma 1
- B Diagramma 2
- C Diagramma 3
- D Diagramma 4
- E Diagramma 5

28 **Pasta, Alimenti, Spaghetti**

- A Diagramma 1
- B Diagramma 2
- C Diagramma 3
- D Diagramma 4
- E Diagramma 5

29 **Motociclette, Pedoni, Semafori**

- A Diagramma 1
- B Diagramma 2
- C Diagramma 3
- D Diagramma 4
- E Diagramma 5

30 **Artisti, Quadri, Pittori**

- A Diagramma 1
- B Diagramma 2
- C Diagramma 3
- D Diagramma 4
- E Diagramma 5

31 **Milanesi, Italiani, Lombardi**

- A Diagramma 1
- B Diagramma 2
- C Diagramma 3
- D Diagramma 4
- E Diagramma 5

32 **Uomini, Donne, Persone sposate**

- A Diagramma 1
- B Diagramma 2
- C Diagramma 3
- D Diagramma 4
- E Diagramma 5

33 **Bevande, Grappe, Bevande alcoliche**

A Diagramma 1
B Diagramma 2
C Diagramma 3
D Diagramma 4
E Diagramma 5

34 **Libri, Biblioteche, Scrittori**

A Diagramma 1
B Diagramma 2
C Diagramma 3
D Diagramma 4
E Diagramma 5

35 **Architetti, Ortopedici, Amanti della musica lirica**

A Diagramma 1
B Diagramma 2
C Diagramma 3
D Diagramma 4
E Diagramma 5

36 **Libri, Libri per bambini, Giornali**

A Diagramma 1
B Diagramma 2
C Diagramma 3
D Diagramma 4
E Diagramma 5

37 **Attori, Cineprese, Copioni**

A Diagramma 1
B Diagramma 2
C Diagramma 3
D Diagramma 4
E Diagramma 5

38 **Sindaci, Persone nate a Roma, Persone con i capelli rossi**

A Diagramma 1
B Diagramma 2
C Diagramma 3
D Diagramma 4
E Diagramma 5

39 **Preti, Parroci, Monache**

- A Diagramma 1
- B Diagramma 2
- C Diagramma 3
- D Diagramma 4
- E Diagramma 5

40 **Abitazioni in Roma, Monolocali, Bilocali**

- A Diagramma 1
- B Diagramma 2
- C Diagramma 3
- D Diagramma 4
- E Diagramma 5

4.2 | Soluzioni e commenti

1 Nessuna della raffigurazioni proposte è idonea a rappresentare gli insiemi di questo esercizio. Dovrebbero infatti risultare tre insiemi siffatti: uno dei *delfini*, interamente contenuto in uno dei *mammiferi*, e uno delle *creature marine* che intersechi quello dei *mammiferi* (vi sono *mammiferi* che sono *creature marine* e *mammiferi* che non lo sono, e vi sono *creature marine* che sono *mammiferi* e altre che non lo sono) e comprenda in sé tutto quello dei *delfini* (i *delfini* sono tutti *creature marine*). In pratica, la figura corretta somiglierebbe allal diagramma proposto dalla soluzione B, ma occorrerebbe che il cerchio (insieme dei *delfini*) fosse interamente compreso nell'ellisse orizzontale (insieme delle *creature marine*). Non trovandosi una figura simile tra quelle proposte, bisogna optare per l'alternativa E.

2 La rappresentazione che soddisfa tutte le relazioni insiemistiche che esistono tra i termini dati è quella indicata dall'alternativa C. Il legame insiemistico fra le tre categorie di soggetti è infatti di intersezione.

3 I *calciatori* sono un insieme interamente contenuto in quello più grande degli *sportivi* poiché non esiste un calciatore che non sia sportivo. Il terzo insieme (*biondi*) interseca i primi due (risposta B). Infatti, alcuni calciatori e alcuni sportivi sono biondi e, allo stesso tempo, esistono calciatori e sportivi che non sono biondi.

4 Seppur gli *antipasti* vengano preparati dai *cuochi* e serviti nei *ristoranti*, i tre insiemi devono risultare separati: dato un elemento, esso appartiene all'insieme degli antipasti (cioè è un antipasto) oppure a quello dei cuochi (cioè è un cuoco) oppure a quello dei ristoranti (cioè è un ristorante). La risposta esatta è la A.

5 I due termini *operai* e *commercialisti* sono in un evidente rapporto di estraneità, nel senso che un operaio non è commercialista e viceversa. L'insieme *persone simpatiche*, infine, interseca ciascuno degli altri due come è correttamente rappresentato dall'alternativa D. Come si nota, è prevista anche una parte dell'insieme *persone simpatiche* (quella centrale) che non si interseca con le altre categorie di persone e che corrisponde alle persone simpatiche che non sono né operai né commercialisti.

6 La soluzione è in questo caso rappresentata dall'alternativa C. I tre insiemi sono infatti caratterizzati da un legame di intersezione.

7 I *cani* sono dei *mammiferi* i quali, a loro volta, sono *esseri viventi*. La rappresentazione grafica corretta è dunque quella di tre insiemi un contenuto nell'altro. Tale rappresentazione non corrisponde a nessuna delle quattro alternative proposte e dunque la soluzione a tale esercizio è data dall'alternativa E.

8 Esistono liceali che si chiamano *Carlo*, liceali che si chiamano *Bianchi* e liceali che si chiamano *Carlo Bianchi*. Tutti sono, però, *studenti*. La risposta esatta è la A.

9 La rappresentazione corretta prevede in questo esercizio un insieme (contenente un solo elemento, *Microsoft Word*) contenuto in un altro insieme (*programmi software*) e il terzo insieme a se stante. La soluzione è dunque ancora la E.

10 La soluzione esatta è in questo caso rappresentata dall'alternativa C. È opportuno chiarire che una persona può appartenere all'insieme degli *studenti* pur essendo già *laureata*. È infatti sufficiente che frequenti un corso post-laurea.

11 *Francesi* e *cinesi* sono due insiemi separati, ma entrambi si intersecano con l'insieme dei *pittori* (che possono essere sia cinesi, sia francesi). La soluzione, rappresentata dal diagramma 4, è quindi fornita dall'alternativa D.

12 Sia i *notai* che gli *architetti* sono persone laureate, ma sono due categorie distinte tra loro. La rappresentazione grafica corrispondente non è riportata tra quelle proposte ed è data da un insieme più grande (i *laureati*) che ne racchiude due più piccoli che non hanno punti di contatto o aree di intersezione (i *notai* e gli *architetti*). La risposta corretta è quindi la E.

13 Gli *oggetti in legno* e quelli *in metallo* si escludono a vicenda e quindi non ci possono essere intersezioni tra i relativi insiemi. Alcuni *oggetti in legno* e alcuni *oggetti in metallo* possono inoltre appartenere all'insieme *oggetti d'arredamento*. La risposta esatta è dunque la D.

14 Si tratta in questo caso di tre insiemi distinti e la risposta corretta è dunque la B.

15 I *dermatologi* sono tutti *laureati in medicina* (si ha quindi un insieme interamente contenuto in un altro) mentre *ospedali* rappresenta un insieme a sé stante. L'alternativa corretta è dunque la E.

16 Il termine *nubili* indica le donne non sposate. Da ciò si ricava che questa categoria non ha nulla a che vedere con gli *uomini* (che se non sono coniugati prendono il nome di celibi). La categoria delle *persone affabili*, invece, coinvolge in parte la categoria delle *donne nubili*, quanto quella degli *uomini*. L'alternativa corretta è dunque la D che fa riferimento al diagramma 4, dove al centro va collocato l'insieme delle *persone affabili* e ai due lati gli insiemi delle *donne nubili* e degli *uomini*.

17 Le *riviste di arredamento* possono essere *settimanali* (oppure no) e i *settimanali* possono essere *riviste di arredamento* (o di altro tipo): i due insiemi pertanto si intersecano. Poiché in entrambi i casi si tratta di *pubblicazioni*, la rappresentazione insiemistica corretta è quella identificata dal diagramma 1 (risposta A).

18 La risposta corretta è la C: è infatti diagramma 3 a rappresentare la giusta relazione che lega i tre insiemi, in quanto possono esistere *piatti* che sono *bianchi* e anche *di carta*; allo stesso modo ciascun insieme può avere elementi comuni solo ad un altro insieme o elementi non comuni ad alcuno.

19 Il diagramma che rappresenta la relazione esistente tra gli insiemi proposti è il 4 (risposta D). L'insieme dei *laureati*, infatti, ricomprende totalmente la categoria dei *professori universitari* che sono, appunto, tutti *laureati*. Il rapporto è dunque di inclusione. Al contrario, non esiste alcun rapporto di appartenenza tra l'insieme delle *aule* e quello dei *laureati* (e, di conseguenza, quello dei *professori universitari*).

20 I *leoni* appartengono all'insieme dei *felini* i quali appartengono all'insieme degli *animali*: la relazione insiemistica esistente tra i tre termini è dunque quella rappresentata dal diagramma 2 (risposta B).

21 È il diagramma 1 a rappresentare la giusta relazione che lega i tre insiemi, in quanto possono esistere *artisti laureati* che sono anche *magri*; allo stesso modo ciascun insieme può avere elementi comuni solo ad un altro insieme o elementi non comuni ad alcuno. La risposta corretta è la A.

22 *Libri*, *librerie* e *librai* sono tre categorie separate e distinte tra loro. I tre insiemi risultano pertanto disgiunti, senza punti di intersezione, come indicato dal diagramma 3 (risposta C).

23 In questo caso è opportuno partire dal confronto tra l'insieme dei *automobili* e quello dei *mezzi di locomozione*: tutte le *automobili* sono anche *mezzi di locomozione*, per cui il primo insieme risulta una sottocategoria del secondo. I *meccanici*, invece, sono una categoria che non ha legami di appartenenza alle altre due. L'alternativa corretta è dunque la **D**, in cui il diagramma 4 rappresenta l'insieme dellle *automobili* ricompreso in quello dei *mezzi di locomozione* e l'insieme dei *meccanici* a sé stante.

24 La rappresentazione insiemistica corretta prevede in questo caso l'intersezione di ciascun insieme con gli altri due (alternativa **A**). Esistono infatti *persone alte* che sono *bolognesi* e che sono *laureati in economia*, ma anche persone alte che non sono bolognesi e che non sono laureati in economia. Lo stesso vale per gli insiemi dei *bolognesi* e i *laureati in economia*, ciascuno dei quali interseca le altre due categorie proposte dall'esercizio.

25 I tre oggetti considerati rappresentano tre corpi celesti completamente distinti tra loro. Gli *asteroidi* non sono né *pianeti* né *navicelle spaziali*, bensì frammenti di corpi celesti che vagano nello spazio. Così come le *navicelle spaziali* sono "oggetti" ben distinti dai *pianeti* e dagli *asteroidi*. Si deve pertanto concludere che i tre insiemi sono totalmente separati e distinti tra loro secondo la relazione raffigurata nel diagramma 3 (risposta **C**).

26 I *penalisti* sono quella particolare categoria di *avvocati* che esercita la propria professione esclusivamente o prevalentemente nell'ambito penale. Essi, pertanto, rappresentano una sottocategoria degli *avvocati*. Le *guardie giurate*, invece, sono soggetti abilitati a svolgere attività di vigilanza per strutture private (banche, negozi ecc.) e non hanno nulla a che vedere con il genere degli *avvocati*. L'alternativa corretta è la **D**.

27 Per individuare la rappresentazione corretta è conveniente partire dalle relazioni più evidenti. Nel caso in esame è facile osservare che *telegiornali RAI* è parte, cioè è un sottoinsieme, di *telegiornali* (che contiene ovviamente anche telegiornali realizzati da altre emittenti, come per esempio le televisioni commerciali). La soluzione corretta deve dunque presentare un insieme interamente contenuto in un altro insieme. Questa semplice considerazione permette di scartare le alternative **A**, **C** ed **E**. Il terzo termine, *giornalisti*, è invece estraneo ai primi due da un punto di vista insiemistico e porta dunque a escludere anche l'alternativa **B**. La risposta esatta è dunque la **D**.

28 Dal momento che gli *spaghetti* sono *pasta* e che la pasta è una tipologia di *alimento*, la soluzione di tale esercizio è rappresentata dall'alternativa **B**.

29 In questo esercizio i tre termini identificano tre categorie distinte di soggetti, prive di legami insiemistici e, quindi, correttamente rappresentate dall'alternativa **C**.

30 La soluzione esatta deve presentare un insieme (*pittori*) interamente contenuto in un insieme più grande (*artisti*), perché i pittori sono degli artisti. I *quadri* invece non fanno parte né dell'insieme degli artisti né dell'insieme dei pittori; il terzo insieme deve dunque essere estraneo rispetto agli altri due (risposta **D**).

31 In questo caso l'alternativa corretta è la **B**, in cui l'ellisse più grande rappresenta gli *italiani*, l'ellisse intermedia i *lombardi* (tutti i *lombardi* sono necessariamente anche *italiani*) e l'ellisse più piccola corrisponde ai *milanesi* (che sono infatti un sottoinsieme sia di *lombardi* sia di *italiani*). Il rapporto esistente fra i tre insiemi è dunque di subordinazione.

32 I primi due termini individuano insiemi distinti, ciascuno dei quali si interseca invece con la categoria delle *persone sposate*. L'alternativa corretta è dunque la **E**.

33 La relazione insiemistica esistente tra i tre termini di questo esercizio è quella indicata dall'alternativa B. Infatti, le *grappe* sono *bevande alcoliche*, le quali rientrano nel più generale insieme delle *bevande*.

34 Sebbene esistano evidenti connessioni tra i termini presentati, da un punto di vista insiemistico i termini *libri*, *biblioteche* e *scrittori* sono tra loro estranei (alternativa C).

35 *Architetti* e *ortopedici* indicano due categorie distinte di professionisti e sono quindi rappresentati da due insiemi tra loro separati. Sia gli uni che gli altri possono inoltre essere (così come possono non essere) amanti della musica lirica. La risposta esatta è dunque la E, dove l'insieme centrale rappresenta gli *amanti della musica lirica*. Si ricorda che non è necessario che vi sia corrispondenza tra l'ordine con cui vengono presentati i termini e l'ordine col quale si succedono gli insiemi nella rappresentazione grafica.

36 L'insieme dei *libri* comprende totalmente quello dei *libri per bambini* ma non ha aree di intersezione con quello dei *giornali*. Pur essendo entrambi prodotti editoriali, rappresentano due categorie ben distinte e non sovrapponibili. La soluzione all'esercizio è quindi rappresentata dall'alternativa D.

37 I tre termini proposti indicano tre categorie totalmente differenziate tra loro da un punto di vista insiemistico, anche se tra di esse esiste comunque un legame (gli attori studiano il copione, vengono ripresi dalle cineprese ecc.). La soluzione corretta è dunque la C.

38 Per diventare *sindaci* non occorre essere nati a Roma né avere i capelli rossi, ma è possibile che un sindaco vanti entrambe queste caratteristiche. L'insieme *sindaci*, quindi, interseca gli altri due. Allo stesso tempo, questi ultimi si intersecano tra di loro. La raffigurazione corretta è dunque quella fornita dall'alternativa A.

39 I *parroci* sono forzatamente *preti*, anche se non *tutti* i preti sono *parroci*. Le *monache* invece sono distinte dagli uni e dagli altri. La risposta esatta è la D.

40 I *monolocali* non sono *bilocali* e viceversa. Inoltre, entrambi possono essere *abitazioni in Roma* o fuori Roma. La risposta esatta è così la E, dove l'insieme posto al centro indica le abitazioni in Roma.

5| INTERPRETAZIONE DI GRAFICI E TABELLE

5.1 | Esercizi proposti

Dopo aver analizzato i dati e le informazioni presentate nel grafico e nella tabella che seguono, rispondere ai successivi quesiti.

Ripartizione delle automobili prodotte e vendute

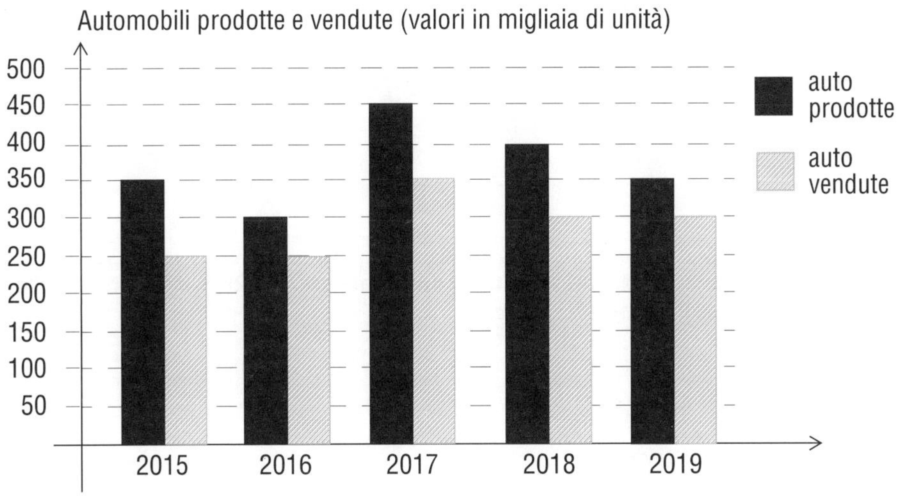

Ripartizione delle automobili vendute per tipologia di alimentazione.

Anno	Benzina	Diesel	Gpl	Metano
2015	100.000	60.000	40.000	50.000
2016	90.000	30.000	60.000	70.000
2017	160.000	70.000	60.000	60.000
2018	100.000	80.000	90.000	30.000
2019	120.000	70.000	80.000	30.000

1 **In quale anno le auto prodotte e non vendute rappresentano la percentuale più alta rispetto alle auto prodotte nel relativo anno?**

A 2015
B 2016
C 2017
D 2018
E 2019

2 **Nel 2018 la percentuale di auto Gpl vendute rispetto al totale delle auto prodotte in quell'anno è stata pari a:**

A 30%
B 23%
C 22,5%
D 33%
E 15%

3 **Che percentuale sono le auto a benzina vendute nel 2015 rispetto al totale delle auto vendute nello stesso periodo?**

A 10%
B 20%
C 30%
D 40%
E 45%

4 **In quale anno le auto diesel vendute sono state pari al 20% del totale delle macchine vendute dell'anno?**

A 2015
B 2016
C 2017
D 2018
E 2019

5 **Tra il 2016 e il 2017:**

A l'incremento percentuale di auto a benzina vendute è stato pari al 50%
B l'incremento percentuale maggiore di vendite si è avuto nelle macchine diesel
C l'incremento percentuale di auto prodotte è stato pari al 33%
D l'incremento percentuale di auto vendute è stato superiore a quello di auto prodotte
E il numero di auto vendute è diminuito

Nel biennio 2018-2019 è stato introdotto in Europa un nuovo veicolo automobilistico monovolume chiamato ASCA, con caratteristiche rivoluzionarie e proveniente dal Giappone. Al termine del 2019 la casa produttrice ha deciso di verificare l'andamento delle vendite in alcuni dei principali mercati europei.

I risultati dello studio sono espressi nel grafico seguente.

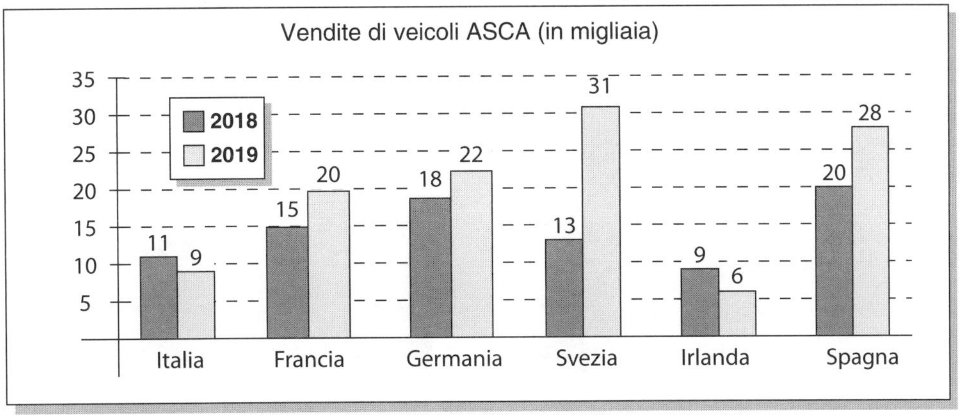

6 **Nel biennio considerato, quanti sono stati i veicoli venduti in Spagna?**

- A 8.000
- B 48.000
- C 48
- D 480.000
- E 28.000

7 **Tra il 2018 e il 2019, sia in Italia che in Irlanda si è verificata una riduzione delle vendite dei veicoli ASCA. In quale dei due Paesi si è avuta la maggiore riduzione percentuale?**

- A Italia
- B Entrambi hanno visto una riduzione del 20% circa
- C Entrambi hanno visto una riduzione del 35% circa
- D Irlanda

8 **Dal grafico si possono trarre tutte le seguenti conclusioni tranne una. Quale?**

- A Tra il 2018 e il 2019, il Paese che ha avuto il maggior incremento percentuale nel numero di autoveicoli ASCA venduti è la Svezia
- B Il numero di autoveicoli ASCA venduti in Irlanda è diminuito dal 2018 al 2019
- C Nel biennio considerato, sono stati venduti più autoveicoli ASCA in Germania che in Francia
- D Tra il 2018 e il 2019, il numero di automobilisti è aumentato in Svezia più che negli altri Paesi europei

L'azienda BetaMax commercializza 4 prodotti diversi (1, 2, 3, 4). I responsabili dell'azienda hanno fatto alcune previsioni riguardanti le vendite per il 2016 e per il 2017 e hanno prodotto il seguente grafico.

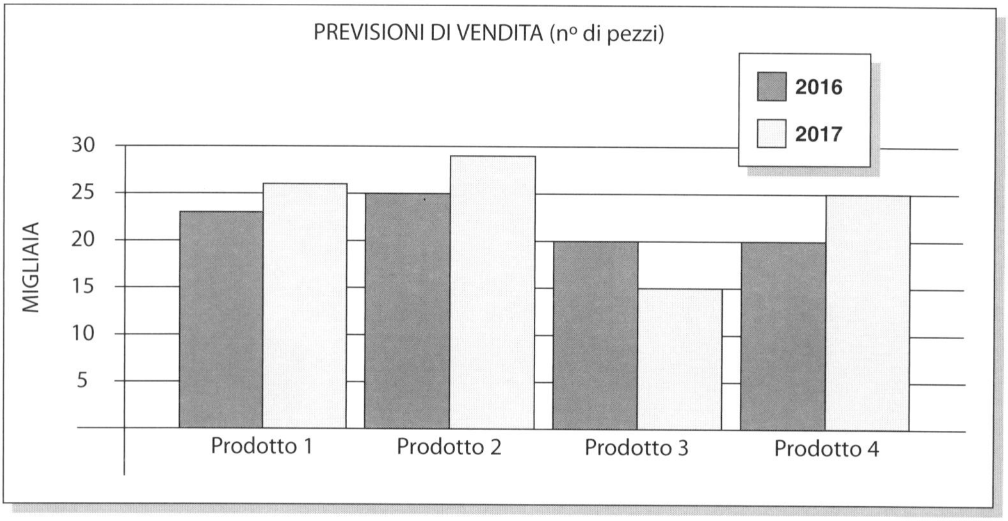

9 Sulla base delle informazioni contenute nel grafico, quale prodotto avrà il maggiore incremento percentuale, come numero di pezzi venduti, passando dal 2016 al 2017?

A 2

B 4

C 1

D 3

10 Se il prezzo unitario dei singoli prodotti è quello rappresentato nella seguente tabella, quale prodotto produrrà il maggior fatturato nel 2016?

Prodotto	Prezzo (migliaia di euro)
1	100
2	80
3	90
4	110

A 4

B 3

C 1

D 2

L'azienda Beta vende i propri prodotti in quattro Paesi europei (Italia, Svizzera, Germania e Francia) attraverso due divisioni: X e Y. Nel 2015 ha effettuato vendite come riportato nella tabella seguente:

Paese	Vendite totali (migliaia di euro)	Percentuale vendite divisione X
Italia	500.000	80
Svizzera	50.000	50
Germania	60.000	10
Francia	20.000	90

11 **Qual è l'ammontare delle vendite, in euro, della divisione Y in Germania nel 2015?**

A 50.000.000 B 6.000 C 90% D 54.000 E 54.000.000

12 **Qual è il Paese in cui la divisione Y ha effettuato maggiori vendite nel 2015?**

A Svizzera

B Germania

C Francia

D Italia

E Non è possibile calcolarlo

13 **Sapendo che la ripartizione per categorie contrattuali dei dipendenti del Comune di Como è quella rappresentata nel grafico seguente e che il numero di dirigenti è pari a 18, individuare il numero totale dei dipendenti del Comune.**

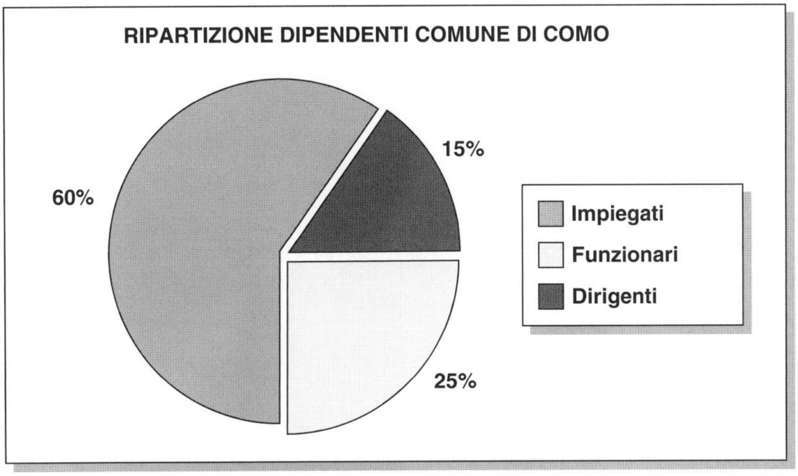

A 57 B 60 C 120 D 72

Il grafico seguente rappresenta il fatturato ottenuto lo scorso anno da alcune aziende di moda italiane, suddiviso per segmento di mercato. Leggere attentamente il grafico e rispondere alle domande seguenti.

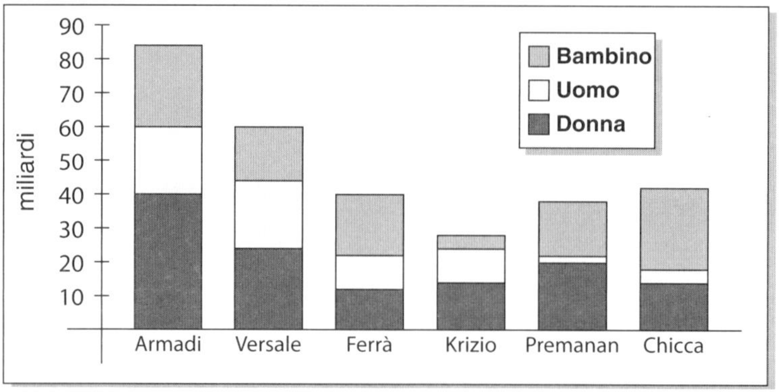

14 **Quale azienda ha ottenuto il maggior fatturato?**

A Versale B Ferrà C Armadi D Premanan E Chicca

15 **Quale azienda ha ottenuto il minor fatturato dal segmento uomo?**

A Armadi

B Ferrà

C Premanan

D Chicca

E Krizio

16 **Quale azienda ha ottenuto il maggior fatturato dal segmento donna?**

A Krizio

B Armadi

C Versale

D Ferrà

E Chicca

17 **Se non esistesse il segmento bambino, quale sarebbe l'azienda con il minor fatturato?**

A Versale

B Chicca

C Armadi

D Ferrà

E Premanan

Il grafico seguente riporta l'andamento di due titoli azionari nel periodo di apertura della Borsa di Milano in un determinato giorno.

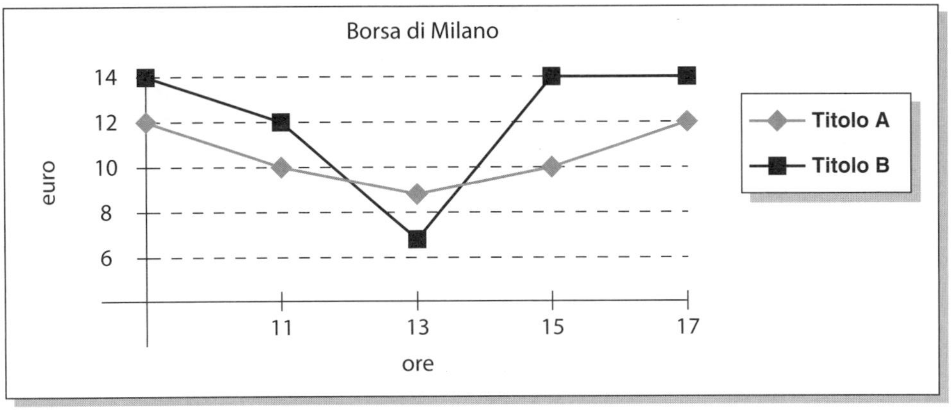

18 Dal grafico si possono trarre tutte le seguenti conclusioni tranne una. Quale?

- **A** Nel corso della seduta borsistica rappresentata nel grafico la quotazione del titolo B ha assunto valori inferiori rispetto al titolo A
- **B** Il titolo A non ha mai superato la quotazione di 12 euro nella seduta borsistica considerata
- **C** Il valore minimo assunto nella seduta borsistica in esame dal titolo B è stato maggiore del valore massimo assunto nella stessa seduta dal titolo A
- **D** Nel momento di apertura e di chiusura della seduta borsistica in oggetto il valore del titolo B era il medesimo

19 Sapendo che la ripartizione per titolo di studio dei dipendenti dell'azienda Nipponk è rappresentata nel grafico seguente e che il numero di laureati è pari a 18, individuare qual è il numero di non diplomati presenti in azienda.

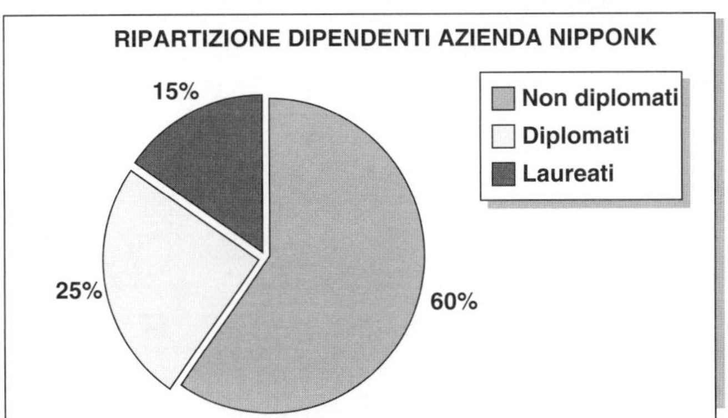

A 72 **B** 67 **C** 94 **D** 62 **E** 120

20 **Nell'ultimo quinquennio il numero di dipendenti dell'azienda Delta è aumentato ogni anno del 10% circa. Quale dei seguenti grafici rappresenta in modo corretto tale informazione?**

A
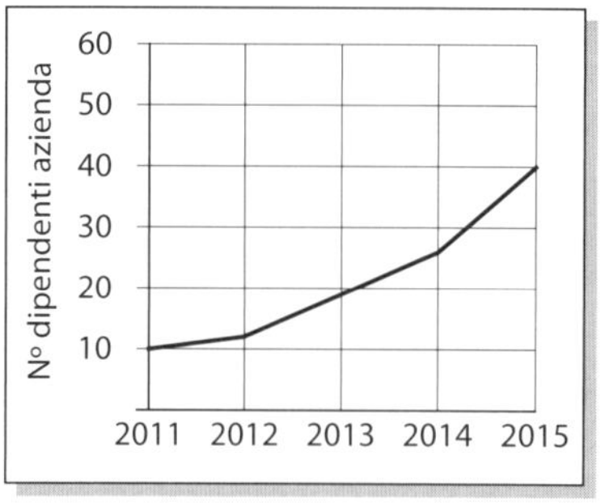

B
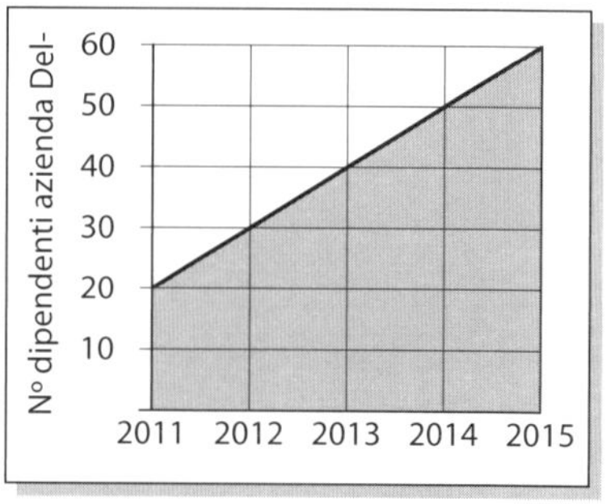

C
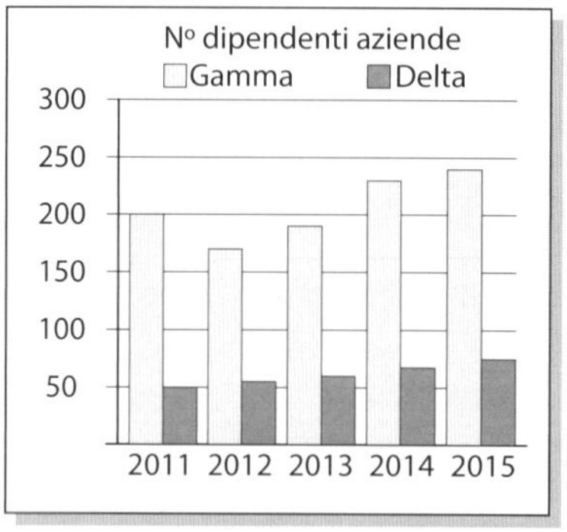

D
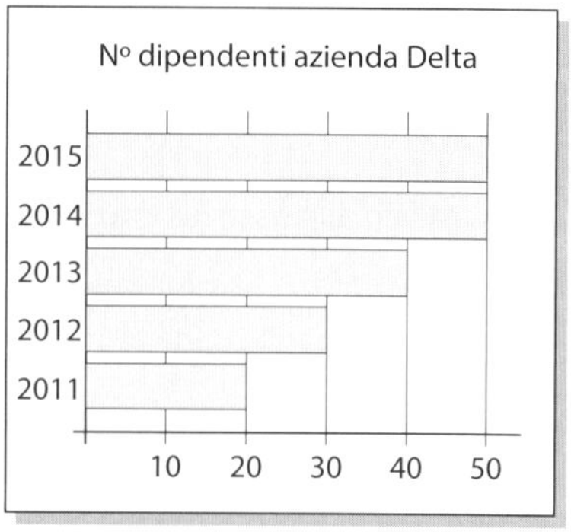

E
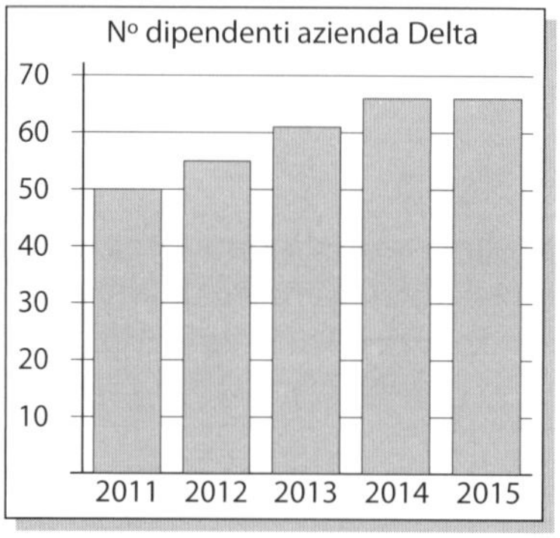

Leggere il testo del seguente esercizio e rispondere alle domande seguenti.

L'azienda PolarTeck, specializzata in abbigliamento sportivo, ha studiato l'andamento delle vendite di alcuni suoi prodotti. I risultati dello studio sono rappresentati nella tabella seguente che riporta, espressi in migliaia, i dati delle vendite divise per tipologia di prodotto e per anno:

	Giacche	Pantaloni	Calze	Magliette
2012	10	15	12	50
2013	8	20	16	60
2014	6	25	11	50
2015	8	50	18	90

21 Qual è il numero totale di prodotti venduti nei quattro anni considerati?

- A 393.000
- B 365.000
- C 352.000
- D 250.000
- E 449.000

22 La vendita di quale prodotto ha rivelato la maggiore variazione percentuale tra il 2012 e il 2015?

- A Giacche
- B Pantaloni
- C Calze
- D Magliette

23 Nel 2014 si è verificata una flessione generalizzata delle vendite dei diversi prodotti che non ha però riguardato i pantaloni. Qual è stata la variazione percentuale delle vendite di questi ultimi in quell'anno rispetto al precedente?

- A 20%
- B 25%
- C 30%
- D 50%
- E 40%

24 **Sulla base dei seguenti grafici "a torta", quale tra i prodotti 1, 2, 3, 4 e 5 ha avuto il maggiore incremento percentuale, in termini di fatturato, passando dal 2013 al 2015?**

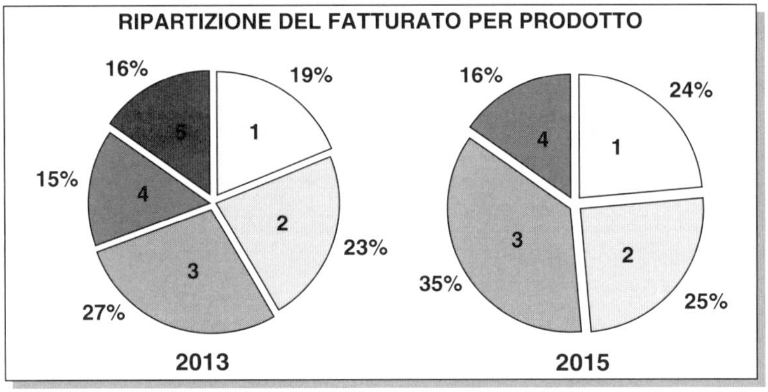

A 3
B 1
C 4
D Non è possibile rispondere sulla base delle informazioni fornite

Recenti ricerche hanno dimostrato che il consumo associato di alcool e tabacco aumenta il rischio di contrarre tumori del cavo orale e dell'esofago, nella misura illustrata nel grafico seguente. Il valore espresso nel grafico in ordinata indica la percentuale di incremento della probabilità di contrarre i tumori menzionati rispetto a un soggetto equivalente che non fuma e non beve.

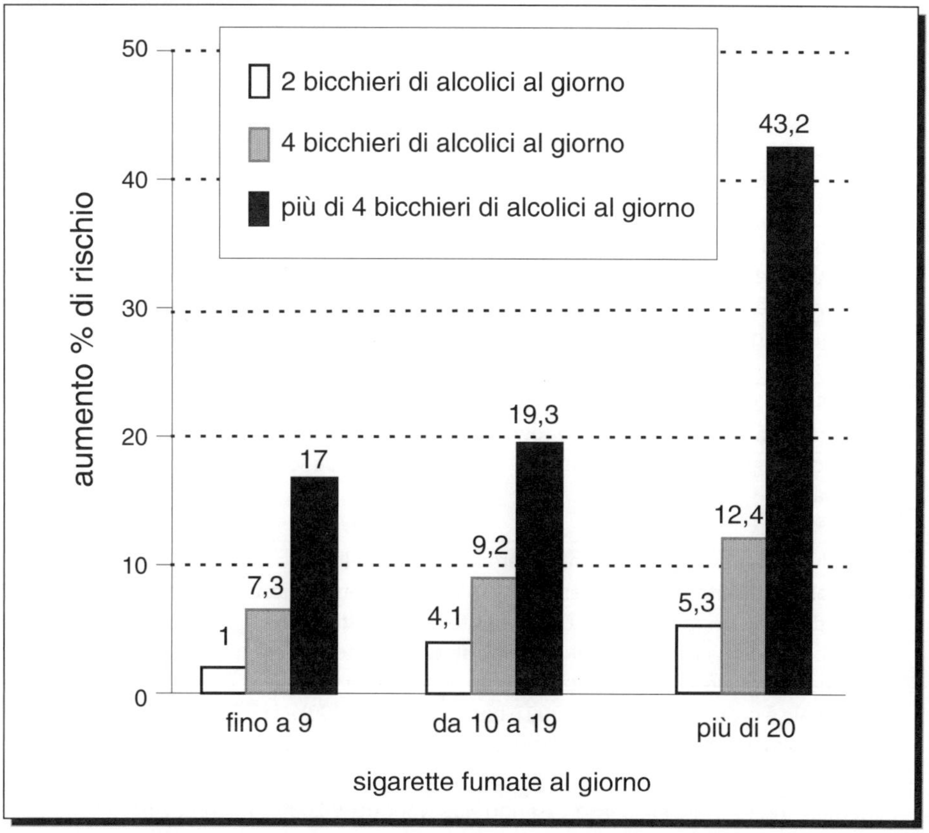

25 **Secondo questo istogramma, qual è l'aumento percentuale di rischio di un individuo che consuma ogni giorno più di 4 bicchieri di bevande alcoliche e fuma 15 sigarette?**

A 12,4
B 17,0
C 4,1
D 19,3
E 43,2

5.2 | Soluzioni e commenti

1 Le auto prodotte e non vendute sono rappresentate dalla differenza tra le due colonne del primo grafico. Così, nel 2015, per esempio, sono state prodotte 350.000 auto e vendute 250.000, per cui sono rimaste invendute 100.000 auto. Il quesito chiede in quale anno questa cifra rappresenta la percentuale più alta rispetto alle auto prodotte nell'anno stesso. Con un po' di attenzione si possono scartare alcune alternative. Il 2015, il 2017 e il 2018, presentano la stessa quantità di auto non vendute (100.000), ma certamente il peso percentuale sarà maggiore nel 2015 dove il numero di auto prodotte è più basso. Per lo stesso motivo il 2016 deve essere preferito al 2019. Confrontando ora il 2015 e il 2016 ci si accorge come il peso di auto non vendute su quelle prodotte sia maggiore nel 2015: 100.000/350.000 = 28,5% nel 2015 e 50.000/300.000 = 16,67% nel 2016. La soluzione al quesito è, quindi, la **A**.

2 Nel 2018 sono state vendute 90.000 auto Gpl mentre ne sono state prodotte in tutto 400.000. La percentuale cercata è, quindi, pari al 22,5% (**C** soluzione del quesito). Si presti attenzione all'alternativa **A** (errata) che rappresenta la percentuale di auto Gpl vendute rispetto al totale delle auto vendute quell'anno (e non prodotte come richiesto dal quesito).

3 Nel 2015 sono state vendute 100.000 macchine a benzina che rappresentano il 40% delle 250.000 auto totali vendute lo stesso anno (dividendo 250.000 per 10 si ottiene il suo 10%: 25.000 che moltiplicato per 4 ha come risultato 100.000, cioè il 40%). La soluzione al quesito è fornita dall'alternativa **D**.

4 Per risolvere il quesito si deve confrontare la colonna delle auto diesel vendute con i dati di vendita totale delle auto nei relativi anni. Ci si accorge, per esempio, che nel 2015 sono state 60.000 le auto diesel su un totale di 250.000 vendute (il 24%, alternativa **A** errata). Nel 2016 la percentuale è pari al 12% (senza fare calcoli: sono state vendute la metà di auto diesel rispetto al 2015 ed è rimasto uguale il numero totale di auto vendute – alternativa **B** errata), mentre nel 2017 la percentuale è proprio del 20% (70.000 è pari a 1/5 di 350.000) e la **C** è la soluzione del quesito (si verifica facilmente che le altre alternative rimaste sono anche esse errate).

5 L'alternativa **A** è errata in quanto, essendo state vendute 90.000 auto a benzina nel 2016, per avere un aumento percentuale del 50% le macchine a benzina nel 2017 avrebbero dovuto essere 135.000 (90.000 + 45.000). Risulta errata anche la **C** poiché tra il 2016 e il 2017 l'incremento di auto prodotte è stato pari a 150.000 unità che rappresenta il 50% del valore di partenza del 2016 (300.000 auto); come risulta errata la **D** in quanto l'incremento delle auto vendute è stato pari a 100.000 unità che corrisponde al 40% delle auto prodotte nel 2016 e quindi a una percentuale più bassa rispetto all'incremento produttivo tra i due anni (+50%). L'alternativa **E** è chiaramente errata poiché tra il 2016 e il 2017 vi è stato un incremento sia nel numero di auto prodotte sia nel numero di auto vendute. È corretta, invece, l'alternativa **B** (soluzione del quesito), in quanto le macchine diesel aumentano di una percentuale superiore al 100% (passano da 30.000 a 70.000), contro un aumento del 77,7% delle auto a benzina, un'invarianza di quelle a Gpl e una diminuzione di quelle a metano.

6 Dal grafico si osserva che, in corrispondenza della Spagna, la barra relativa al 2018 rappresenta il valore 20 mentre quella relativa al 2019 rappresenta il valore 28. La somma di questi valori è dunque pari a 48. Inoltre, poiché i valori raffigurati nel grafico sono espressi in migliaia, il numero di autoveicoli ASCA venduti in Spagna nel biennio considerato è pari a 48.000. La risposta corretta è dunque la **B**.

7 Nel 2019 la riduzione dei veicoli ASCA venduti in Italia è pari a $\frac{9-11}{11} = -\frac{2}{9}$, che corrisponde a circa il 22% dei veicoli venduti l'anno precedente, mentre in Irlanda è pari a $\frac{6-9}{9} = -\frac{3}{9} = -\frac{1}{3}$, che equivale a circa il 33% dei veicoli ASCA venduti in questo Paese nel 2018.

La soluzione all'esercizio è quindi fornita dall'alternativa **D**.

8 Tutte le informazioni proposte dalle diverse alternative sono ricavabili dai dati contenuti nel grafico a eccezione della **D** che è dunque la risposta corretta. Il fatto che in Svezia, nel 2019, le vendite degli autoveicoli ASCA risultino superiori a quelle degli altri Paesi non significa infatti necessariamente che in Svezia il numero di automobilisti sia aumentato più che altrove.

9 La risposta **D** è palesemente errata in quanto le previsioni relative al prodotto 3 indicano un decremento di vendite e non un incremento.

Applicando la formula per il calcolo della variazione percentuale per ognuno dei tre prodotti rimanenti si ottiene:

Prodotto 1: $\frac{26-23}{23} \cdot 100 = 13{,}04\%$

Prodotto 2: $\frac{28-25}{25} \cdot 100 = 12\%$

Prodotto 4: $\frac{25-20}{20} \cdot 100 = 25\%$

Il prodotto che presenta il massimo incremento percentuale è dunque il prodotto 4 (risposta **B**).

10 Per rispondere al quesito è necessario correlare le informazioni contenute nel grafico con i dati contenuti in tabella. Il ricavo previsto per ciascun prodotto nel 2016 si ottiene moltiplicando il numero di pezzi venduti (rappresentato sul grafico dalle barre relative all'anno 2016) per il relativo prezzo unitario di vendita (indicato in tabella).
Effettuando le moltiplicazioni si ottengono i seguenti valori:

Prodotto	Prezzo unitario		N° pezzi venduti		Ricavo previsto
1	100.000	×	23.000	=	2.300.000.000
2	80.000	×	25.000	=	2.000.000.000
3	90.000	×	20.000	=	1.800.000.000
4	110.000	×	20.000	=	2.200.000.000

Il prodotto che fornisce il maggior ricavo, in base alle previsioni, è il prodotto 1. La risposta corretta è dunque la **C**. Si osservi che l'alternativa **A**, pur rappresentando il prodotto dal costo unitario maggiore (110.000 euro), è errata poiché ciò che viene chiesto non è il prezzo di vendita unitario ma il fatturato generato da tutti i pezzi venduti di quel prodotto.

11 Dalla tabella si osserva che l'ammontare complessivo delle vendite in Germania (sia attraverso la divisione X che la divisione Y) è pari a 60.000. La vendite relative alla divisione X corrispondono al 10% di tale valore, cioè 6.000. Le vendite della divisione Y sono dunque pari a 60.000 – 6.000 = 54.000. Ma i valori utilizzati sono espressi in migliaia di euro e pertanto la risposta corretta è la **E**.

12 Sempre dalla tabella, per differenza, si ricava che la divisione Y ha effettuato una vendita pari al 20% di 500.000 in Italia, al 50% di 50.000 in Svizzera, al 90% di 60.000 in Germania, e al 10% di 20.000 in Francia. Tali valori sono pari rispettivamente a 100.000, 25.000, 54.000 e 2.000. Tra questi, il valore maggiore è quello corrispondente alle vendite effettuate in Italia (risposta **D**).

13 La risposta corretta è la **C**. Il numero di dirigenti del Comune di Como è pari a 18; dal grafico si ricava inoltre che i dirigenti sono il 15% dei dipendenti comunali. Il numero 18 rappresenta quindi il 15% del totale. Pertanto, per ricavare il numero complessivo di dipendenti comunali è sufficiente moltiplicare 18 per 100 e dividere poi per 15:

n° dipendenti comunali: $\frac{18 \cdot 100}{15} = 120$

14 Dal grafico si può facilmente ricavare il fatturato complessivo delle singole aziende:

- Armadi: 85 miliardi circa
- Versale: 60 miliardi circa
- Ferrà: 40 miliardi circa
- Krizio: 30 miliardi circa
- Premanan: 38 miliardi circa
- Chicca: 42 miliardi circa

L'azienda con il maggior fatturato nel 2007 è dunque Armadi (risposta **C**).

15 Il fatturato nel segmento uomo è rappresentato dall'area centrale (quella più chiara); tale area è minima in corrispondenza dell'azienda Premanan. La risposta corretta è dunque la **C**.

16 Il fatturato nel segmento donna è rappresentato dall'area più in basso (quella grigio scura); tale area è massima in corrispondenza dell'azienda Armadi. La risposta corretta è dunque la **B**.

17 Eliminando dal grafico il fatturato relativo al segmento bambino (l'area più in alto, grigio chiara) si ottiene un nuovo grafico in cui il fatturato minore corrisponde all'azienda Chicca. La risposta corretta è quindi la **B**.

18 La conclusione errata è quella riportata dall'alternativa **C**, che è dunque la risposta corretta. Infatti, il valore minimo assunto dal titolo B nella seduta borsistica in esame è all'incirca pari a 7 (valore assunto alle ore 13) mentre il valore massimo assunto dal titolo A è pari a 12 (in apertura e chiusura). L'affermazione **C** risulterebbe vera solo se la linea relativa al titolo B fosse sempre superiore rispetto a quella relativa al titolo A; in tal caso le due linee non dovrebbero mai intersecarsi.

19 I dipendenti laureati sono 18 e costituiscono il 15% del totale. Pertanto il numero totale di dipendenti dell'azienda Nipponk è pari a $\frac{18}{15\%} = \frac{18}{15} \cdot 100 = 120$. Il numero di non diplomati è pari al 60% di 120 = 72 (risposta **A**).

20 Le alternative **A** e **B** sono facilmente eliminabili perché mostrano un incremento percentuale evidentemente maggiore del 10%. Anche le alternative **D** ed **E** sono facilmente eliminabili in quanto tra il 2014 e il 2015 non vi è stato alcun incremento nel numero di dipendenti (incremento percentuale pari a 0). Per esclusione la risposta corretta è dunque la **C**.

21 Sommando i dati per tipologia di prodotto si ottiene:

- totale giacche: 32.000
- totale pantaloni: 110.000
- totale calze: 57.000
- totale magliette: 250.000

Complessivamente si tratta di 449.000 pezzi; la risposta corretta è pertanto la **E**.

22 Per rispondere al quesito è necessario calcolare la variazione percentuale delle vendite dei diversi prodotti confrontando i dati del 2012 con quelli del 2015. Si potrebbe essere tentati di scartare a priori le *giacche* in quanto queste presentano un decremento tra il 2012 e il 2015. In realtà l'esercizio parla di variazione percentuale senza specificare se debba essere positiva o negativa. Comunque, da una semplice osservazione dei dati riportati, senza dover fare calcoli complicati, ci si accorge immediatamente che i pantaloni hanno avuto un incremento superiore al 200% (cioè sono più che triplicati), percentuale che nessuno degli altri prodotti ha raggiunto. La soluzione dell'esercizio è quindi la **B**.

23 Tra il 2013 e il 2014 la vendita di pantaloni è passata da 20000 a 25000 unità. L'incremento percentuale è quindi stato pari a:

$$\frac{25000 - 20000}{20000} = 0,25 \cdot 100 = 25\% \text{ (alternativa B).}$$

24 I grafici a torta riportati nel testo dell'esercizio indicano la ripartizione del fatturato complessivo fra diversi prodotti. Non forniscono invece informazioni circa la variazione, assoluta o percentuale, del fatturato relativo ai singoli prodotti. La risposta esatta è dunque la **D**.

25 La domanda si riferisce a un individuo che fuma 15 sigarette; pertanto il gruppo di barre da analizzare è quello centrale, relativo a coloro che fumano quotidianamente da 10 a 19 sigarette. In particolare, l'informazione richiesta è quella espressa graficamente dalla barra di colore nero (di valore pari a 19,3), relativa agli individui che consumano più di quattro bicchieri di alcolici al giorno. La risposta esatta è quindi la **D**.

Parte terza

ATTITUDINE NUMERICA E SPAZIALE

6 | SUCCESSIONI DI NUMERI E LETTERE

6.1 | Esercizi proposti

Nei seguenti esercizi completare la serie con il numero o la lettera mancante.

1 **55, 49, 43, 37, ...?**

- A 28
- B 31
- C 25
- D 29
- E 18

2 **8, 10, 13, 17, 22, ...?**

- A 28
- B 30
- C 26
- D 24
- E 27

3 **39, 41, 45, 53, ...?**

- A 61
- B 64
- C 58
- D 69
- E 60

4 **3, 18, 108, ...?**

- A 324
- B 648
- C 216
- D 432
- E 540

5 **1, 1, 2, 3, 5, 8, ...?**

- A 13
- B 15
- C 9
- D 11
- E 17

6 **2, 9, 5, 11, 8, 13, 11, ...?**

- A 24
- B 16
- C 18
- D 12
- E 15

7 **6, 11, 17, 24, ...?**

- A 29
- B 32
- C 42
- D 28
- E 34

8 **88, 91, 95, 100, 106, ...?**

- A 113
- B 109
- C 115
- D 110
- E 108

9 **61, 54, 47, 40, ...?**

- A 23
- B 33
- C 31
- D 29
- E 32

10 **1, 1, 2, 6, 24, ?, ?**

- A 3; 54
- B 258; 96
- C 120; 720
- D 96; 258
- E 720; 120

11 **6, 12, 15, 14, 28, 31, 30, ...?**

- A 54
- B 60
- C 31
- D 62
- E 33

12 **9, 12, 10, 20, ...?, 21, 42, 45**

- A 18
- B 22
- C 23
- D 40
- E 26

13 **9, 4, 13, 17, 30, ...?**

- A 33
- B 37
- C 13
- D 23
- E 47

14 **27, 63, 18, 54, ...?**

- A 19
- B 81
- C 46
- D 87
- E 29

15 **2, 4, 16, ...?**

- A 96
- B 512
- C 66
- D 272
- E 256

16 **75; 37; 68; 45; 61; 53; 54; 61; ?; ?**

- A 66; 47
- B 68; 49
- C 49; 67
- D 69; 62
- E 47; 69

17 **5; 7; 10; 14; 16; 19; ?; ?**

- A 24; 26
- B 23; 20
- C 23; 25
- D 20; 22
- E 22; 27

18 **18, 36, 45, 72, ?**

- A 19
- B 63
- C 46
- D 87
- E 29

19 **E, G, I, M, O, ...?**

- A S
- B P
- C M
- D Q
- E R

20 **Q, T, Z, C, F, ...?**

- A L
- B I
- C H
- D M
- E O

21 **B, D, G, M, ...?**

- A S
- B T
- C Q
- D P
- E R

22 **L, 9, O, 12, R, 15, ...?**

- A U
- B 16
- C V
- D N
- E 17

23 **S, T, Q, R, O, P, M, N, ...?**

A F

B I

C O

D L

E H

24 **A, 87, C, 84, E, 81, G, ...?**

A 79

B 68

C 72

D 80

E 78

25 **A, A, B, C, C, E, D, G, ...?**

A E

B I

C H

D G

E D

26 **Individuare il numero mancante.**

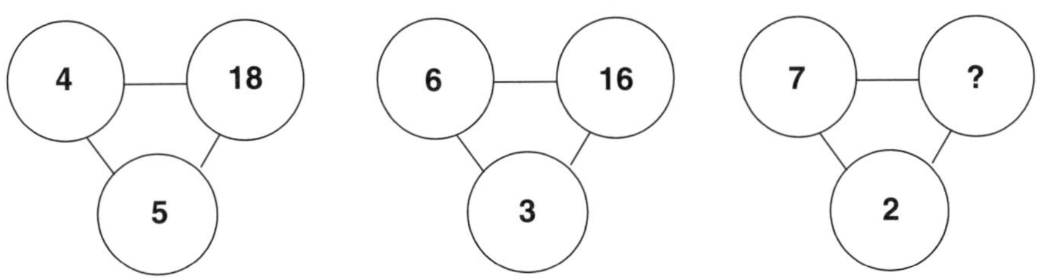

A 14

B 12

C 10

D 20

E 24

27 **Individuare il numero mancante.**

10	8	2
30	24	6
15	12	?

A 11
B 9
C 4
D 3
E 6

28 **Individuare il numero mancante.**

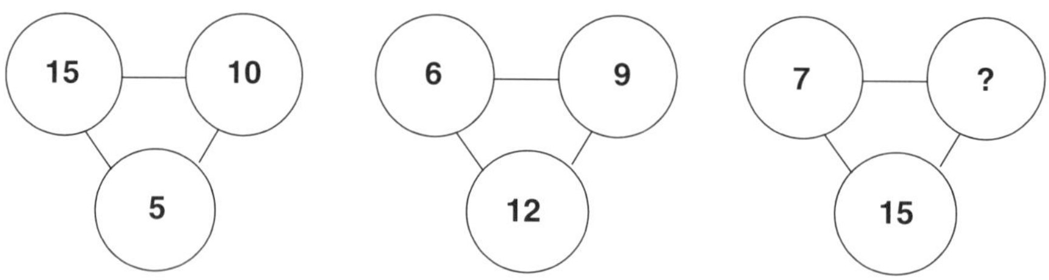

A 12
B 22
C 13
D 11
E 8

29 **Individuare il numero mancante.**

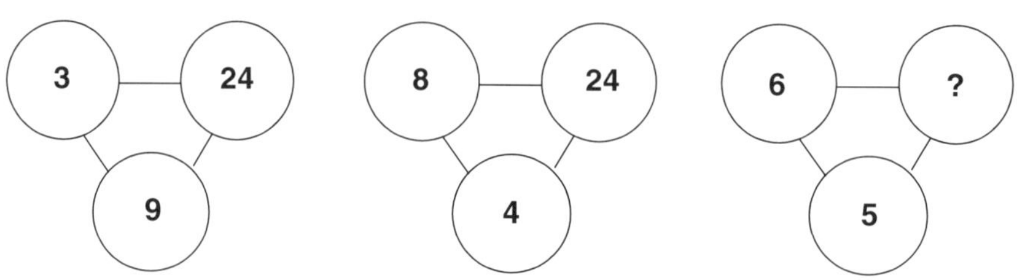

A 22
B 10
C 18
D 8
E 24

30 **Individuare il numero mancante.**

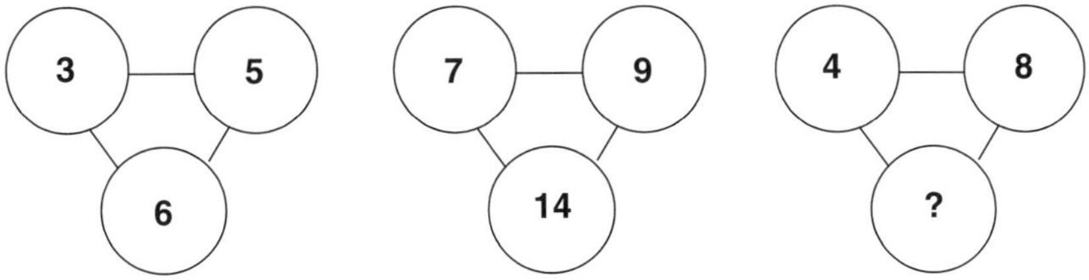

A 12

B 9

C 32

D 10

E 8

31 **Individuare il numero mancante.**

14	18	22
A	Z	?
8	6	4

A S

B T

C V

D U

E 6

32 **Individuare il numero mancante.**

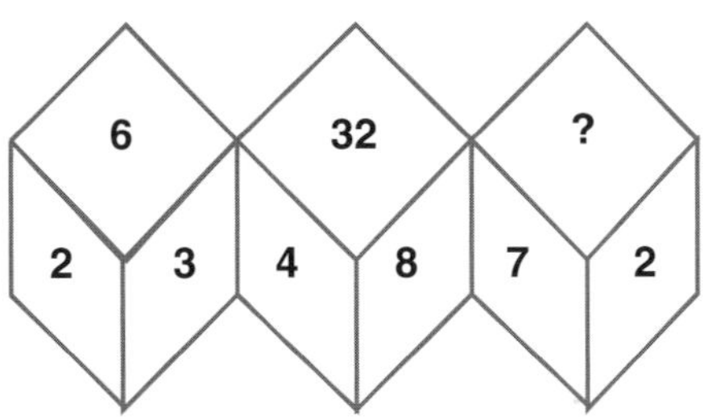

A 12

B 9

C 11

D 5

E 14

33 **Individuare il numero mancante.**

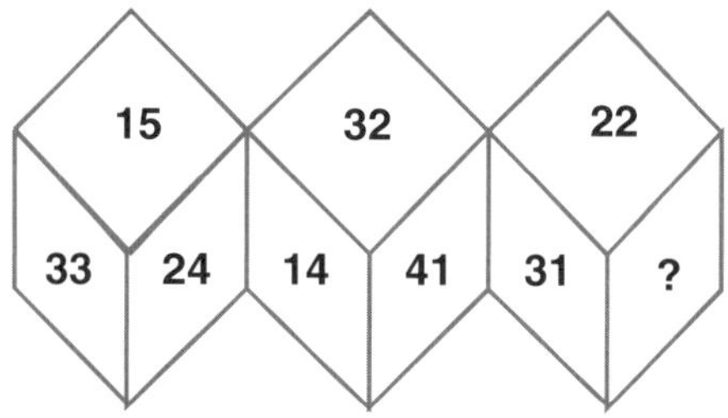

A 11 B 12 C 9 D 13 E 14

34 **Individuare l'elemento mancante.**

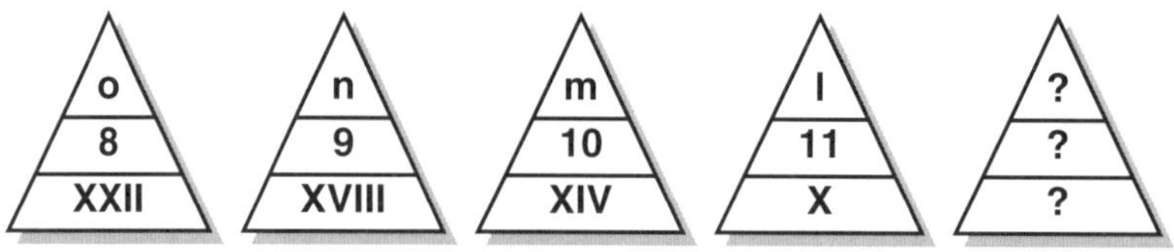

A
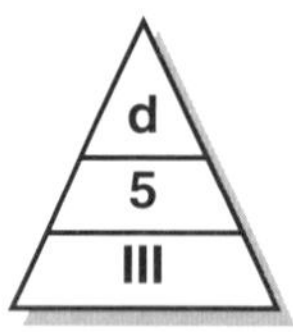

B
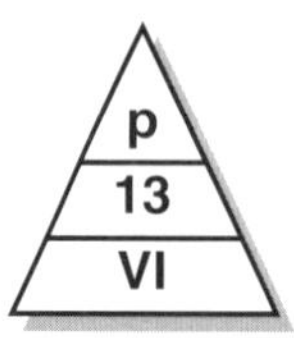

C
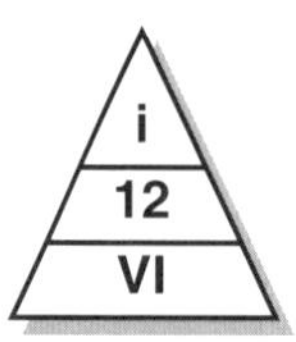

D
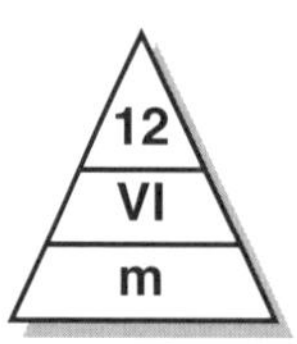

E
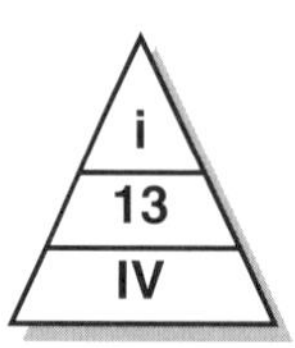

35 **Individuare l'elemento mancante.**

10	18	13	20	16	22	19	?
a	z	b	v	c	u	d	?

A

20
m

B

16
t

C

24
t

D

26
f

36 **Identificare, tra le coppie proposte, quella che completa la successione data.**

G, E, ?, A, B, D, ??, H

? = P ?? = C	? = C ?? = F	? = L ?? = M	? = F ?? = C	? = C ?? = P
1	2	3	4	5

A Figura 1
B Figura 2
C Figura 3
D Figura 4
E Figura 5

37 **Individuare il numero mancante.**

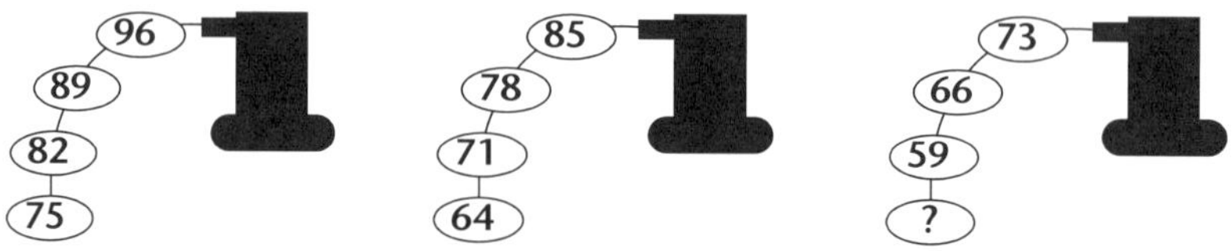

A 48
B 54
C 50
D 52
E 55

38 **Individuare il numero mancante:**

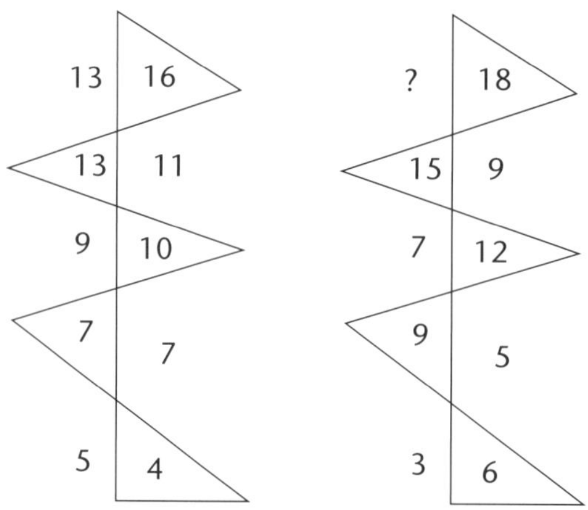

A 17 B 15 C 13 D 9 E 11

39 **Individuare il numero mancante identificato dal punto interrogativo.**

21	+	3	:	4	6
–		x		+	
10	x	…	+	2	42
+		:		:	
1	x	2	+	…	8
12		?		1	

A 13
B 6
C 11
D 4
E 19

40 **Individuare il numero mancante identificato dal punto interrogativo.**

…	x	…	:	…	?
x		x		x	
4	+	3	+	5	12
:		:		:	
1	+	2	+	1	4
28		9		10	

A 7
B 2
C 22
D 21
E 24

6.2 | Soluzioni e commenti

1 Analizzando la successione, si osserva che essa è *decrescente* e che tra due numeri consecutivi c'è una differenza costante pari a 6. Rispettando tale logica, il numero mancante si ottiene sottraendo 6 a 37; l'alternativa corretta è la **B**.

2 In questo esercizio l'andamento della successione è *crescente*. In particolare, analizzando ciò che accade passando da un numero al successivo, si osserva che si susseguono le seguenti operazioni … + 2 … + 3 … + 4 … + 5 …; la differenza tra due numeri adiacenti è dunque a sua volta una successione crescente. A questo punto, per ottenere il numero mancante, bisogna aggiungere 6 a 22 = 28 (alternativa **A**).

3 La risposta esatta è la **D**: infatti in questo caso, le differenze tra un numero e il successivo sono rappresentate dalle potenze del numero 2, ossia: $+ 2^1 \ldots + 2^2 \ldots + 2^3 \ldots$ Bisogna dunque sommare 16,ovvero 2^4, all'ultimo numero noto della successione per ottenere quello incognito: 53 + 16 = 69.

4 Questo esercizio mostra una *successione geometrica*, in cui cioè ciascun elemento è uguale al precedente moltiplicato per un numero costante (nell'esempio pari a 6). Il numero mancante è quindi 648, che si ottiene moltiplicando 108 · 6 (alternativa **B**).

5 In questa tipologia non viene preso alcun numero costante da sommare, sottrarre o moltiplicare, ma *ogni elemento della successione è ottenuto sommando i due numeri che lo precedono* (1 + 1 = 2; 1 + 2 = 3; 2 + 3 = 5; 3 + 5 = 8). Il numero mancante è dunque 13, che si ottiene sommando 5 a 8 (alternativa **A**).

6 In questo caso, *si alternano due serie di numeri,* che occupano una le posizioni dispari e l'altra quelle pari della successione data. Rispondono entrambe a un criterio additivo: la prima è composta dai numeri 2, 5, 8, 11 (si aggiunge 3 passando da un elemento al successivo); la seconda è 9, 11, 13… (si aggiunge 2 passando da un elemento al successivo). L'elemento incognito occupa una posizione pari e quindi appartiene alla seconda delle due serie che si alternano. Il suo valore è perciò dato da: 13 + 2 = 15 (risposta **E**).

7 Passando da un numero al successivo, si somma dapprima 5, poi 6, poi 7 e dunque il numero mancante si ottiene sommando 8 a 24 (32). La risposta esatta è dunque la **B**.

8 La sequenza delle operazioni in questo caso è: + 3, + 4, + 5, + 6, … Il numero mancante è dunque il risultato della somma 106 + 7, cioè 113 (alternativa **A**).

9 Analizzando la successione, si osserva che essa è decrescente e che tra due numeri consecutivi c'è una differenza costante pari a 7. Rispettando tale logica, il numero mancante si ottiene sottraendo 7 a 40 (alternativa **B**).

10 Ogni elemento della successione data è ottenuto moltiplicando l'elemento precedente per un numero crescente:

- il secondo elemento (1) è pari al primo (1) moltiplicato per 1;
- il terzo elemento (2) è pari al secondo (1) moltiplicato per 2;
- il quarto elemento (6) è pari al terzo (2) moltiplicato per 3;
- il quinto elemento (24) è pari al quarto (6) moltiplicato per 4.

Per determinare il sesto elemento è dunque sufficiente moltiplicare il quinto (24) per 5, ottenendo così 120. Il settimo elemento sarà infine determinato moltiplicando il sesto (120) per 6, ottenendo così 720. La risposta corretta è quindi la **C** (si osservi che l'alternativa **E** propone gli stessi identici valori ma invertiti di posizione ed è pertanto errata).

11 Osservando tale successione, non si evidenzia un andamento regolare, crescente o decrescente. D'altra parte, analizzando ciò che accade passando da un numero al successivo, si riscontra una logica ben precisa che prevede le seguenti operazioni: … x 2 … + 3 … – 1 … x 2… + 3 … – 1 … Sulla base di tale logica, il numero mancante è il 60 (alternativa **B**), dato da 30 x 2.

12 In questo esercizio l'incognita è nel mezzo della successione. La logica in questo caso prevede, nell'ordine, le seguenti operazioni:

… + 3 … – 2 … x 2 … + 3 … – 2 … x 2 … + 3 … La soluzione esatta è dunque la **C**, dal momento che 20 + 3 = 23.

13 A partire dal terzo elemento, ogni numero è uguale alla somma dei due che lo precedono. La soluzione esatta è dunque la **E**.

14 In questo esercizio, la logica è da ricercare nelle cifre che compongono ciascun numero della successione: il numero mancante, come accade per tutti quelli che lo precedono, deve essere composto da cifre la cui somma è pari a 9. L'unica alternativa che soddisfa tale logica è la **B**.

15 In questo esercizio ogni numero è dato dal precedente elevato a un esponente costante: nell'esempio l'esponente è 2 e il numero mancante è $16^2 = 256$ (risposta **E**).

16 La successione può essere divisa in due serie che si alternano fra loro: la prima è formata dai numeri che occupano le posizioni dispari: 75, 68, 61, 54 e la seconda da quelli che occupano quelle pari: 37, 45, 53, 61. Nella prima serie ogni numero è ottenuto sottraendo un valore pari a 7 al precedente, mentre nella seconda sommando al precedente un valore pari a 8. I numeri che completano la successione sono, quindi, 47 e 69 e la soluzione è la **E**.

17 Si tratta di una successione di numeri in cui ogni elemento è determinato a partire dal precedente secondo una logica additiva che si ripete ciclicamente: +2,+3,+4:

- il secondo elemento (7) è pari al precedente (5) a cui si somma 2;
- il terzo elemento (10) è pari al precedente (7) a cui si somma 3;
- il quarto elemento (14) è pari al precedente (10) a cui si somma 4.

A questo punto si ricomincia dall'inizio:

- il quinto elemento (16) è pari al precedente (14) a cui si somma 2;
- il sesto elemento (19) è pari al precedente (16) a cui si somma 3;
- il settimo elemento deve dunque essere pari al precedente (19) a cui si somma 4 ed è dunque pari a 23.

A questo punto si ricomincia dall'inizio:

- l'ottavo elemento (l'ultimo) è pari al precedente (23) a cui si somma 2 ed è dunque pari a 25.

La soluzione al quesito è fornita dall'alternativa **C**.

18 In questo esercizio, la logica è da ricercare nelle cifre che compongono ciascun numero della successione: il numero mancante, come accade per tutti quelli che lo precedono, deve essere composto da cifre la cui somma è pari a 9. L'unica alternativa che soddisfa tale logica è la **B**.

19 Si tratta di una successione in cui ogni lettera si trova due posizioni più avanti rispetto alla precedente (dalla A alla Z). La lettera mancante è dunque data da O + 2 = Q (alternativa **D**).

20 Ogni lettera della successione si trova tre posizioni più avanti, nell'alfabeto italiano, rispetto alla precedente. Secondo tale logica la lettera mancante è la I (alternativa **B**).

21 Passando da una lettera alla successiva, ci si sposta nell'alfabeto italiano, dapprima di due, poi di tre e infine di quattro posizioni. Per ottenere la lettera mancante occorre dunque spostarsi di cinque posizioni a partire dalla lettera M (alternativa **E**).

22 La successione di numeri e quella di lettere vanno considerate separatamente. In questo caso l'elemento da individuare appartiene alla sequenza di lettere e quindi la soluzione non può evidentemente essere né la **B** né la **E**. In particolare, le lettere presenti nella successione data distano tra loro, secondo l'ordine dell'alfabeto italiano, di tre posizioni. L'alternativa corretta è dunque la **A**.

23 In questa successione il passaggio da una lettera alla successiva segue la logica + 1, – 3, + 1, – 3, + 1, – 3 ... Secondo tale logica la lettera mancante è la I (alternativa **B**).

24 In questo caso è facile osservare che l'elemento incognito appartiene alla successione dei numeri ed è pari a 78 (alternativa **E**). I numeri decrescono infatti di 3 unità.

25 Per individuare la logica che governa questa successione, è necessario sdoppiarla in due sequenze distinte e alternate (A ... B ... C ... D ... la prima e A ... C ... E ... G ... la seconda). La lettera da individuare appartiene alla prima sequenza ed è correttamente identificata dall'alternativa **A**.

26 In ciascuna delle terne, il numero in alto a destra si ottiene sottraendo 2 al prodotto degli altri due numeri ($18 = 4 \cdot 5 - 2$ e $16 = 6 \cdot 3 - 2$). L'alternativa corretta è dunque la **B** ($12 = 7 \cdot 2 - 2$).

27 In ciascun rettangolo, il numero in basso è pari alla metà di quello centrale (il quale, a sua volta, è pari al triplo di quello superiore). Secondo tale logica, il numero incognito è pari a 3 (alternativa **D**).

28 In questo esercizio, il numero in alto a destra si ottiene dimezzando la somma degli altri due numeri. L'alternativa **D** soddisfa tale logica ed è dunque l'alternativa corretta.

29 In questo esercizio, il numero in alto a destra si ottiene raddoppiando la somma degli altri due numeri. La soluzione corretta è dunque quella indicata dall'alternativa **A**.

30 In questo caso il numero in basso si ottiene togliendo un valore pari a 2 dalla somma degli altri due numeri. L'alternativa **D** soddisfa tale logica ed è dunque la soluzione dell'esercizio in esame.

31 In questo caso, i tre rettangoli vanno considerati in successione e l'unica posizione che interessa analizzare per individuare l'incognita è quella centrale, corrispondente a una lettera. La lettera mancante è la V (alternativa **C**), che precede di una posizione la Z, esattamente come la Z (rettangolo centrale) precede di una posizione la lettera A (primo rettangolo).

32 Si tratta di una semplice successione di numeri presentata in una forma grafica particolare. La soluzione al quesito è fornita dall'alternativa **E**. Il numero sulla faccia superiore di ogni cubo è infatti ottenuto dal prodotto dei due numeri alla base.

33 La logica che lega i numeri appartenenti allo stesso cubo è che la somma delle loro cifre dà sempre lo stesso numero. Così la somma delle cifre del primo cubo è uguale a 6, quella del secondo è uguale a 5 e quella del terzo è pari a 4. Il numero che, quindi, completa il terzo cubo è il 13 e la soluzione all'esercizio è la **D**.

34 In questo esercizio sono presenti tre successioni differenti: una di lettere, una di numeri arabi e una di numeri romani. Per quanto riguarda la prima, poiché non compare alcuna lettera dell'alfabeto inglese, è opportuno ragionare utilizzando l'alfabeto italiano.

La logica alla base della successione è la seguente: per passare da una lettera all'altra si torna indietro di una posizione; la lettera mancante è dunque *l* – 1, ossia *i*. Per quanto riguarda i numeri arabi, la logica è la stessa ma crescente e quindi il numero mancante è 12. Infine, nella successione dei numeri romani ogni elemento è ottenuto sottraendo 4 al precedente; quindi la cifra mancante è X – IV = VI. La risposta corretta è dunque la **C**. Si noti che, come spesso accade in questi esercizi, per giungere alla soluzione esatta non era necessario individuare i criteri logici di tutte e tre le successioni.

35 Per quanto riguarda la *sequenza dei numeri*, si tratta in realtà di due sequenze che si incrociano: quella a cui appartengono i numeri nelle posizioni dispari (che aumentano di 3) e quella a cui appartengono i numeri nelle posizioni pari (che aumentano di 2).

Il numero mancante è perciò 24. Anche la *sequenza di lettere* è scomponibile in due sequenze alternate: quella a cui appartengono le lettere nelle posizioni dispari (che aumentano di 1 partendo da *a*) e quella a cui appartengono le lettere nelle posizioni pari (che diminuiscono di 1 partendo da *z*) La soluzione dell'esercizio è pertanto l'alternativa **C**.

36 Le prime quattro lettere della sequenza sono rispettivamente la settima lettera dell'alfabeto (G), la quinta (E), l'incognita (?) e la prima (A): sono quindi riportate le lettere dell'alfabeto in "posizione" sette, cinque e uno: manca solo la lettera in posizione tre, cioè la C. Le seconde quattro lettere sono la seconda lettera dell'alfabeto, la quarta, l'incognita e l'ottava lettera; manca quindi, nella sequenza delle lettere in "posizione" pari, la sesta lettera, che è la F. Si noti anche che, considerando l'intera sequenza di otto lettere, la prima lettera riportata (G) è quella immediatamente precedente nell'alfabeto rispetto all'ultima lettera della sequenza (H), la seconda (E) dovrebbe quindi essere quella immediatamente precedente la penultima (F), la terza (C) la precedente della terzultima (D) e così via. La risposta corretta è quindi la **B**.

37 Le sequenze di numeri presenti in ognuna delle tre figure sono governate da una semplice regola di sottrazione: ogni numero è ricavato togliendo 7 al numero che lo precede. Il numero mancante è quindi 59 – 7 = 52; la risposta corretta è la **D**.

38 Osservando la prima figura ci si accorge che si tratta di due serie di numeri (una all'interno dei triangoli, una fuori) che partendo dall'alto seguono due criteri diversi: – 3, – 3 ... nel caso dei numeri all'interno dei triangoli e – 2, – 2 ... nel caso dei numeri fuori dai triangoli. Nella seconda figura il criterio è lo stesso, per cui il numero mancante è 11 (**E** soluzione del quesito).

39 Per ricavare il numero incognito richiesto (rappresentato dal punto interrogativo) occorre dapprima calcolare il numero mancante sulla seconda riga. Moltiplicando tale numero per 10 e aggiungendo 2 il risultato deve essere 42; quindi il numero mancante è 4:

$$10 \times 4\ (= 40) + 2 = 42.$$

A questo punto la seconda colonna risulta: 3 x 4 (= 12) : 2 = 6. Quindi la risposta corretta è la **B**.

40 Per trovare il numero indicato dal punto interrogativo è necessario completare la prima riga lavorando sulle tre colonne. Il numero mancante nella prima colonna è il 7 (infatti 7 x 4 : 1 = 28), mentre quello della seconda colonna è il 6 e quello della terza è il 2. Il numero mancante è, quindi, il risultato dell'operazione: 7 x 6 : 2, quindi 21; la soluzione al quesito è fornita, dunque dall'alternativa **D**.

7| PROBLEMI DI NATURA MATEMATICA

7.1 | Esercizi proposti

1 A una riunione di condominio partecipano 200 persone, 80 delle quali sono donne. Qual è la percentuale di uomini rispetto al totale delle persone che partecipano alla riunione?

A 25%
B 40%
C 75%
D 60%
E 80%

2 Andrea, Giorgio e Davide, insieme, sono in grado di preparare 10 pacchi in 2 minuti; Andrea da solo impiegherebbe 5 minuti e Giorgio da solo ne impiegherebbe 10. Quanto impiegherebbe Davide da solo a preparare i 10 pacchi?

A 50 minuti
B 5 minuti
C 3 minuti
D 30 secondi
E 15 minuti

3 Un giorno due amici che abitano a 10 km di distanza decidono di incontrarsi a metà strada. Il primo utilizza il motorino e viaggia a 30 km/h mentre il secondo utilizza l'automobile e viaggia a 90 km/h. Quanto tempo dovrà attendere l'amico più veloce?

A Circa 2 minuti
B Circa 1 minuto
C Circa 15 minuti
D Circa 7 minuti
E Circa 1 ora

4 Se quattro panettieri, lavorando allo stesso ritmo, impiegano 2 ore per preparare 10 kg di pane, quanto impiegherebbe uno solo di essi per preparare 5 kg di pane?

A 2 ore
B 4 ore
C 8 ore
D 12 ore
E 5 ore

5 **Ogni 150 studenti che si iscrivono all'università se ne laureano 25. Di quelli che non si laureano, tre su cinque abbandonano l'università prima del terzo anno. Per ogni 600 studenti iscritti, quanti sono quelli che abbandonano l'università dal terzo anno in poi?**

A 200

B 300

C 125

D 175

E 150

6 **Il serbatoio di una moto è riempito di benzina per 4/5. Dopo un percorso di 120 km contiene ancora 3/10 della sua capacità. Sapendo che il consumo è in media di 5 litri di benzina ogni 100 km, calcolare la capacità del serbatoio.**

A 12 litri

B 6 litri

C 16 litri

D 14 litri

E 8 litri

7 **Lavorando del ferro si ha una perdita del 30%. Da due tonnellate di ferro quanti kg di manufatti si ottengono?**

A 6 kg

B 60 kg

C 200 kg

D 1400 kg

E 9000 kg

8 **Se tre pasticcieri, lavorando allo stesso ritmo, impiegano 40 minuti per preparare 1000 bigné, quanto impiegherebbe uno solo di essi a fare lo stesso lavoro?**

A 100 minuti

B 110 minuti

C 75 minuti

D 80 minuti

E 2 ore

9 **Lanciando in aria 2 monete qual è la probabilità di ottenere 1 testa e 1 croce?**

A 1/4

B 2/4

C 3/4

D 4/4

E 1/3

10 **L'analisi dei risultati di un test ha evidenziato che, per ognuna delle 70 domande proposte, c'è stato almeno un candidato che ha fornito la risposta corretta. Determinare quale delle seguenti situazioni è compatibile con questa analisi.**

- **A** Tutti hanno risposto in maniera errata alla domanda 47
- **B** Almeno due domande hanno ricevuto risposte errate da parte di tutti i concorrenti
- **C** Esiste un candidato che ha risposto in maniera errata a tutte le domande
- **D** Nessuno ha fornito una risposta alla domanda 53
- **E** Nessuno ha risposto correttamente alla domanda 70

11 **In un Comune vi sono 54.366 residenti. Se il 3,07% dei residenti ha un'età compresa tra 5 e 9 anni, quanti sono i residenti che fanno parte di quella classe di età?**

- **A** Meno di 2.000
- **B** Un numero compreso tra 2.000 e 3.000
- **C** Oltre 3.000
- **D** Meno di 1.800
- **E** Non meno di 3.600

12 **Un quarto di un chilometro e mezzo a quanti metri equivale?**

- **A** 37,5 m
- **B** 350 m
- **C** 375 m
- **D** 3750 m
- **E** 750 m

13 **Enrica, Rita e Alessandra abitano nello stesso appartamento. Lavorando insieme puliscono la loro casa in 2 ore. Da sola Enrica impiega 8 ore e Rita 4 ore. Quanto impiegherebbe Alessandra se dovesse pulire da sola la casa?**

- **A** 8 ore
- **B** 6 ore
- **C** 4 ore
- **D** 2 ore
- **E** 16 ore

14 **Una lepre e una tartaruga che si muovono rispettivamente a 40 km/h e 10 km/h fanno una gara; la lepre concede alla tartaruga un vantaggio di 15 chilometri. Quanto tempo impiega la lepre a raggiungere la tartaruga?**

- **A** 1 ora
- **B** 30 min
- **C** 45 min
- **D** 25 min
- **E** 3 ore

15 **Alfonso pedala in bicicletta a una velocità costante di 45 metri al minuto, mentre Marisa pedala a una velocità costante di 0,8 metri al secondo. Se partono insieme lungo lo stesso percorso, quanti metri separeranno i due dopo un'ora?**

A 120
B 162
C 168
D 180
E 136

16 **Un test è costituito da 10 quesiti per ognuno dei quali sono presentate 4 risposte alternative (di cui una sola è esatta). Si determini la probabilità di indovinare, rispondendo a caso, tutte e dieci le risposte.**

A 1/40
B 1/4
C 1/10
D 1/14
E $(1/4)^{10}$

17 **Bernardo ha due cravatte più di Amedeo, che ne possiede la metà di Carlo, mentre Dario ne ha il quadruplo di Carlo. Se i quattro amici posseggono complessivamente 122 cravatte, quante di queste sono di proprietà di Amedeo?**

A 17
B 10
C 12
D 23
E 15

18 **Se quattro carpentieri, lavorando allo stesso ritmo, impiegano 2 ore per preparare 100 metri di lamiera, quanto impiegherebbe uno solo di essi per prepararne 50 metri?**

A 2 ore
B 4 ore
C 6 ore
D 8 ore
E 12 ore

19 **In una scatola sono contenuti cioccolatini al latte, fondenti e al caffè. Quanti cioccolatini bisogna estrarre come minimo dalla scatola, per essere sicuri di averne almeno due dello stesso gusto?**

A 4
B 6
C 3'
D Tutti
E Per rispondere occorre conoscere il numero dei cioccolatini presenti nella scatola

20 **Rosini editore ha appena pubblicato un cofanetto contenente due volumi, revisionati uno Doriana e l'altro da Ilaria. Il volume revisionato da Ilaria contiene 60 di pagine in più rispetto a quello revisionato da Doriana. Se il totale delle pagine dei due volumi è complessivamente di 340, e se per ogni pagina revisionata il compenso è stato di 0,50 euro, quanti euro ha guadagnato Doriana?**

- A 200
- B 70
- C 140
- D 100
- E 120

21 **Un armadio contiene 12 camicie: 8 azzurre e 4 bianche. Qual è la probabilità che estraendo a caso due camicie dall'armadio queste siano entrambe bianche?**

- A 9/25
- B 1/3
- C 1/11
- D 6
- E 1/2

22 **Se 3 kg di meloni, del peso di 600 grammi ciascuno, costano 4,00 euro, quanto costa una dozzina degli stessi meloni?**

- A 9,00 euro
- B 8,60 euro
- C 8,20 euro
- D 9,60 euro
- E 12,00 euro

23 **Se una libbra equivale a 16 once e un'oncia equivale a circa 28 grammi, a quanto equivalgono 10 libbre?**

- A Circa 4,5 kg
- B Circa 448 g
- C Circa 44,8 g
- D Circa 45 kg
- E Circa 3 kg

24 **Il numero di pezzi prodotti dalla fabbrica Delta è passato da 300 mila a 360 mila; calcolare l'incremento percentuale.**

- A + 60
- B 60%
- C 20
- D – 20%
- E 20%

25 **Marcello invia 10.000 euro a Giovanni che ne spende una quota imprecisata. Il resto viene da Giovanni "girato" ad Antonio che, dopo averne speso il 75%, si ritrova ancora disponibili 1.200 euro. Quale quota (percentuale) ha speso Giovanni?**

- A 48%
- B 52%
- C 75%
- D 60%
- E Non è possibile rispondere

26 **Una scatola contiene 12 cioccolatini: 4 sono fondenti e 8 al latte. Tre cioccolatini vengono estratti a caso dalla scatola, uno dopo l'altro. Qual è la probabilità *P* che i tre cioccolatini estratti siano al latte?**

- A 3/12
- B 12/55
- C 7/11
- D 14/55
- E 3/5

27 **In un sacchetto ci sono 8 caramelle alla menta e 2 alla frutta. Quante caramelle alla frutta bisogna aggiungere per fare in modo che la probabilità di estrarre una caramella alla frutta sia pari a 1/3?**

- A 4
- B 6
- C 5
- D 2
- E 3

28 **Individuare il numero mancante identificato dal punto interrogativo.**

8	x	2	:	8	2
+		x		+	
5	+	...	+	2	13
-		+		–	
4	+	1	:	...	1
9		13		?	

- A 2
- B 4
- C 12
- D 5
- E 14

29 **Un gioco ha le seguenti regole: se un numero è divisibile per 5 vale 5 punti; se è divisibile per 3 vale 4 punti. In base a tali regole, quale dei seguenti numeri vale di più?**

A 9
B 18
C 40
D 42
E 276

30 **Un'urna contiene 10 palline: 6 rosse e 4 bianche. Qual è la probabilità che estraendo due palline dall'urna entrambe siano rosse?**

A 9/25
B 3/10
C 1/3
D 1/4
E 1/2

31 **Luca legge in una sera i 2/5 di un libro di 300 pagine. Il giorno successivo legge 2/3 delle pagine che ancora gli mancavano. Quante pagine restano ancora da leggere a Luca per finire il libro?**

A 60 B 40 C 120 D 180 E 300

32 **Luigi e Nicola sono in grado di bere 24 bottiglie di birra in 100 minuti. Luigi ne beve il triplo di Nicola, il quale a sua volta ne beve la metà di Andrea. Quante bottiglie di birra bevono Andrea, Luigi e Nicola insieme in 50 minuti?**

A 24
B 36
C 30
D 18
E 12

33 **Le piastrelle (quadrate) del pavimento (rettangolare) di un locale di dimensioni $4 \times 6 = 24$ metri quadrati sono costate complessivamente 600 euro. Sapendo che il costo unitario delle piastrelle è di 4 euro, quanto misura il lato della piastrella?**

A 4 cm
B 20 cm
C 30 cm
D 40 cm
E 50 cm

34 **Ad una selezione vengono ammessi 3 candidati su 15. Sapendo che per tale selezione vi sono 335 candidati, si determini il numero di posti disponibili.**

A 23
B 67
C 45
D 30
E 51

35 **Qual è la somma che, impiegata per 3 mesi a un tasso di interesse annuo del 5%, frutta 500 euro?**

A 40.000 euro
B 4.000 euro
C 30.000 euro
D 49.000 euro
E 7.000 euro

36 **Una cassetta per la frutta pesa 400 grammi. Sapendo che la frutta rappresenta il 92% del peso lordo, qual è il peso della cassetta piena di frutta?**

A 500 grammi
B 2.500 grammi
C 4.600 grammi
D 5.000 grammi
E 5.400 grammi

37 **Uno studente universitario, dopo aver superato tre esami, ha la media di 28. Nell'esame successivo lo studente prende 20. Qual è la sua media dopo il quarto esame?**

A 27
B 26
C 25
D 24
E 23

38 **Dal 1980 al 1985, il valore di una motocicletta d'epoca ha subito un incremento del 30%. Dal 1985 al 1990 ha subito un decremento del 20%. Il valore della moto nel 1990 che percentuale è del suo valore del 1980?**

A 90%
B 100%
C 104%
D 110%
E 124%

39 **Qual è la probabilità che, lanciando due dadi da gioco tradizionali, la somma delle facce sia uguale a 3?**

A 3/12
B 1/18
C 3/36
D 1/12
E 1/10

40 **Tre aerei militari americani si alzano in volo dalla portaerei "Eisenhower" rispettivamente alle ore 10.00, 11.00 e 13.00. Dopo avere fatto il loro giro di ricognizione lungo 3.000 km alle rispettive velocità di 2.000 km/h, 1.000 km/h e 3.000 km/h, riatterrano sulla portaerei. Quale delle seguenti affermazioni è corretta?**

- A Quando il secondo aereo decolla, il primo non è più in volo
- B Quando il terzo aereo decolla, il primo è ancora in volo
- C Quando il terzo aereo decolla, il secondo è ancora in volo
- D Quando il terzo aereo decolla, il secondo è già atterrato
- E Le informazioni fornite non sono sufficienti per rispondere

41 **Cinque persone si dividono una somma di denaro. Se il denaro, anziché per cinque, fosse stato diviso per quattro, ciascuno avrebbe ricevuto 40 euro in più. A quanto ammonta la somma di denaro da dividere?**

- A 800 euro
- B 620 euro
- C 300 euro
- D 250 euro
- E 900 euro

42 **Se un libro pesa un etto più mezzo libro, quanto pesano tre libri?**

- A 8 hg
- B 12 hg
- C 3 hg
- D 4 hg
- E 6 hg

43 **Una coppia di amici parte per un viaggio in macchina. La loro velocità di crociera sarebbe costantemente pari a 120 km/h, senonché una coda li costringe a procedere a 10 km/h per un tratto lungo 4 km. Quale ritardo accuserà la macchina all'arrivo a causa della coda?**

- A 24 min
- B 26 min
- C 2 min
- D 22 min
- E 1 ora

44 **Qual è l'area del seguente triangolo rettangolo isoscele?**

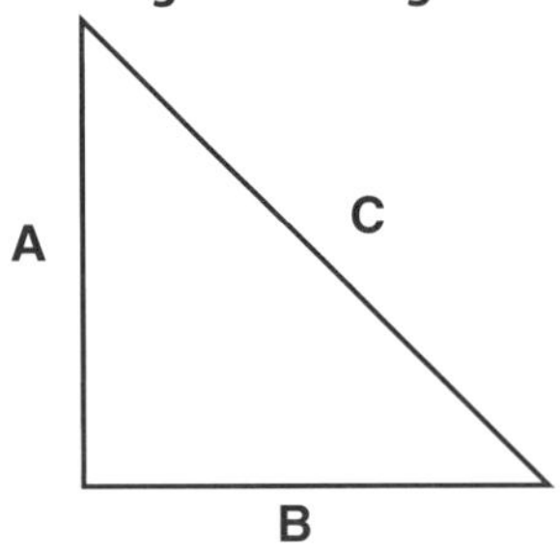

(1) Lato A = 4

(2) Lato C = 32

A L'affermazione (1) DA SOLA è sufficiente per rispondere, ma l'affermazione (2) da sola non è sufficiente

B L'affermazione (2) DA SOLA è sufficiente per rispondere, ma l'affermazione (1) da sola non è sufficiente

C Entrambe le affermazioni INSIEME sono sufficienti per rispondere, ma NESSUNA affermazione DA SOLA è sufficiente

D CIASCUNA affermazione DA SOLA è sufficiente per rispondere

E Le affermazioni (1) e (2) INSIEME NON sono sufficienti per rispondere

45 **Tre postini, lavorando insieme, impiegano 5 ore per consegnare 235 lettere. Per compiere lo stesso lavoro, lavorando da solo, il primo postino impiegherebbe 20 ore, mentre il secondo postino impiegherebbe 10 ore. Quanto tempo impiegherebbe il terzo postino a consegnare da solo le 235 lettere?**

A 30 ore

B 16 ore

C Come il primo

D Come il secondo

E 15 ore

46 **I coniugi Bianchi hanno un figlio e una figlia e sono bisnonni. Ciascuno dei loro discendenti maschi ha due figli maschi e nessuna figlia femmina. Ciascuna delle loro discendenti femmine ha un figlio maschio e una figlia femmina (tutti i loro discendenti sono attualmente vivi).**

Quanti pronipoti maschi hanno i coniugi Bianchi?

A 7

B 8

C 10

D 11

E 14

47 **Maria va spesso ad allenarsi: ogni volta corre per 6 minuti, poi cammina per 3 minuti. Ripete questa sequenza quattro volte consecutive per poi finire l'allenamento con altri 6 minuti di corsa. Solitamente Maria corre su un percorso lungo la riva di un fiume e, dopo 21 minuti, torna indietro esattamente a metà dell'allenamento. Maria si prefigge il seguente obiettivo: 1 km in 7 minuti e 30 secondi quando corre e 1 km in 12 minuti quando cammina.**

A metà dell'allenamento, se raggiunge il suo obiettivo, quanti chilometri ha percorso Maria?

- A 1,0 km
- B 2,0 km
- C 2,5 km
- D 4,0 km
- E 5,0 km

48 **Una galleria d'arte ospita la mostra di Jamie Singer. All'ingresso un filmato di 11 minuti viene proiettato continuamente durante tutta la giornata, con un intervallo di 3 minuti tra una proiezione e l'altra. Le proiezioni iniziano alle ore 9:15 e terminano alle ore 18:00. La mattina, quando il filmato inizia ad essere proiettato, parte sempre dall'inizio. Quante volte il filmato viene proiettato per intero nel corso di una giornata?**

- A 35
- B 36
- C 37
- D 38
- E 39

49 **Tizio e Caio devono ricevere una certa quantità di farmaco, in maniera da avere una quantità di principio attivo proporzionale al proprio peso corporeo. Tizio pesa 50 kg, Caio pesa 60 kg. Due flaconi identici di farmaco contengono, complessivamente, la dose totale necessaria per il fabbisogno di entrambi.**

Qual è la dose esatta da somministrare a Caio?

- A Un flacone intero e un quarto dell'altro flacone
- B Un flacone intero e un quinto dell'altro flacone
- C Un flacone intero e un sesto dell'altro flacone
- D Un flacone intero e un decimo dell'altro flacone
- E Un flacone intero e un undicesimo dell'altro flacone

50 **Il mese scorso 5 squadre di pallavolo hanno partecipato a un mini-campionato. Ciascuna squadra ha giocato contro ogni altra squadra due partite. In totale sono state giocate 20 partite. Non vi era possibilità di pareggio, ma solo di vittoria o sconfitta. La tabella riporta solo alcuni dei risultati ottenuti a fine campionato:**

	Vittorie	Sconfitte
Squadra I	6	?
Squadra II	1	?
Squadra III	?	?
Squadra IV	?	6
Squadra V	?	2

Quante partite ha vinto la Squadra III?

A 2
B 3
C 4
D 5
E 6

7.2 | Soluzioni e commenti

1 La percentuale delle donne è data da:

$$\% \text{ donne} = \frac{80}{200} = \frac{2}{5} = 40\%$$

Di conseguenza la percentuale degli uomini è data da:

$$\% \text{ uomini} = 100\% - 40\% = 60\%$$ (risposta **D**).

2 Inizialmente si individua la quantità di lavoro svolta, nell'unità di tempo (1 minuto), dai diversi soggetti:

- Andrea prepara 10/5 = 2 pacchi in 1 minuto;
- Giorgio prepara 10/10 = 1 pacco in 1 minuto;
- i tre insieme preparano 10/2 = 5 pacchi in 1 minuto.

Per ottenere il numero di pacchi che Davide è in grado di preparare da solo nell'unità di tempo, bisogna sottrarre il numero di pacchi che Andrea e Giorgio preparano insieme (2 + 1 = 3), al numero di pacchi che tutti e tre insieme preparano in un minuto (5):

5 – 3 = 2 = numero di pacchi preparati da Davide nell'unità di tempo.

Il ragionamento conclusivo è il seguente: se Davide in 1 minuto è in grado di preparare 2 pacchi, per prepararne 10 impiegherebbe 5 minuti (risposta **B**).

3 Poiché i due amici si incontrano a metà strada, ognuno deve percorrere 5 km; il primo viaggia a 30 km/h e percorre quindi 5 km in 10 minuti mentre il secondo viaggia a 90 km/h e impiega dunque poco più di 3 minuti a percorrere 5 km. Il più veloce dovrà dunque attendere l'amico per circa 7 minuti; la risposta corretta è la **D**.

4 Poiché per preparare 10 chilogrammi di pane quattro panettieri impiegano 2 ore, per preparare 5 chili di pane impiegheranno 1 ora. Poiché i 4 panettieri lavorano allo stesso ritmo, per compiere lo stesso lavoro un singolo panettiere impiegherà quindi 1 ora · 4 = 4 ore (risposta esatta **B**).

5 Secondo i dati riportati dal quesito, su 150 studenti iscritti i laureati sono:

25/150 = 1/6, di conseguenza i non laureati saranno 5/6 del totale degli iscritti. Tra questi, 2/5 (cioè il totale meno 3/5) è la frazione di studenti che lasciano dopo il terzo anno. Per arrivare alla soluzione basta quindi svolgere il seguente calcolo: (2/5 · 5/6) · 600 =200

(risposta **A**).

6 Dopo 120 km la benzina consumata è pari a 4/5 – 3/10 = 5/10 della capacità del serbatoio. Inoltre, essendo il consumo medio pari a 5 litri di benzina ogni 100 km, per percorrere i primi 120 km la moto ha consumato 6 litri di benzina. Indicando con x la capacità del serbatoio si ha:

6 litri = 5/10 di x da cui x = 12 litri (risposta **A**).

7 Per rispondere al quesito è sufficiente ricordare che 1 tonnellata corrisponde a 1000 kg. Poiché la perdita ammonta al 30% significa che per ogni tonnellata di ferro vi sarà una perdita di 300 kg e verranno prodotti 700 kg di manufatti. Pertanto due tonnellate di ferro danno luogo a 1400 kg di manufatti (risposta corretta **D**).

8 I tre soggetti hanno lo stesso ritmo di lavoro, quindi per preparare 1000 bigné un solo pasticciere impiega 40 · 3 = 120 minuti = 2 ore (risposta **E**).

9 I 4 *casi possibili* sono indicati nella tabella seguente:

1ª moneta	2ª moneta
T	T
T	C
C	T
C	C

È evidente che i casi favorevoli sono 2 (TC e CT). Quindi la probabilità di ottenere 1 testa *e* 1 croce è pari a 2/4 = 1/2 (risposta B).

10 L'ipotesi di partenza afferma che per ognuna delle 70 domande proposte almeno un candidato ha fornito la risposta corretta. Non è dunque possibile che tutti abbiano risposto in modo errato al quesito 47 o che almeno due quesiti abbiano ricevuto risposte errate da parte di tutti i candidati. Analogamente risulta impossibile che nessun candidato abbia fornito risposta alla domanda 53 (almeno 1 ha risposto correttamente) e che nessuno abbia risposto correttamente alla domanda 70 (nuovamente, almeno 1 candidato deve aver risposto in modo corretto). L'unica alternativa che esprime una situazione compatibile con l'ipotesi di partenza è la C secondo cui esiste un candidato che ha risposto in modo errato a tutte le domande (ciò non toglie che ogni domanda possa aver avuto risposta corretta da almeno 1 candidato).

11 Si tratta di calcolare il 3,07% del numero di residenti, pari a 54.366. Poiché le alternative proposte indicano intervalli di valori e non numeri precisi, è possibile effettuare il conto utilizzando valori approssimati: 3,07% può essere sostituito da 3% mentre al posto di 54.366 è possibile utilizzare 55.000, approssimando per eccesso.

Effettuando il calcolo della percentuale si ottiene: 55.000 x 3/100 = 1650

Il numero di residenti con età compresa tra 5 e 9 anni è dunque inferiore a 1800 e la risposta corretta è quindi la D.

12 Occorre trasformare i chilometri in metri: 1,5 km = 1.500 m. Un quarto di 1.500 metri equivale a 375 metri (risposta C).

13 Enrica impiega 8 ore per pulire da sola la casa; ciò significa che in un'ora compie 1/8 del lavoro. Rita per fare lo stesso lavoro impiega 4 ore, per cui in un'ora compie 1/4 del lavoro. Poiché le tre ragazze insieme impiegano 2 ore per pulire tutta casa, significa che in un'ora compiono 1/2 del lavoro. Il lavoro che Alessandra svolge in 1 ora è dunque pari a: 1/2 – (1/8 + 1/4) = 1/8. Questo vuol dire che da sola, per pulire tutta la casa, Alessandra impiegherebbe 8 ore. La risposta corretta è quindi la A.

14 Lo spazio che separa la lepre dalla tartaruga è pari a 15 km e la velocità relativa della lepre rispetto alla tartaruga è pari a 30 km/h. Il tempo necessario alla lepre per raggiungere la tartaruga è:

$$t = \frac{15\text{ km}}{30\text{ km/h}} = 30\text{ min} \quad \text{(risposta B).}$$

15 Innanzitutto è necessario riportare le due velocità alla stessa unità di misura:

$$v_{Alfonso} = 45\ \frac{\text{m}}{\text{min}} \quad ; \qquad v_{Marisa} = 0,8\ \frac{\text{m}}{\text{s}} = 0,8 \cdot 60\ \frac{\text{m}}{\text{min}} = 48\ \frac{\text{m}}{\text{min}}$$

Se si suppone Alfonso fermo, rispetto a lui Marisa ha una velocità di (48 – 45) = 3 m/min. Quindi dopo 1 h la distanza fra i due è pari a:

$$s = v \cdot t = 3\ \frac{\text{m}}{\text{min}} \cdot 60 \text{ min} = 180 \text{ m}$$

La risposta corretta è la **D**.

---

16 La probabilità di individuare la risposta corretta rispondendo in modo casuale a una singola domanda (con 4 alternative, di cui una sola esatta) è pari a 1/4. La probabilità di indovinare rispondendo a caso a tutte e dieci le domande è calcolabile applicando il teorema delle probabilità composte: poiché i 10 eventi (individuare casualmente la risposta esatta di ciascuna domanda) sono tra loro indipendenti, la probabilità che si verifichino contemporaneamente è data dal prodotto delle probabilità dei singoli eventi:

$$\underbrace{\frac{1}{4} \cdot \frac{1}{4} \cdot \frac{1}{4} \cdot \ldots\ldots \frac{1}{4}}_{\text{10 volte}} = (1/4)^{10}$$

La risposta corretta è quindi la **E**.

---

17 Detto x il numero di cravatte possedute da Amedeo, si ha che:

- Amedeo possiede x cravatte;
- Bernardo possiede $x + 2$ cravatte;
- Carlo possiede $2x$ cravatte;
- Dario possiede $8x$ cravatte.

I quattro amici posseggono complessivamente 122 cravatte e quindi si ha:

$$(x + 2) + x + 2x + 8x = 122 \text{ da cui } x = 10$$

La risposta esatta è quindi la **B**.

---

18 Poiché per preparare 100 metri di lamiera quattro carpentieri impiegano 2 ore, per preparare 50 metri di lamiera impiegheranno 1 ora (metà lavoro = metà tempo). Poiché i 4 carpentieri lavorano allo stesso ritmo, per compiere lo stesso lavoro un singolo carpentiere impiegherà quindi 1 ora · 4 = 4 ore (risposta **B**).

---

19 Diversamente da ciò che potrebbe sembrare inizialmente, per rispondere non è necessario conoscere il numero di cioccolatini contenuti nella scatola. Si vuole mostrare che, estraendo quattro cioccolatini dalla scatola, certamente almeno due di questi avranno lo stesso colore (risposta **A**).

Prima estrazione: il cioccolatino estratto è al latte, fondente o al caffé.

Seconda estrazione: il secondo cioccolatino estratto può essere dello stesso gusto del primo (nel qual caso si è già raggiunto l'obiettivo) o di uno degli altri due gusti disponibili.

Terza estrazione: il terzo cioccolatino estratto può essere dello stesso gusto di una dei primi due cioccolatini estratti (nel qual caso si è già raggiunto l'obbiettivo) o del terzo e ultimo gusto presente nella scatola.

Quarta estrazione: se i primi tre cioccolatini estratti erano di gusti diversi (uno al latte, uno fondente e uno al caffé) il gusto del quarto cioccolatino deve necessariamente coincidere con uno di quelli già estratti.

20 Il volume che ha revisionato Doriana ha 140 pagine (si ricava facilmente sottraendo 60 – il numero di pagine in più possedute dal libro di Ilaria – a 340 e dividendo il risultato 280 per 2) mentre quello revisionato da Ilaria ne ha 200. Poiché il compenso è stato di 0,50 euro a pagina, Doriana ha guadagnato 70 euro (**B** soluzione del quesito).

21 La probabilità che la prima camicia estratta sia bianca è pari a 4/12 (= 1/3). Dopo l'estrazione, le camicie sono diventate 11 e la probabilità di pescarne una seconda bianca è 3/11. Quindi la probabilità totale è $\frac{1}{3} \cdot \frac{3}{11} = \frac{1}{11}$. La risposta corretta è la **C**.

22 Poiché ogni melone pesa 600 grammi, il numero di meloni contenuto in 3 kg è pari a 3 kg / 600 g = 5. La soluzione del problema si ottiene risolvendo la proporzione:

$$5 : 4 = 12 : x \quad \text{da cui} \quad x = 9{,}60 \text{ euro (risposta D).}$$

23 Impostando una semplice equivalenza, si ha:

$$1 \text{ lb} = 16 \text{ once} \Rightarrow 10 \text{ lb} = 160 \text{ once} = 160 \cdot 28 \text{ g} = 4480 \text{ g} \approx 4,5 \text{ kg}$$

La risposta corretta è la **A**.

24 Le alternative **A** e **C** possono essere facilmente eliminate poiché viene richiesto l'incremento percentuale (ossia una percentuale). Applicando la formula si ottiene:

$$\text{Variazione percentuale} = \frac{360 - 300}{300} \cdot 100 = 20\% \text{ (incremento)}$$

La risposta esatta è dunque la **E**.

25 Chiamando x la quota spesa da Giovanni, l'affermazione contenuta nel testo si traduce nella seguente equazione (dove le quote sono espresse in migliaia di euro):

$$(10 - x) - \frac{75}{100} \cdot (10 - x) = 1,2$$

dove $(10 - x)$ è la quota girata ad Antonio e $75/100 \cdot (10 - x)$ è la quota spesa da Antonio (le quote sono ancora espresse in migliaia di euro). Risolvendo l'equazione si ottiene:

$$\frac{1}{4} \cdot (10 - x) = 1,2 \Rightarrow x = 5,2 = 52\%$$

La risposta esatta è dunque la **B**.

26 La probabilità che il primo cioccolatino estratto sia al latte è pari a 8/12 = 2/3. Dopo la prima estrazione, nella scatola sono rimasti 11 cioccolatini di cui 7 al latte e quindi la probabilità che la seconda estrazione dia come risultato un cioccolatino al latte (supposto al latte il primo estratto) è pari a 7/11. Allo stesso modo, dopo la seconda estrazione sono rimasti 10 cioccolatini di cui 6 al latte; pertanto la probabilità che il terzo cioccolatino estratto sia al latte (supposti al latte i primi due) è pari a 6/10.

Per il teorema delle probabilità composte, la probabilità che eventi indipendenti si verifichino contemporaneamente è data dal prodotto delle probabilità dei singoli eventi; le tre estrazioni costituiscono eventi indipendenti, che devono avvenire contemporaneamente e quindi la probabilità richiesta è pari a:

P = 2/3 · 7/11 · 3/5 = 14/55; per cui la risposta corretta è la **D**.

27 La probabilità di estrarre una caramella alla frutta, in base alla definizione di probabilità, è data dal rapporto tra il numero di casi favorevoli e il numero di casi possibili. Pertanto se x è il numero di caramelle alla frutta da aggiungere, allora si ottiene:

- numero casi favorevoli = numero di caramelle alla frutta = $x + 2$;
- numero casi possibili = numero totale di caramelle = $10 + x$;
- $P = \frac{x+2}{10+x} = \frac{1}{3}$ da cui $3(x+2) = 10 + x$ ossia $x = 2$.

La risposta corretta è quindi la **D**.

---

28 Per risolvere l'esercizio bisogna in primo luogo calcolare il numero incognito sulla terza riga, ricavando successivamente il numero incognito richiesto (rappresentato dal punto interrogativo) sulla terza colonna.

Per la terza riga il numero incognito è 5: si ottiene infatti $4 + 1 : 5 = 1$.

A questo punto la terza colonna risulta: $8 + 2 - 5 = 5$. Quindi la risposta corretta è la **D**.

---

29 I numeri 42, 9, 18 e 276 sono tutti divisibili per 3 e non per 5: valgono quindi 4 punti. Il numero 40, invece, essendo divisibile per 5 vale 5 punti ed è quello che vale di più. La **C** è quindi la soluzione del quesito.

---

30 La probabilità che la prima pallina pescata sia rossa è pari a 6/10. Dopo l'estrazione, le palline sono diventate 9 e la probabilità di pescarne una seconda rossa è 5/9. Quindi la probabilità totale è $\frac{6}{10} \cdot \frac{5}{9} = \frac{1}{3}$. La risposta corretta è la **C**.

---

31 L'alternativa **E** è facilmente eliminabile in quanto corrisponde al numero complessivo di pagine del volume. La prima sera Luca legge i 2/5 del libro e cioè $2/5 \cdot 300 = 120$ pagine; quindi il numero di pagine non ancora lette corrisponde a $300 - 120 = 180$ (anche l'alternativa **D** risulta errata). Il giorno successivo Luca legge 2/3 delle pagine mancanti ossia $2/3 \cdot 180 = 120$. Rimangono pertanto ancora da leggere 60 pagine ($300 - 120 - 120$), quindi la risposta corretta è la **A**.

---

32 Luigi beve il triplo di Nicola, quindi le 24 bottiglie che i due amici bevono insieme in 100 minuti sono suddivise nel modo seguente:

- Luigi: 18 bottiglie;
- Nicola: 6 bottiglie.

Si sa, inoltre, che Nicola beve la metà della birra bevuta da Andrea, quindi Andrea in 100 minuti beve 12 bottiglie di birra. I tre amici insieme in 100 minuti bevono dunque $18 + 6 + 12 = 36$ bottiglie, ossia 18 bottiglie in 50 minuti (risposta **D**).

---

33 Indicando con N il numero di piastrelle richieste per "riempire" il lato corto del locale (ossia il lato da 4 metri), il numero di piastrelle richieste per l'altro lato (quello da 6 metri) sarà pari $\frac{3}{2}N$: sono quindi necessarie $\frac{3}{2}N^2$ piastrelle per ricoprire l'intero pavimento. Poiché il costo di ogni piastrella è stato di euro 4 e quello di tutte le piastrelle di euro 600, le piastrelle sono in totale $600/4 = 150$. Dovendo essere $\frac{3}{2}N^2 = 150$ si ricava $N^2 = 100$ e quindi $N = 10$. Le dimensioni di ogni piastrella dovranno quindi essere esattamente un decimo del lato corto del locale, ossia:

$$4 \text{ metri}/10 = 40 \text{ cm}$$ (risposta corretta **D**).

34 Il problema può essere risolto per mezzo della seguente proporzione:

$$3 : 15 = x : 335$$

da cui si ricava $x = 335 : 3/15 = 67$ (risposta **B**).

35 Applicando la seguente formula si ha:

$$\text{somma} = \frac{\text{interesse}}{\text{tasso} \cdot \text{tempo}} = \frac{500}{5\% \cdot \frac{1}{4}} = \frac{500}{5} \cdot 100 \cdot 4 = 40.000$$

per cui la risposta corretta è la **A**.

36 Per peso lordo si intende il peso della merce più confezione: in questo caso il peso della cassetta più quello della frutta. Se la frutta rappresenta il 92% del peso lordo vuol dire che la cassetta, che pesa 400 grammi, rappresenta il restante 8% (100% – 92%) del peso lordo. Per trovare il peso della cassetta piena di frutta si può impostare la seguente proporzione:

$$400 : 8 = x : 100$$

da cui $x = 5.000$ grammi (risposta **D**).

37 Se la media dei primi tre esami è pari a 28, allora la somma delle tre votazioni è pari a $28 \cdot 3 = 84$. Sommando anche la votazione conseguita nel quarto esame si ottiene $84 + 20 = 104$. Per ottenere la media dei quattro esami si divide la somma ottenuta per 4:

$$\frac{104}{4} = 26$$

La risposta corretta è dunque la **B**.

38 Si consideri come valore della motocicletta nel 1980 il numero $x = 100$.

Nel 1985 il valore della motocicletta risulta incrementato del 30% rispetto alla valutazione del 1980: 100 + il 30% di 100 = 100 + 30 = 130.

Nel 1990 il valore della motocicletta risulta diminuito del 20% rispetto alla valutazione del 1985: 130 – il 20% di 130 = 130 – 26 = 104.

Pertanto il valore della moto nel 1990 (rispetto al 1980) è pari a:

$$\frac{104}{100} = 104\%$$

La risposta corretta è quindi la **C**.

39 La probabilità di un evento è definita come il rapporto tra il numero di casi favorevoli all'evento e il numero di casi possibili. Si tratta quindi di valutare quanti sono i casi favorevoli, sapendo che i casi possibili sono 36 $(6 \cdot 6)$.

1° dado	2° dado
1	2
2	1

Nei due casi riportati nella tabella, la somma dei dadi è pari a 3; dunque i casi favorevoli sono 2 e la probabilità dell'evento è $P = 2/36 = 1/18$ (risposta **B**).

40 Di ciascun aereo sono noti lo spazio percorso e la velocità media ed è dunque possibile calcolare il tempo impiegato per la ricognizione:

- 1° aereo: $t = \frac{3000 \text{ km}}{2000 \text{ km/h}} = 1{,}5 \text{ h}$ partenza alle 10.00 e rientro alle 11.30
- 2° aereo: $t = \frac{3000 \text{ km}}{1000 \text{ km/h}} = 3 \text{ h}$ partenza alle 11.00 e rientro alle 14.00
- 3° aereo: $t = \frac{3000 \text{ km}}{3000 \text{ km/h}} = 1 \text{ h}$ partenza alle 13.00 e rientro alle 14.00

La risposta corretta è dunque la **C**.

---

41 Sia x la quantità di denaro percepita da ciascuna persona dividendo per 5 la somma iniziale di denaro. Poiché la somma iniziale da dividere non cambia, vale la seguente equazione: $x \cdot 5 = (x + 40) \cdot 4$ da cui si ricava $x = 160$. Pertanto la somma di denaro da dividere è pari a $160 \cdot 5 = 800$ euro (risposta **A**).

---

42 Chiamando "L" il libro si può affermare che:

L = 1 hg + 1/2L, da cui

L – 1/2L = 1 hg e quindi

1/2M = 1 hg.

Ciò significa che L peserà il doppio, cioè 2 hg. Tre libri, allora, peseranno 6 hg, come correttamente indicato dall'alternativa **E** (soluzione del quesito).

---

43 Alla velocità di crociera, la macchina percorrerebbe 4 km in 2 minuti dato che:

$t = \frac{4 \text{ km}}{120 \text{ km/h}} = \frac{1}{30} \text{h} = 2 \text{min}$. A causa della coda, la velocità della macchina scende a 10 km/h; quindi 4 km vengono percorsi in un tempo pari a:

$$t = \frac{4 \text{ km}}{10 \text{ km/h}} = \frac{2}{5} \text{ h} = 24 \text{ min}$$

Il ritardo accusato dalla vettura è dunque pari a 24 – 2 = 22 minuti (risposta **D**).

---

44 Per trovare l'area di un triangolo rettangolo isoscele (triangolo i cui cateti sono uguali), è sufficiente conoscere la lunghezza di uno dei cateti. La (1) da sola, quindi, è sufficiente per rispondere al quesito. Essendo un triangolo rettangolo isoscele, però, è anche possibile ottenere la lunghezza dei cateti dall'ipotenusa sfruttando il teorema di Pitagora (il quadrato costruito sull'ipotenusa – in questo caso il lato C – è uguale alla somma dei quadrati costruiti sui cateti). Anche la (2), dunque, è da sola sufficiente per trovare la risposta al quesito posto dall'esercizio. Essendo, quindi, ciascuna delle due affermazioni sufficienti per rispondere, la soluzione è la **D**.

---

45 Il primo postino impiega 20 ore a consegnare tutte le lettere, quindi in un'ora egli porta a termine 1/20 del lavoro complessivo. Il secondo postino impiega la metà del tempo del primo (ossia 10 ore), quindi in un'ora compie 1/10 del lavoro totale. Inoltre, lavorando insieme i tre postini compiono in un'ora 1/5 del lavoro. Per individuare la quantità di lavoro svolta dal terzo postino nell'unità di tempo, occorre calcolare la differenza tra la quantità di lavoro realizzata dai tre soggetti insieme e la quantità di lavoro compiuta dai primi due: 1/5 – (1/20 + 1/10) = 1/20. Pertanto il terzo postino in un'ora porta a termine 1/20 del lavoro e quindi, per svolgere l'intero lavoro da solo, necessita di 20 ore (come il primo postino). La risposta corretta è dunque la **C**.

46 In base alle regole definite dal testo dell'esercizio, l'albero genealogico della famiglia Bianchi risulta il seguente:

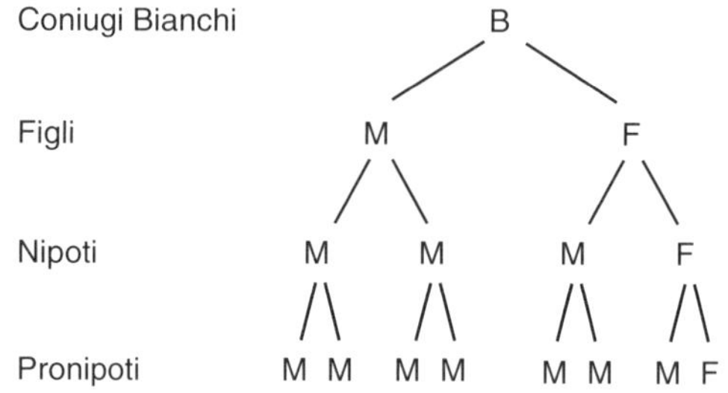

Pertanto il numero di pronipoti maschi dei coniugi Bianchi è pari a 7: risposta **A**.

47 Maria corre complessivamente per 30 minuti (4 ripetizioni da 6 minuti ciascuna più ulteriori 6 minuti di corsa finali) e cammina per 12 minuti (4 ripetizioni da 3 minuti ciascuno). Pertanto, a metà allenamento Maria ha corso per 15 minuti e ha camminato per 6 minuti. La corsa avviene alla velocità di 1 chilometro ogni 7 minuti e mezzo e dunque in 15 minuti percorre 2 chilometri, mentre quando cammina percorre 1 chilometro in 12 minuti e pertanto in 6 minuti riesce a percorrere mezzo chilometro. Quando arriva a metà allenamento Maria ha dunque percorso 2,5 chilometri e la risposta corretta è quindi la **C**.

48 La proiezione del filmato dura 11 minuti, a cui segue una pausa di 3 minuti prima della proiezione successiva, per un totale di 14 minuti. Tra l'orario di inizio (9:15) e quello di fine (18:00) vi sono 8 ore e 45 minuti, per un totale di 480 + 45 = 525 minuti. Il numero di proiezioni che vengono effettuate nell'arco della giornata è dunque pari a 525/14 = 37,5 ossia 37 proiezioni complete. La risposta corretta è quindi la **C**.

49 La proporzione dei pesi tra Tizio e Caio è 5 a 6 e, poiché il farmaco deve essere somministrato in proporzione al peso, è comodo suddividere idealmente entrambi i flaconi in 11 parti uguali tra loro: così facendo di ogni flacone verranno destinate 5 parti a Tizio e 6 parti a Caio.

Delle 22 parti complessive ne spettano quindi 12 a Caio e 10 a Tizio e dunque a Caio verrà somministrato un intero flacone (11 parti) più una delle 11 parti del secondo flacone (1/11). La risposta corretta è quindi la **E**.

50 L'esercizio prevede che ogni squadra incontri ognuna delle altre per due volte. Ogni squadra gioca quindi in tutto 8 partite per un totale di 20 incontri. Inoltre si sa che non c'è possibilità di pareggio, per cui in ciascun incontro una squadra vince e una perde: si hanno dunque in totale 20 vittorie e 20 sconfitte. Si può completare la tabella avendo in mente queste due condizioni: la somma dei valori nella colonna che indica le vittorie e in quella che indica le sconfitte è sempre pari a 20 e ogni squadra ha un totale di 8 risultati conseguiti (quindi la somma dei risultati di ogni riga deve sempre essere 8). La squadra I, quindi, che ha vinto 6 partite, ne ha perse 2; la squadra II, avendone vinta 1 ne ha perse 5; mentre la squadra IV che ne ha perse 6, ne ha vinte 2 e la V che ne ha perse 2, ne ha vinte 6. A questo punto la somma delle vittorie è pari 15 e delle sconfitte a 17 e ciò vuol dire che la squadra III ne deve aver vinte 5 (**D**, soluzione del quesito) e perse 3.

8| SUCCESSIONI DI FIGURE

8.1 | Esercizi proposti

1 **Scartare una delle cinque rappresentazioni grafiche.**

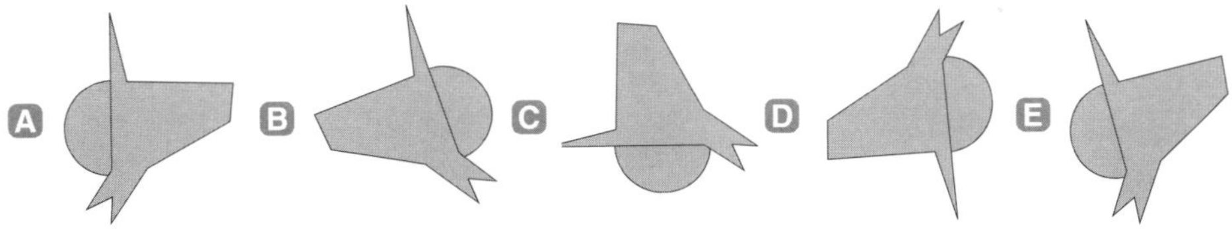

2 **Scartare una delle cinque rappresentazioni grafiche.**

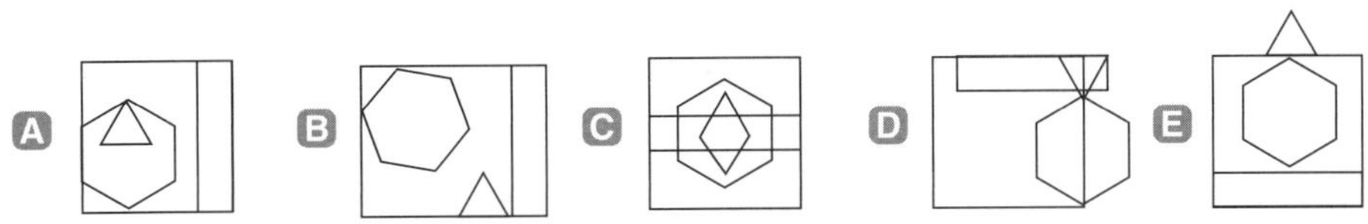

3 **Scartare una delle cinque rappresentazioni grafiche.**

4 **Scartare una delle cinque rappresentazioni grafiche.**

5 **Individuare la figura da scartare.**

6 **Scartare una delle cinque rappresentazioni grafiche.**

7 **Scartare una delle cinque rappresentazioni grafiche.**

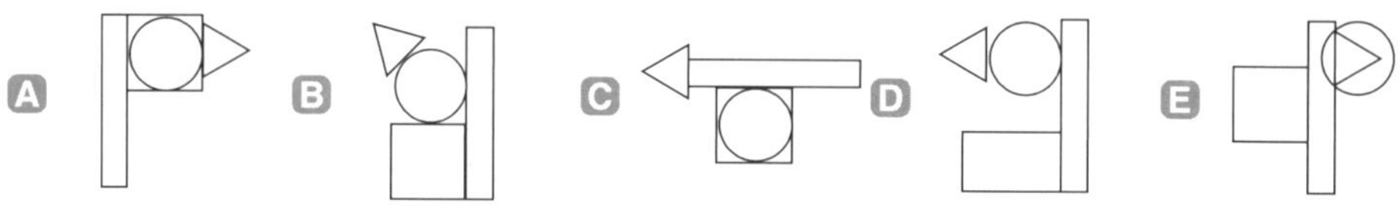

8 **Scartare una delle cinque rappresentazioni grafiche.**

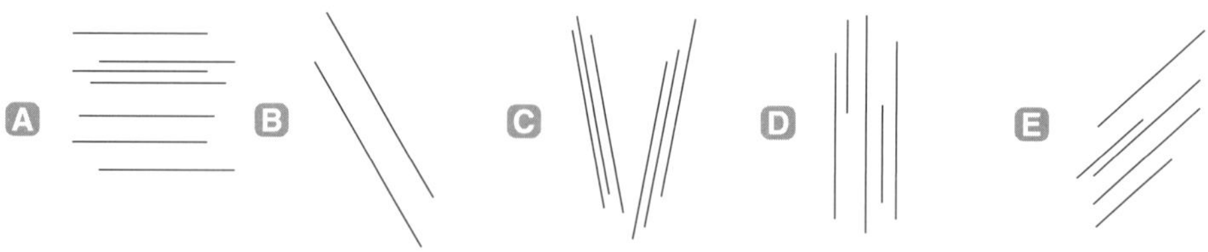

9 **Individuare la figura da scartare.**

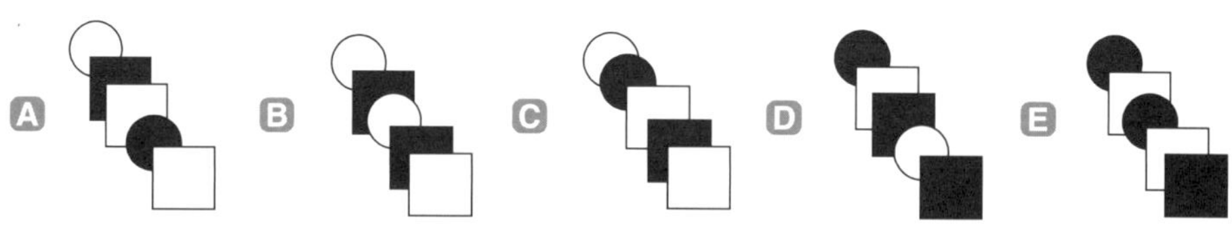

10 **Individuare la figura mancante.**

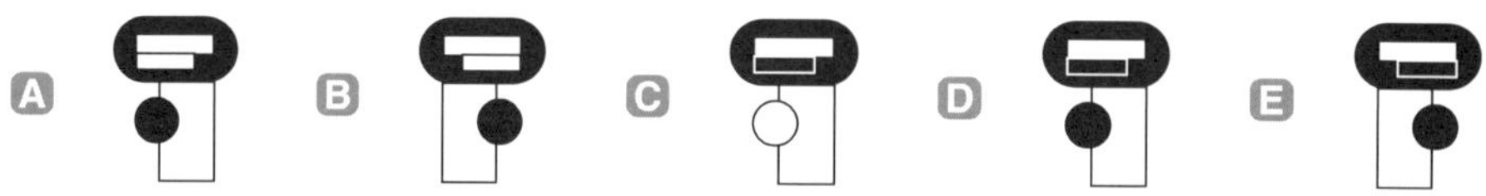

11 **Individuare la figura mancante.**

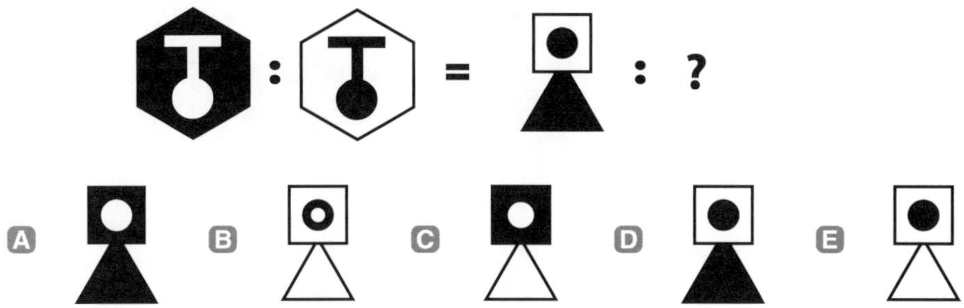

12 **Individuare la figura mancante.**

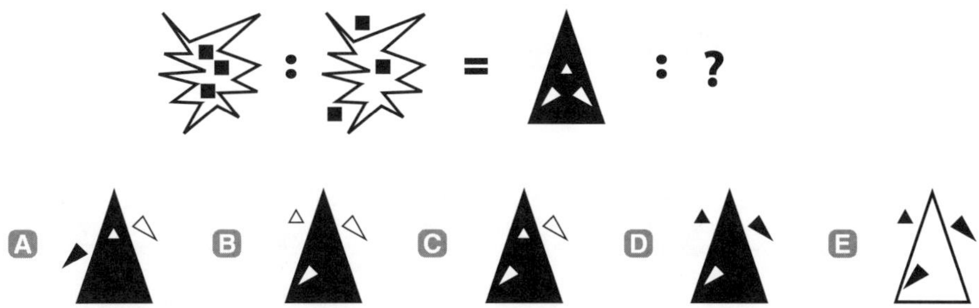

13 **Individuare la figura mancante.**

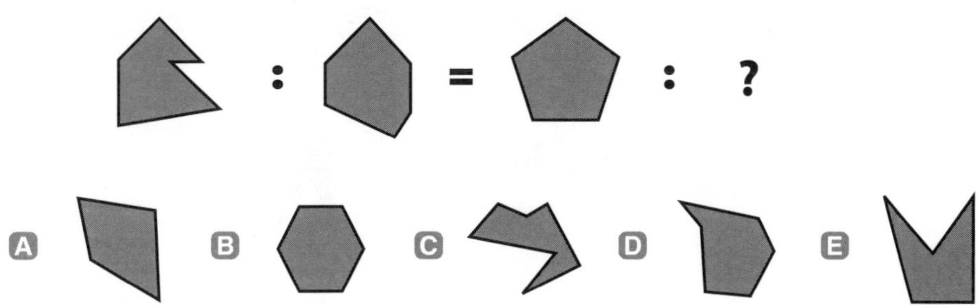

14 **Individuare la figura mancante.**

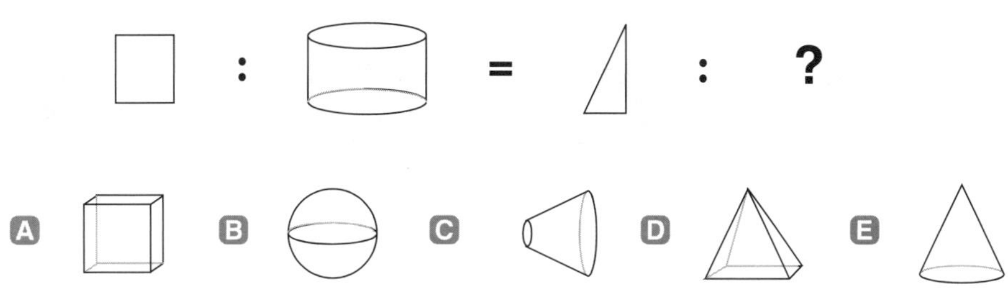

15 **Individuare la figura mancante.**

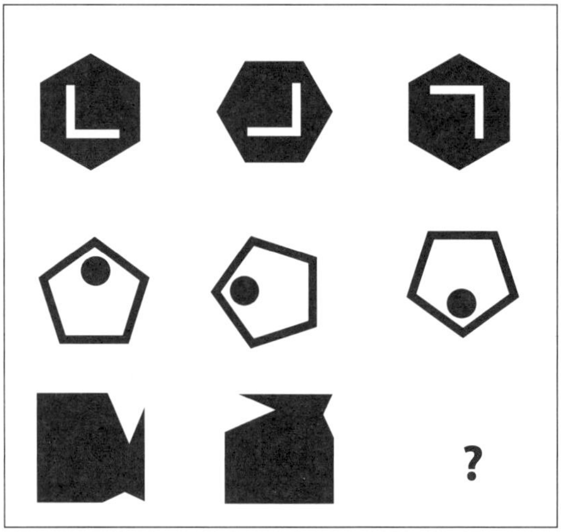

16 **Individuare la figura mancante.**

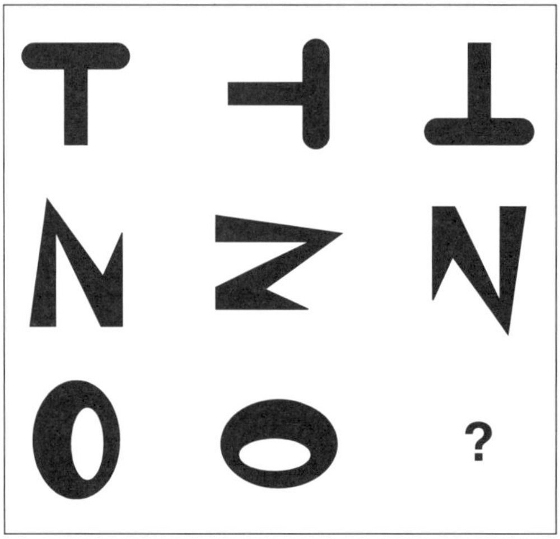

17 Individuare la figura mancante.

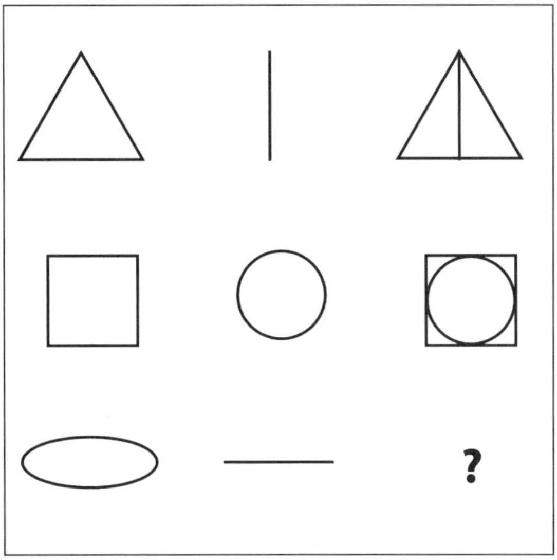

A 
B 
C 
D 

18 Individuare la figura mancante.

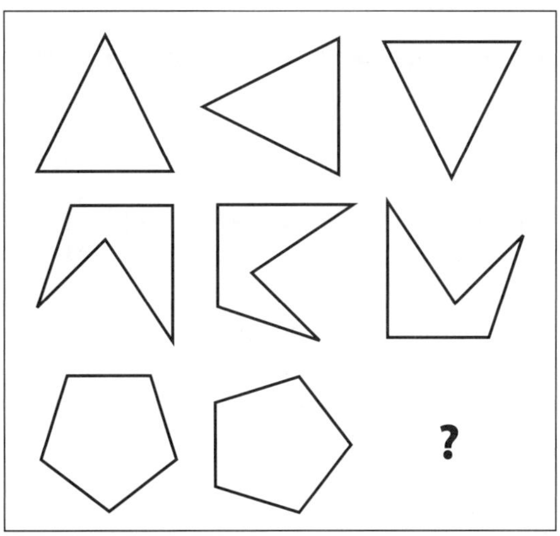

A 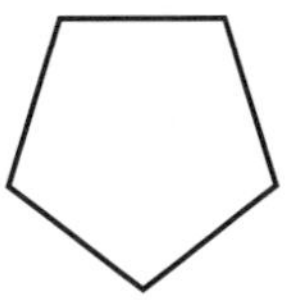
B 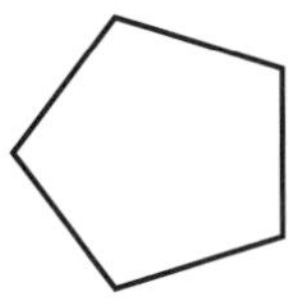
C 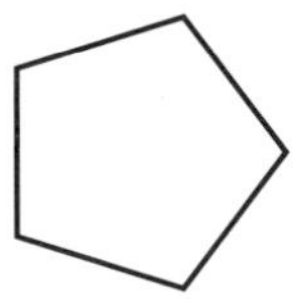
D 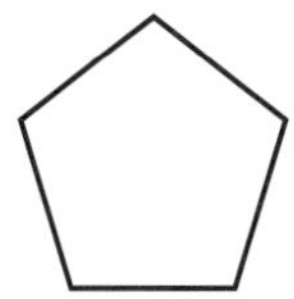

19 Individuare la figura mancante.

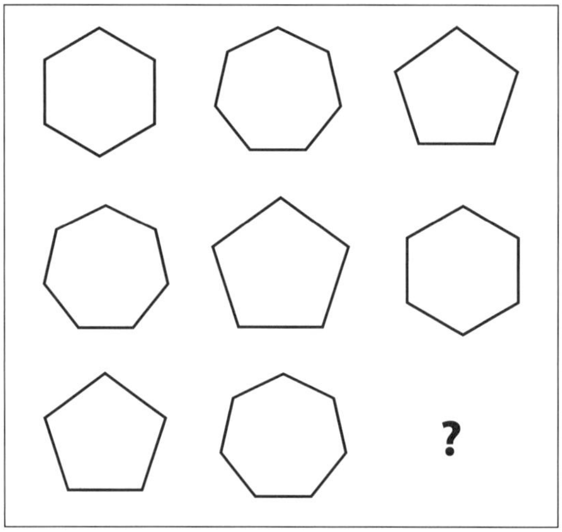

A  B 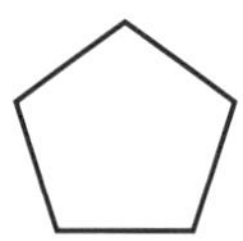 C  D 

20 In base alle figure seguenti, quale affermazione è esatta?

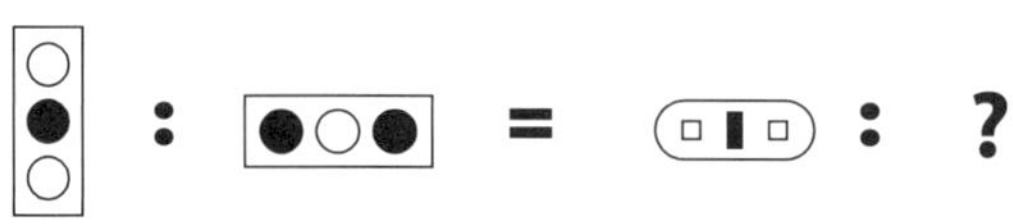

1)  2)  3)  4) 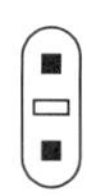 5) 

- A La figura che completa la proporzione è la 3)
- B La figura 4) non completa la proporzione
- C Nessuna delle cinque figure completa la proporzione
- D La figura 2) non completa la proporzione

21 In base alle figure seguenti, quale affermazione è falsa?

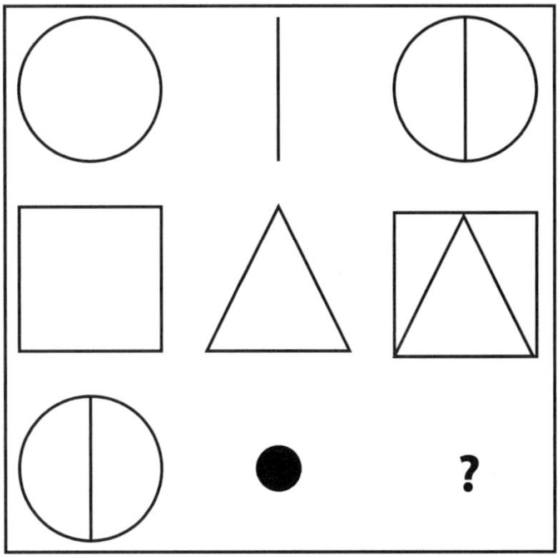

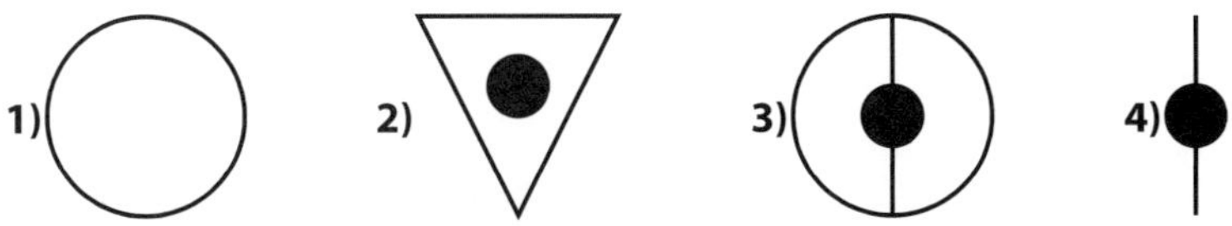

- A La figura mancante è la 2)
- B La figura 4) non completa la matrice
- C La matrice non può essere completata dalle figure 1) e 4)
- D La figura 1) non completa la matrice

22 In base alle figure seguenti, quale affermazione è esatta?

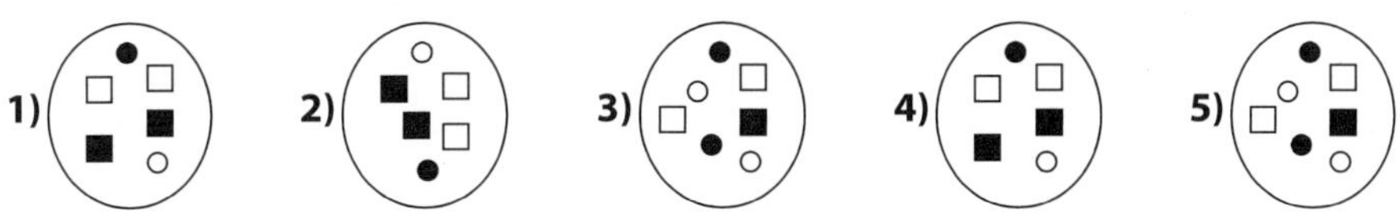

- A La figura da scartare è la 3)
- B Non si deve scartare la figura 4)
- C La figura da scartare è la 5)
- D La figura da scartare è la 1)

23 **Individuare la figura che completa la serie:**

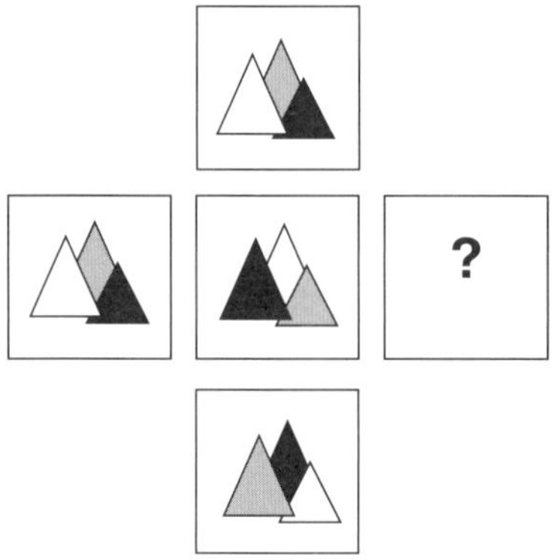

A 

B 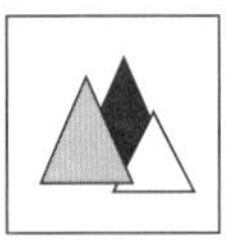

C 

D 

E 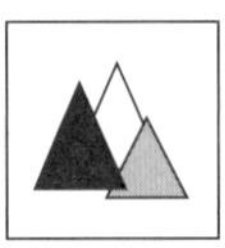

24 **Individuare la figura che completa la serie seguente:**

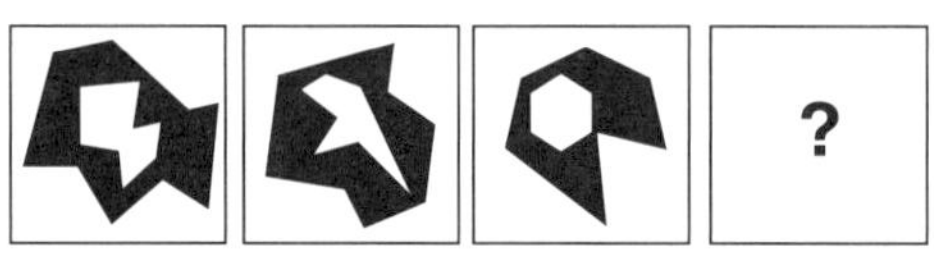

A

B

C

D

25 **Individuare la figura che completa la serie:**

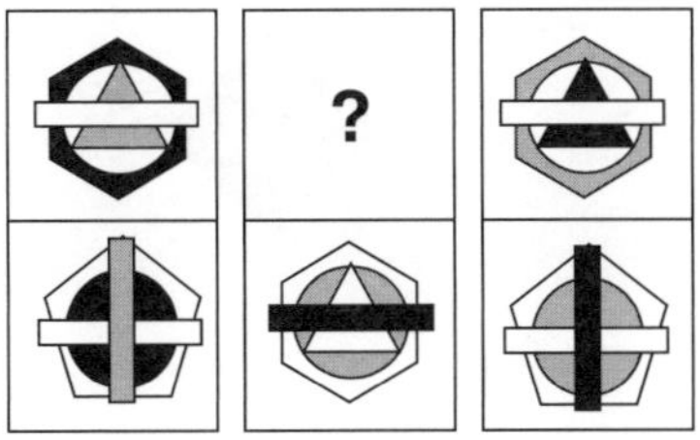

A 

B 

C 

D 

26 Individuare la versione in negativo della figura data.

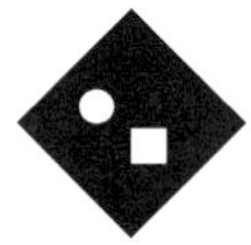

A 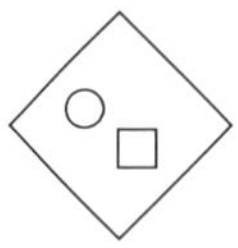

B 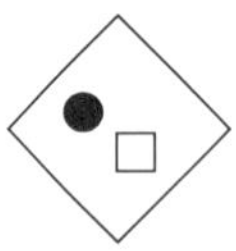

C 

D 

E 

27 **Individuare, tra le alternative proposte, la versione in negativo della seguente figura.**

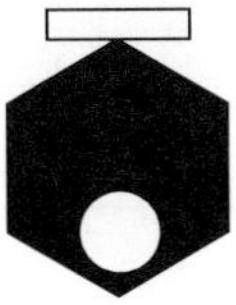

A 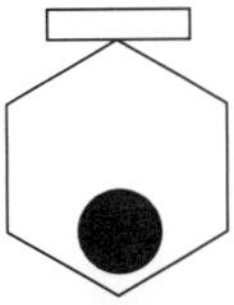

B 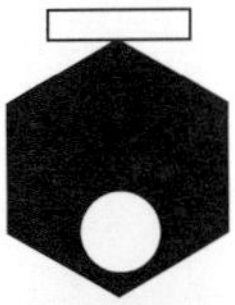

C 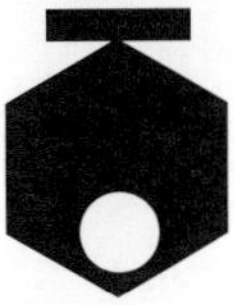

D 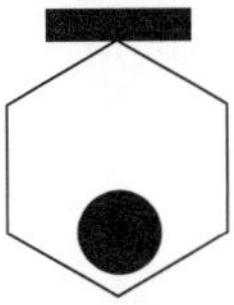

E 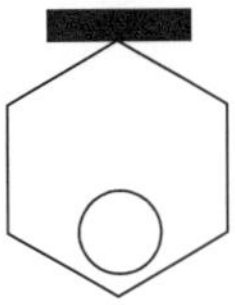

28 Quale delle cinque figure (A, B, C, D ed E) corrisponde alla composizione seguente vista allo specchio?

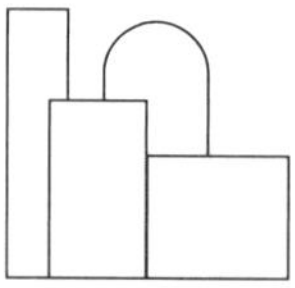

A 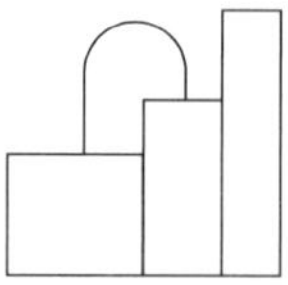

B 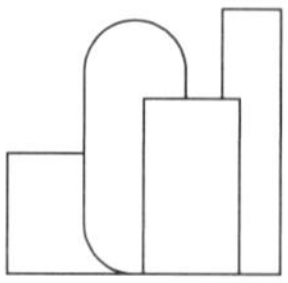

C 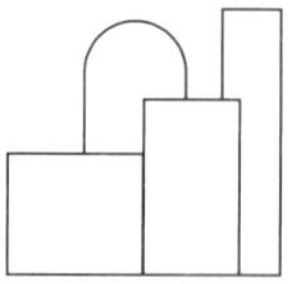

D 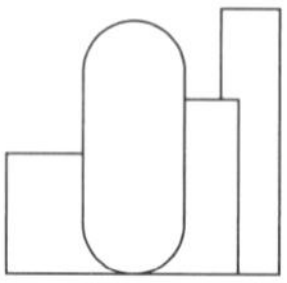

E 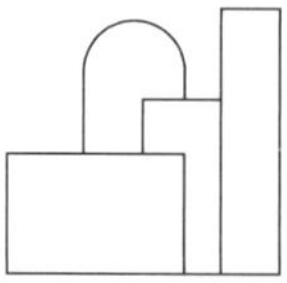

29 **Quale delle cinque figure (A, B, C, D ed E) corrisponde alla composizione seguente vista allo specchio?**

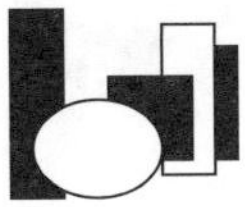

A 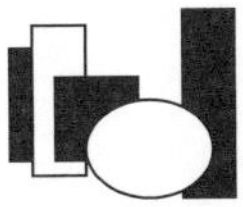

B 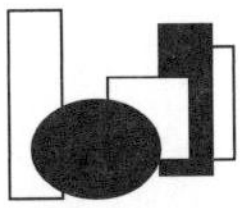

C 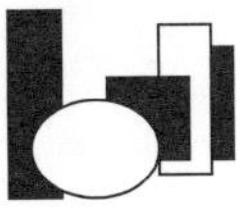

D 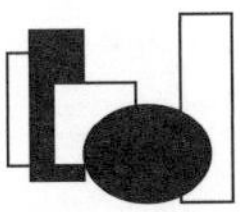

E 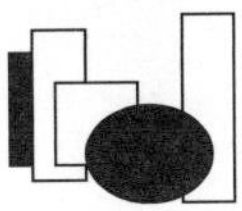

30 **Quale tra le figure in basso è uguale a quella in alto ruotata di 130°?**

A

B

C

D

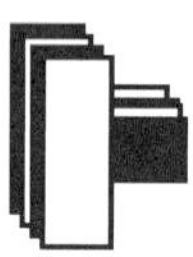

E

31 **Individuare la tessera mancante.**

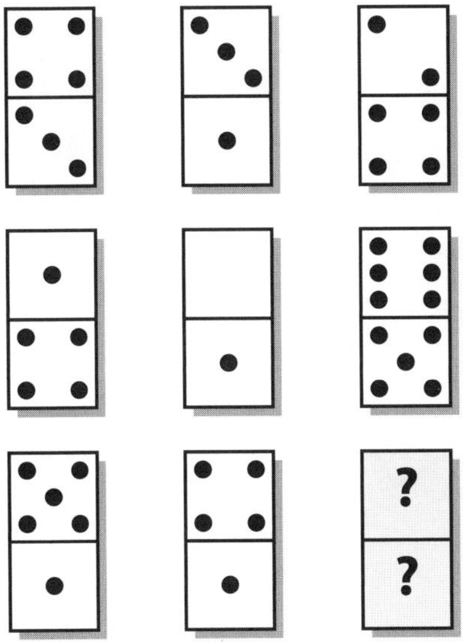

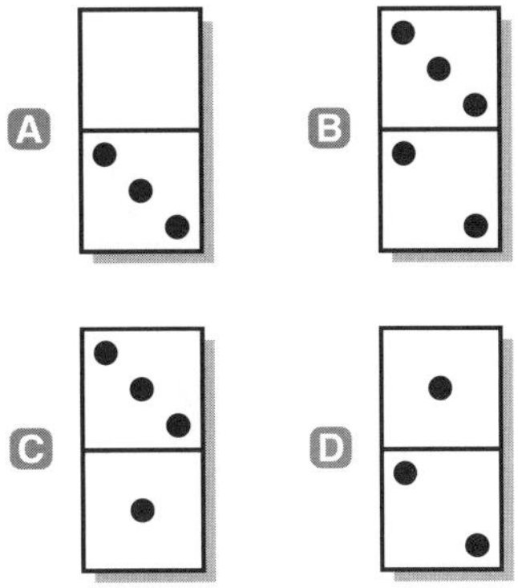

32 **Individuare la tessera mancante.**

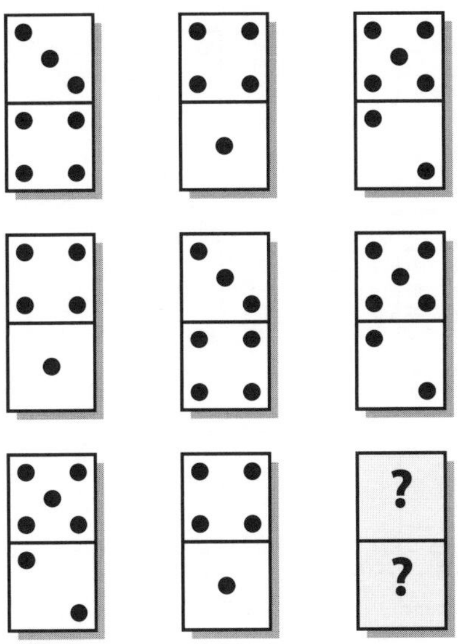

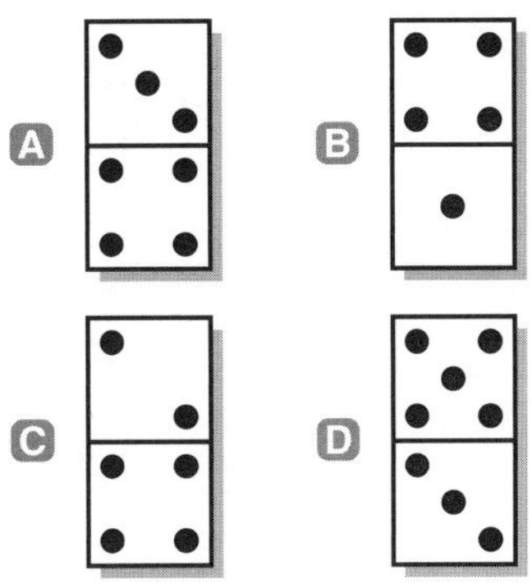

33 **Individuare la tessera mancante.**

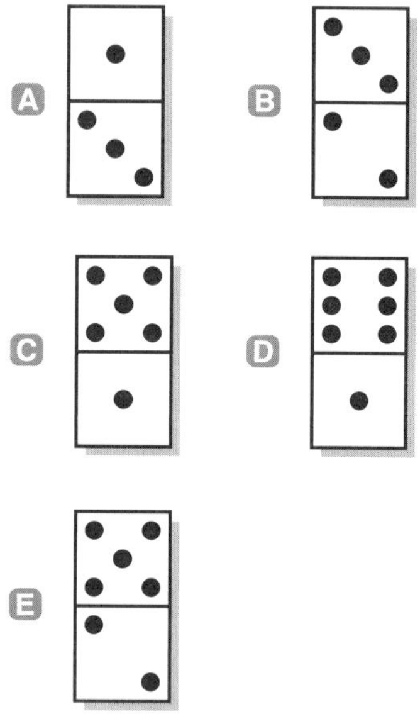

34 **Individuare la tessera mancante.**

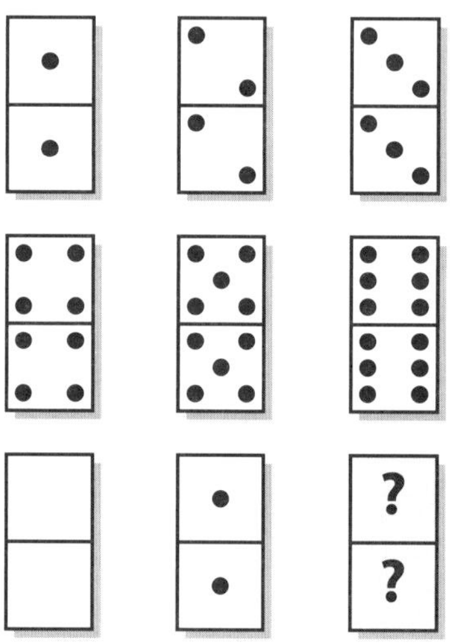

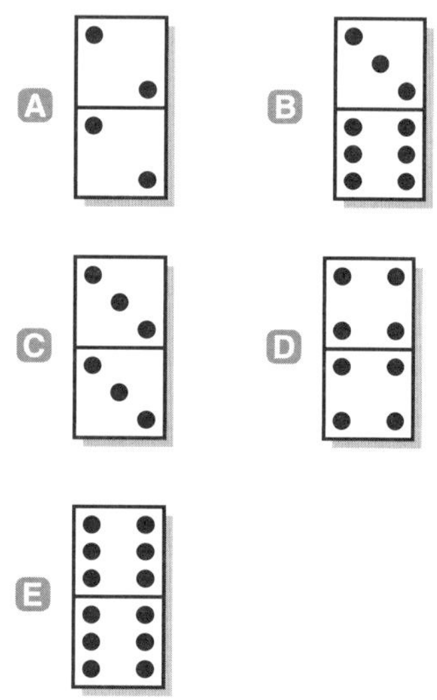

35 **Individuare la tessera mancante.**

A 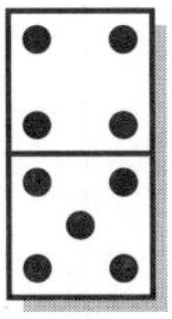 B 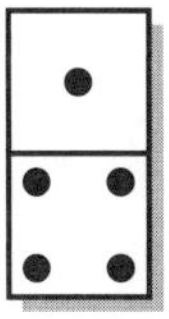

C 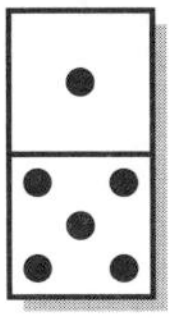 D 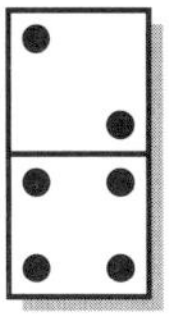

E 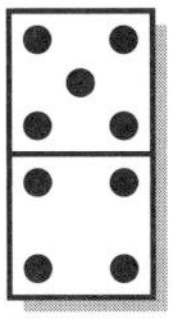

36 **Osservando le figure sotto riportate, quale delle seguenti affermazioni è vera?**

X

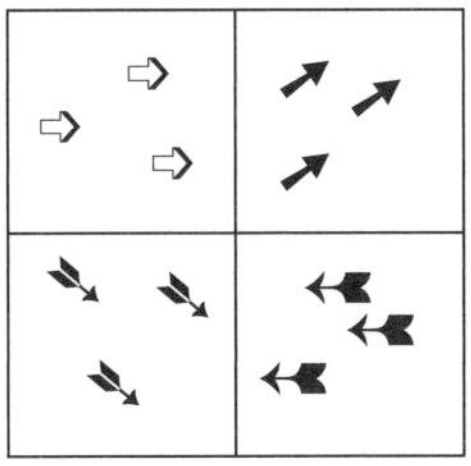

Y

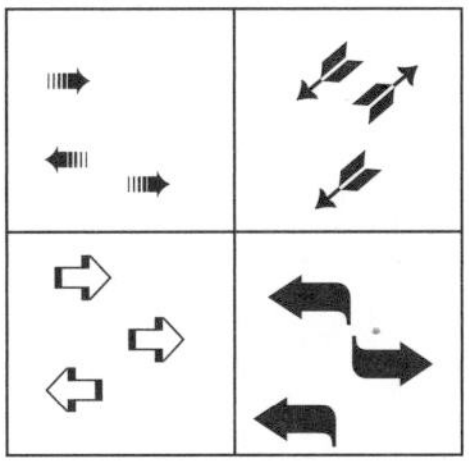

1) 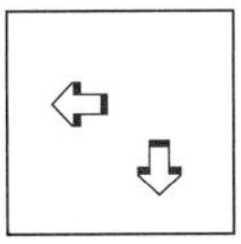 2)  3) 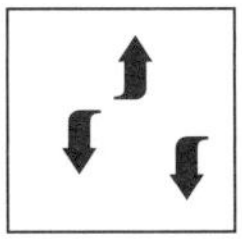 4) 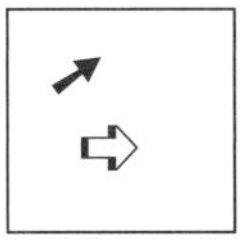 5) 

- A La figura 1) appartiene all'insieme Y
- B La figura 2) appartiene all'insieme Y
- C La figura 3) non appartiene all'insieme Y
- D La figura 4) appartiene all'insieme X
- E Le figura 5) non appartiene all'insieme X

37 Individuare la carta mancante.

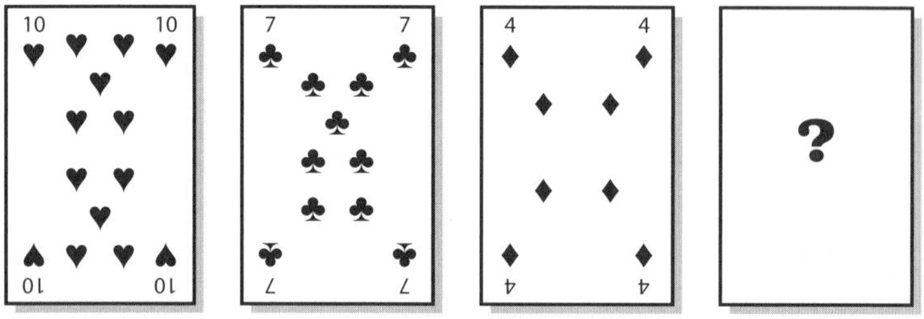

A 

B 

C 

D 

E 

38 **Individuare la carta mancante.**

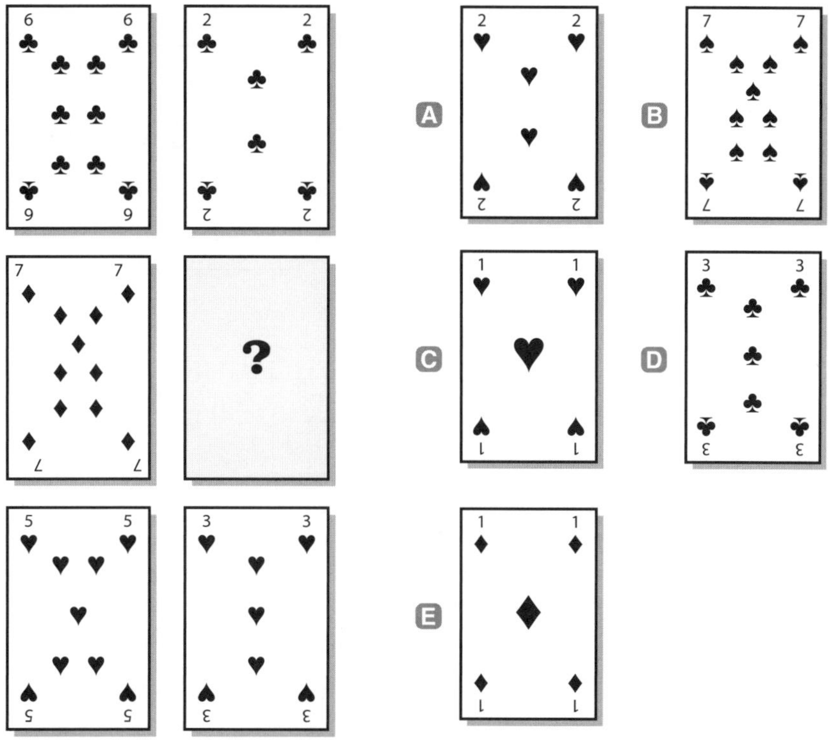

39 **In quanti modi diversi i puntini della figura possono essere divisi a tre a tre da una sola retta?**

A 1
B 2
C 3
D 4
E 5

40 Osservando le figure sotto riportate, quale delle seguenti affermazioni è falsa?

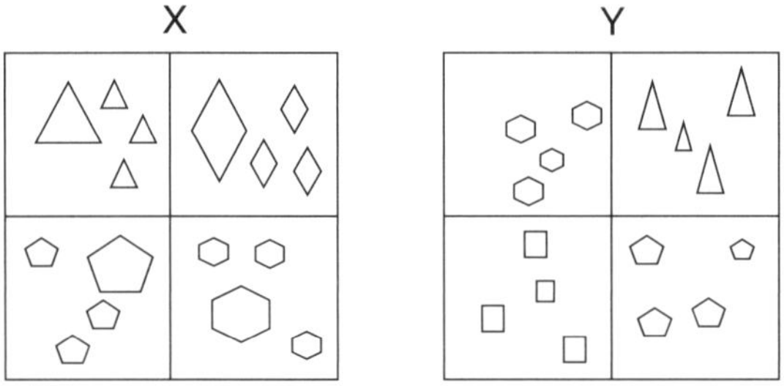

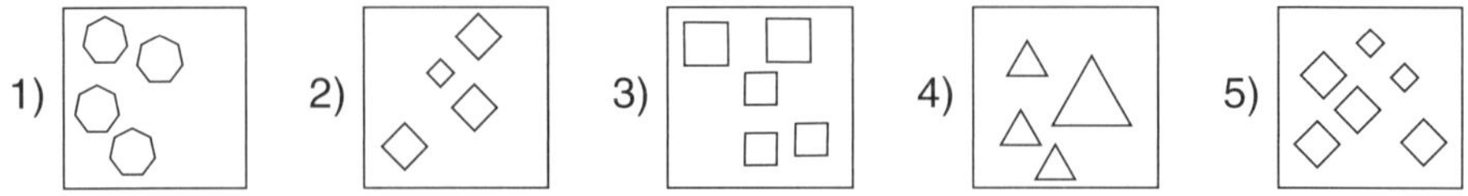

A La figura 1) non appartiene all'insieme X
B La figura 2) appartiene all'insieme Y
C La figura 4) appartiene all'insieme X e la figura 3) non appartiene all'insieme Y
D La figura 5) appartiene all'insieme Y e la figura 4) all'insieme X
E La figura 4) appartiene all'insieme X e la figura 2) all'insieme Y

8.2 | Soluzioni e commenti

1 Le figure indicate dalle alternative **A**, **C**, **D** ed **E** sono tra loro sovrapponibili operando una rotazione. L'alternativa **B** invece non rispetta tale logica (per fare in modo che si sovrapponga alle altre è necessario invertire specularmente la figura) e rappresenta pertanto la soluzione dell'esercizio.

2 Le figure **A**, **B**, **D** ed **E** sono costituite dagli stessi quattro poligoni: un rettangolo, un quadrato, un esagono e un triangolo. La risposta esatta è la **C** in quanto non rispetta questa logica: al triangolo è stato infatti sostituito un rombo.

3 Tra le cinque figure è possibile individuare due coppie (**A** e **C**; **D** ed **E**) i cui elementi rappresentano il positivo e il negativo della stessa immagine. La figura da scartare è quindi quella individuata dall'alternativa **B**, l'unica che non si accoppia a un'altra figura all'interno della successione.

4 Tutte le figure rappresentano poligoni con sei lati a eccezione dell'alternativa **A** i cui i lati sono cinque. La risposta corretta è quindi la **A**.

5 In questo caso non si tratta di figure astratte ma di raffigurazioni di oggetti reali. È semplice osservare che si tratta di veicoli a motore a eccezione della bicicletta (risposta **B**) che è dunque la risposta corretta.

6 Le figure indicate dalle alternative **A**, **B**, **C** e **D** sono tra loro sovrapponibili operando una rotazione. L'alternativa **E** invece non rispetta tale logica e rappresenta pertanto la soluzione dell'esercizio.

7 Le alternative **A**, **B**, **C** ed **E** sono costituite dalle stesse quattro figure geometriche: un rettangolo, un cerchio, un quadrato e un triangolo. La risposta esatta è la **D** in quanto non rispetta questa logica (al quadrato è stato sostituito un rettangolo).

8 Tutte le figure sono composte da segmenti tra loro paralleli, a eccezione della **C** che identifica dunque la risposta corretta.

9 Tra le cinque figure è possibile individuare due coppie (**A** e **D**; **B** ed **E**) i cui elementi rappresentano il *positivo* e il *negativo* di una stessa immagine.

La figura da scartare è quindi quella individuata dall'alternativa **C**, l'unica che non si accoppia a un'altra figura all'interno della successione.

10 Osservando le figure che costituiscono il primo membro della proporzione si nota che la seconda è speculare e in negativo rispetto alla prima. Affinché la stessa relazione venga mantenuta anche al secondo membro, è necessario invertire la posizione e il colore di tutti gli elementi che compongono la figura (risposta **D**).

11 Il primo membro della proporzione è composto da due figure: la prima in positivo e la seconda in negativo. Applicando la stessa logica al secondo membro della proporzione si ottiene la soluzione dell'esercizio (risposta **C**).

12 Mantenendo inalterato il colore degli elementi che compongono la prima figura ed estraendo due dei tre piccoli quadrati si ottiene la seconda figura; analogamente occorre estrarre due dei tre triangoli più piccoli e mantenere la colorazione inalterata per individuare la figura mancante: è corretta la risposta **B**.

13 In questo esercizio, il primo membro della proporzione è composto da due figure che sono accomunate dal fatto di essere due poligoni con lo stesso numero di lati (sei). Le figure del secondo membro dovranno essere accomunate dalla medesima relazione: la figura mancante dovrà dunque essere un poligono con cinque lati, così come la figura nota del secondo membro (un pentagono, appunto). La risposta corretta è dunque la **E**.

14 Si tratta in questo caso di una proporzione tra figure, ove occorre individuare la relazione esistente tra la prima e la seconda figura, in modo da riprodurre la medesima relazione tra la terza e la quarta figura (quella incognita).

Nel caso in esame, la prima immagine raffigura un rettangolo mentre la seconda un cilindro, ossia il solido che si ottiene facendo ruotare il rettangolo lungo uno dei suoi lati.

Applicando la medesima logica al secondo membro della proporzione, è evidente che la figura mancante dovrà essere il solido che si ottiene facendo ruotare il triangolo lungo uno dei suoi lati ossia un cono. La risposta corretta è pertanto la **E**.

15 Nelle prime due righe sia l'esagono sia il pentagono vengono di volta in volta ruotati di 90° in senso antiorario. Applicando questa logica anche alla terza riga si giunge alla soluzione dell'esercizio data dalla risposta **A**.

16 In questo caso, nelle prime due righe gli elementi vengono di volta in volta ruotati di 90° in senso orario. Applicando quindi la medesima logica di rotazione alle figure della terza riga, si giunge alla soluzione dell'esercizio (risposta **A**).

17 Nelle prime due righe, l'ultima figura a destra è ottenuta mediante la sovrapposizione delle due figure che la precedono. In maniera analoga, la figura mancante si ottiene sovrapponendo all'ellisse il segmento orizzontale: risulta quindi corretta l'alternativa **B**.

18 In questo caso, nelle prime due righe sia il triangolo che il poligono vengono di volta in volta ruotati di 90° in senso antiorario.

Applicando quindi una logica di *rotazione delle figure*, si giunge alla soluzione dell'esercizio (risposta **D**).

19 Osservando le figure dell'esercizio, si nota che nelle tre righe si ha una ripetizione di elementi identici in ordine differente. In altre parole, la successione è composta solamente da tre figure, che si ritrovano nella prima e nella seconda riga, rappresentate ciascuna una sola volta, in ordine differente. Nella riga inferiore, l'unica figura mancante è l'esagono (alternativa **C**).

20 Per rispondere al quesito è necessario trovare prima la figura che completa la proporzione. Osservando il primo membro della proporzione si nota che la seconda figura è ruotata di 90° rispetto alla prima e che gli elementi interni (i tre cerchi) hanno invertito la loro colorazione (il bianco è diventato nero e viceversa). Affinché la stessa relazione venga mantenuta anche al secondo membro, è necessario effettuare una rotazione di 90° della terza figura e invertire il colore dei tre poligoni (figura 4). A questo punto è agevole individuare nell'alternativa **D** la soluzione all'esercizio.

21 Per rispondere al quesito è necessario trovare prima la figura che completa la matrice. Questo esercizio mostra una logica che frequentemente sta alla base delle matrici di Raven: la sovrapposizione e addizione di elementi differenti. Si nota infatti che nelle prime due righe l'ultima figura a destra è ottenuta mediante la sovrapposizione delle due figure che la precedono sulla stessa riga. Lo stesso criterio viene rispettato nella terza riga, scegliendo tra le alternative la figura 3. Si può allora agevolmente scegliere l'alternativa **A** come soluzione all'esercizio.

22 Tra le cinque figure è possibile individuare due coppie di figure tra loro uguali (la 1 è uguale alla 4; la 3 è uguale alla 5). La figura da scartare è quindi la 2. La soluzione all'esercizio è allora individuata dall'alternativa **B**, infatti la figura 4 non è da scartare.

23 Per trovare la soluzione al quesito è importante osservare sia la disposizione delle figure che l'alternanza di colori all'interno delle stesse.

Partendo dalla prima figura in alto e seguendo il senso verticale si osserva come i colori che contraddistinguono i tre triangoli di ogni figura si spostano di una posizione. Così, per esempio, passando dalla figura in alto a quella centrale, il grigio che colorava l'ultimo triangolo colora ora il secondo, il nero dal secondo si sposta al primo e il bianco dal primo all'ultimo. Lo stesso spostamento si verifica passando dalla figura al centro a quella in basso.

Partendo ora dalla figura più a sinistra e passando a quella centrale ci si accorge che, anche orizzontalmente, il criterio sopra descritto viene rispettato (infatti, la figura a sinistra e quella in alto sono identiche). Ci si aspetta quindi che la figura a destra sia identica a quella in basso. Dunque la **B** è la soluzione al quesito.

24 Per risolvere l'esercizio si deve prestare attenzione al rapporto esistente, in ogni singola figura, tra le due figure che la compongono (quella nera e quella bianca al suo interno). Contando il numero di lati di ogni figura nera, ci si accorge che è sempre uguale al numero dei lati della figura bianca interna, più uno. La prima figura nera da sinistra ha, infatti, nove lati e la rispettiva bianca interna otto, la seconda nera ne ha otto e la rispettiva bianca interna sette, la terza nera ne ha sette e la rispettiva bianca interna sei. Ci si aspetta, quindi, che la figura che completa la serie sia composta da una figura nera con sei lati e da una bianca con cinque lati. L'alternativa che presenta una figura così costruita è la **C**, che rappresenta, dunque, la soluzione al quesito.

25 Per trovare il criterio che lega le figure presentate dall'esercizio è necessario partire dalla prima figura in alto a sinistra. Ci si accorge come questa sia composta dagli stessi elementi della figura in basso al centro e di quella in alto a destra. Ciò che cambia da una figura all'altra è la posizione dei colori. Così il colore che nella prima figura in alto a sinistra contraddistingueva l'ultimo elemento (cioè l'esagono), in quella in basso al centro contraddistingue il primo elemento (la barra orizzontale), mentre quello che contraddistingueva il primo elemento contraddistingue ora il secondo elemento ecc. Lo stesso criterio si ripete passando dalla figura in basso al centro a quella in alto a destra.

Tale criterio deve essere ripetuto nella serie di figure che parte specularmente a quella analizzata, e cioè dalla figura in basso a sinistra. Affinché ciò avvenga per completare la serie è necessario inserire la figura proposta dall'alternativa **D**, che rappresenta la soluzione al quesito.

26 La figura di partenza è un quadrato nero che include elementi bianchi, quindi il suo negativo deve invertire i colori, mantenendo le posizioni degli elementi. Tra quelle proposte, la figura che soddisfa tali condizioni è quella dell'alternativa **E**, che rappresenta la soluzione al quesito. Si consideri l'alternativa **D**. La figura da questa proposta soddisfa la condizione della negatività del colore, ma gli elementi grafici all'interno del quadrato sono invertiti di posizione.

27 L'alternativa **B** presenta una figura identica a quella originale e può dunque essere scartata facilmente. Poiché la versione in negativo della figura data è identica all'originale per dimensione e posizione degli elementi ma con colorazione opposta, la risposta esatta dovrà presentare l'esagono bianco (nell'originale è nero), il rettangolo nero (nell'originale è bianco) e un cerchio nero (nell'originale è bianco). La risposta corretta è dunque la **D**.

28 Osservando con attenzione le alternative proposte si può notare come tutte rappresentino gli stessi elementi della composizione originale, con l'inversione destra-sinistra; ciò che cambia da un'alternativa all'altra è il rapporto di profondità dei vari elementi. Rispetto all'originale, la figura dell'alternativa **A** porta in primo piano il rettangolo più alto mentre le alternative **B** e **D** portano in secondo piano il quadrato. L'unica figura che mantiene inalterati i rapporti di profondità tra i diversi elementi è la **C** che è dunque la soluzione dell'esercizio.

---

29 Per determinare la soluzione dell'esercizio, occorre ricordare che guardando una figura riflessa in uno specchio, ciò che nella figura si trova a destra viene visto, nello specchio, a sinistra e ciò che nella figura si trova a sinistra viene visto, nello specchio, a destra; le forme e i colori non subiscono invece modifiche. La figura speculare rispetto a quella data è quindi la **A**, che rappresenta pertanto la risposta corretta.

---

30 Si può pensare una rotazione di 130° composta da due rotazioni, una di 90° gradi (un quarto di giro) e una di 40°. Osservando le alternative, si scartano facilmente le alternative **A** (rotazione di 180°), **D** ed **E** (rotazione di 90°). La soluzione è fornita dall'alternativa **C**. Infatti, se l'alternativa **D** mostra una rotazione in senso orario di 90°, si osserva facilmente come la figura **C** compia una rotazione di 90 più 40 gradi (e quindi 130°).

---

31 Si osserva che i valori delle metà superiori delle tessere sono in ordine decrescente, mentre nelle metà inferiori la somma dei primi due valori è pari al terzo (prima riga: $3 + 1 = 4$; seconda riga: $4 + 1 = 5$). La tessera mancante è quindi quella indicata dall'alternativa **B**.

---

32 Le tre righe sono costituite dalle stesse tessere disposte in ordine differente. La figura mancante è quella individuata dall'alternativa **A**.

---

33 Le parti delle tessere che si trovano all'esterno della corona presentano una successione crescente di numeri (1, 2, 3, 4, 5) e quindi l'elemento superiore della tessera mancante deve essere 6. Le parti interne rispettano invece una legge di successione decrescente (6, 5, 4, 3, 2) secondo la quale l'elemento inferiore della tessera mancante deve essere 1. La risposta corretta è dunque la **D**.

---

34 Osservando le figure, si nota che le due parti componenti ogni singola tessera hanno il medesimo valore. In particolare, in ogni riga, andando da sinistra verso destra, le due metà di ciascuna tessera presentano il valore della precedente incrementato di 1. Si deduce che le due parti della tessera mancante hanno il medesimo valore e che questo valore è quello che segue 1, cioè 2 (alternativa **A**). Si tratta quindi di una legge di successione.

---

35 Questo esercizio è caratterizzato da una particolare disposizione spaziale e le parti delle tessere che stanno all'interno della corona sono disposte in modo che *la somma delle parti contrapposte è sempre uguale a* 7 ($4 + 3 = 7$; $6 + 1 = 7$); le parti che stanno all'esterno della corona sono determinate dalla *legge di successione* (6, 5, 4, 3, 2, leggendo in senso orario). Si può dunque concludere che la tessera mancante è quella composta da 1 (parte esterna) e 5 (parte interna), proposta dall'alternativa **C**.

---

36 L'esercizio si basa sulla direzione delle frecce contenute nelle figure dei due insiemi. Nell'insieme X si hanno frecce tutte uguali che hanno la medesima direzione in ogni figura, mentre nell'insieme Y una delle tre frecce di ogni figura ha una direzione opposta. Tra quelle proposte, solo la figura 3) rispetta uno dei due criteri e più precisamente quello dell'insieme Y. Attenzione, quindi, perché l'affermazione **C** è falsa e non è la soluzione del quesito, rappresentata invece dall'alternativa **E**, l'unica vera.

37 In questo primo esempio, i numeri sono ordinati in modo *decrescente* (10, 7, 4, ...): *ogni valore è ottenuto sottraendo* 3 *al valore precedente*.

Per quanto riguarda il *seme* della carta mancante, esso viene individuato come l'unico che non compare nelle tre carte date (picche). La risposta esatta è dunque la **C**.

38 È evidente che, così come avviene nella coppia di carte superiore e in quella inferiore, anche le due carte centrali devono avere lo *stesso seme* e dare come *somma numerica* 8. La risposta esatta è quindi la **E**.

39 La risposta corretta è la **C**; esistono infatti solo i seguenti tre modi per dividere con una singola retta i sei punti proposti in gruppi di tre punti ciascuno:

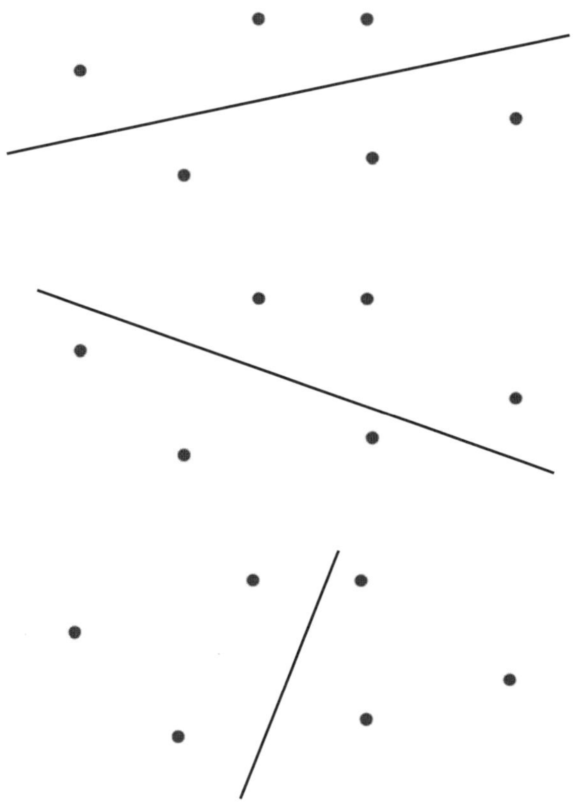

40 Per risolvere l'esercizio è necessario capire qual è il criterio logico che lega le figure all'interno dei due gruppi X e Y. Osservando il gruppo X, ci si accorge che in ogni riquadro si trovano quattro figure geometriche uguali ma con una di dimensioni maggiori rispetto alle altre tre. La stessa cosa accade nell'insieme Y, dove però una delle quattro figure di ogni riquadro ha dimensioni più piccole rispetto alle altre tre.

Osservando le cinque figure proposte dall'esercizio ci si accorge che la 2) appartiene all'insieme Y, la 4) all'insieme X, mentre le altre non rientrano in alcuno dei due insiemi. Le alternative **A**, **B**, **C** ed **E** propongono, quindi, affermazioni vere, mentre la **D** (soluzione del quesito) è l'unica falsa.

Parte quarta

TEST PERCETTIVI

9| TEST DI ATTENZIONE, MEMORIA, RAPIDITÀ E PRECISIONE

9.1 | Esercizi proposti

Negli esercizi seguenti, individuare tra le alternative proposte quella che contiene un'inesattezza rispetto a quanto indicato nel testo dell'esercizio.

1 **Prof.ssa Maria Ghiselli, ITC G. Galilei, Ragioneria, sezione C**
Prof.ssa Teresa Gigli, ITC G. Galilei, Ragioneria, sezione D
Prof. Mario Martullo, Liceo Classico A. Manzoni, Lettere, sezione A
Prof. Aldo Milinone, Liceo Artistico P. Picasso, Storia dell'arte, sezione A
Prof. Luciano Savelli, Liceo Scientifico L. Da Vinci, Matematica, sezione B

- A Prof.ssa Maria Ghiselli, ITC G. Galilei, Ragioneria, sesione C
- B Prof.ssa Teresa Gigli, ITC G. Galilei, Ragioneria, sezione D
- C Prof. Mario Martullo, Liceo Classico A. Manzoni, Lettere, sezione A
- D Prof. Aldo Milinone, Liceo Artistico P. Picasso, Storia dell'arte, sezione A
- E Prof. Luciano Savelli, Liceo Scientifico L. Da Vinci, Matematica, sezione B

2 **Egregio dott. Matteo Felicioni**
viale Italia 178/C
00100 – Roma
tel. +39 6 3923447 – fax +39 6 3923774
RIF. N. 179B459807

- A Egregio dott. Matteo Felicioni
- B viale Italia 178/C
- C 01000 – Roma
- D tel. +39 6 3923447 – fax +39 6 3923774
- E RIF. N. 179B459807

3 **Casalpusterlengo; 12656; AA0897; A; 10-12-95**
Colle Sosa; 23578; EC1903; C; 21-10-92
Domodossola; 187567; AB2654; B; 25-2-94
Erba; 91081; BB1265; C; 9-1-91
Frosinone; 102012; AC4356; B; 12-9-96

- A Casalpusterlengo; 12656; AA0897; A; 10-12-95
- B Colle Sosa; 23578; EC1903; C; 21-10-82
- C Domodossola; 187567; AB2654; B; 25-2-94
- D Erba; 91081; BB1265; C; 9-1-91
- E Frosinone; 102012; AC4356; B; 12-9-96

4 **5421-7314-9461-0154**

6665-4293-7245-8843

8136-8732-1654-2243

8996-8964-9643-7546

2137-6147-4532-3258

A 5421-7314-9461-0154

B 6665-4293-7245-8848

C 8136-8732-1654-2243

D 8996-8964-9643-7546

E 2137-6147-4532-3258

Negli esercizi seguenti, indicare tra le alternative proposte quella che contiene una sequenza di lettere, numeri e simboli identica a quella data.

---

5 **Sequenza: JLJJJLLJLLJJLL**

A JLJJLJLJLLJJLL

B JLJJJLLJLLJJLL

C JLJJJLLJLLJLJL

D JLJJJLLLJLJJLL

E JLJJJLLJJLLJJLL

---

6 **Sequenza: 6696969969969**

A 6696969966969

B 6696969699969

C 6696969969699

D 6669969969969

E 6696969969969

---

7 **Sequenza: RBBRBBRRRBRRBRR**

A RBBRBRRRBRRBBRR

B RBRBBBRRRBRRBRR

C RBBRBBRRBRRRBRR

D RBBRBBRRRBRRRBR

E RBBRBBRRRBRRBRR

---

8 **Sequenza: §§$$§$§$§§$§$§**

A §$§$§$§$§§$§$§

B §§$$§$§§§$§$$§

C §§$§$$§$§§$§$§

D §§$$§$§$§§$§$§

E §§$$§$§$§§§$$§

9 **Sequenza: @@&&@&@&@@&@&@**

A @&@&@&@&@@&@&@

B @@&&@&@@@&@&&@

C @@&@&&@&@@&@&@

D @@&&@&@&@@&@&@

E @@&&@&@&@@@&&@

10 **Indicare tra le alternative proposte quella che risulta identica a quella data, letta al contrario (cioè da destra verso sinistra).**

Sequenza: 916DC8A3997FE

A FE7993A8CD619

B EF7993A8DC619

C EF7993A8CD619

D EF7939A8CD619

E EF79938ACD619

11 **Indicare tra le alternative proposte quella che contiene una sequenza di elementi identica a quella data.**

Sequenza: JJL7LJ3777L1L77

A JJL7LJ3777L1LL7

B JJL7LJ8777L1L77

C JLL7LJ3777L1L77

D JJL7LJ3777L1L77

E JJL1LJ3777L1L77

12 **In quale riga è presente la seguente sequenza: MGMMMGMMMMMG?**

A MGMGMMMMGMGMMMGGMMMGMGMMGMMMGMGMGM

B MGMMGGMMMMGMGMMGMMMMGMGMMMGMGMMMGMGM

C MGMGMMGMMMMMGMGMMMGGGMMGMGMGMMMMGMG

D MGMGMMGMMMMMGMGMMMGMMMMMGMGMGMMMMGMG

E MGMGMMGMMMMMGMMMMMMMMMMMGMGMGMMMMGMG

13 **Se la sequenza è "minuscolo maiuscolo", quale riga è scritta in modo errato?**

A pOhBnYhEcZtFsCqAoLuHmRiJ

B bRdYgCzOjYiPmFbLwZqAuNf

C gEcImNbCoWsJbFXzUhBvCdM

14 **Dato il seguente testo:**

10 marzo 1945, 23 aprile 1952, 10 maggio 1954, 12 giugno 1960, 13 luglio 1967, 10 ottobre 1971, 23 novembre 1973, 10 dicembre 1980

individuare quante differenze contiene rispetto al testo sotto riportato:

10 marzo 1945, 23 aprile 1952, 10 maggio 1954, 12 giugno 1960, 13 luglio 1967, 10 ottobre 1971, 28 novembre 1973, 10 dicembre 1980

A 1
B 3
C 5
D 6
E 7

In un tempo massimo di due minuti, memorizzare le parole contenute nella tabella seguente. Rispondere poi alle domande relative senza rileggere la tabella.

Nome	Grado	Città	Età
Matteo	Colonnello	Firenze	23
Andrea	Generale	Palermo	28
Ivo	Sergente	Genova	26
Carlo	Tenente	Torino	35
Antonio	Colonnello	Napoli	27

15 **Nella tabella compare un'unica parola composta da tre lettere: a quale categoria appartiene?**

A Nome
B Grado
C Città
D Età

16 **Qual è la città associata ad Andrea?**

A Firenze
B Palermo
C Genova
D Torino
E Napoli

17 **Quante volte è presente nella tabella il grado di colonnello?**

A 0
B 1
C 2
D 3
E 4

18 **Tra le persone indicate in tabella qual è quella che ha l'età maggiore?**

A Matteo
B Ivo
C Antonio
D Carlo
E Andrea

19 **Qual è l'età di Antonio?**

A 35
B 28
C 27
D 26
E 23

In un tempo massimo di tre minuti, memorizzare le parole contenute nella tabella seguente. Rispondere poi alle domande relative senza rileggere la tabella.

Automobili	Nomi	Monete	Nazioni	Frutti
Ford	Nicola	Dollaro	Olanda	Ananas
Honda	Lucia	Lira	Etiopia	Banana
Volvo	Enrico	Franco	Iraq	Mela
Citroën	Anna	Yen	Belgio	Pera
Lancia	Mattia	Sterlina	Turchia	Anguria

20 **Nella tabella compare un'unica parola composta da tre lettere: a quale categoria appartiene?**

A Automobili B Nomi C Monete D Nazioni E Frutti

21 **A quale categoria appartiene la parola che inizia con la lettera V?**

A Automobili B Nomi C Monete D Nazioni E Frutti

22 **A quale categoria appartiene la parola che termina con la lettera S?**

A Automobili B Nomi C Monete D Nazioni E Frutti

23 **A quale categoria appartiene la parola composta da otto lettere?**

A Automobili B Nomi C Monete D Nazioni E Frutti

24 A quale categoria appartiene la parola che inizia con la lettera H?

A Automobili

B Nomi

C Monete

D Nazioni

E Frutti

25 A quale categoria appartiene la parola palindroma (ossia che produce lo stesso risultato se letta da destra a sinistra o da sinistra a destra, come per esempio la parola "oro")?

A Automobili

B Nomi

C Monete

D Nazioni

E Frutti

26 A quale categoria appartiene la parola che inizia con la lettera I?

A Automobili

B Nomi

C Monete

D Nazioni

E Frutti

Risolvere i seguenti esercizi.

27 Scartare uno dei dodici esagrammi, scegliendo una delle alternative proposte.

A L'esagramma da scartare ha un quadratino nero in meno

B L'esagramma da scartare ha un quadratino nero in più

C L'esagramma da scartare si trova fra gli ultimi tre a destra

D L'esagramma da scartare è il secondo da sinistra

E Nella serie non vi è nessun esagramma da scartare

Osservare la piantina seguente per un massimo di 4 minuti e rispondere alle domande relative senza più riguardare la piantina.

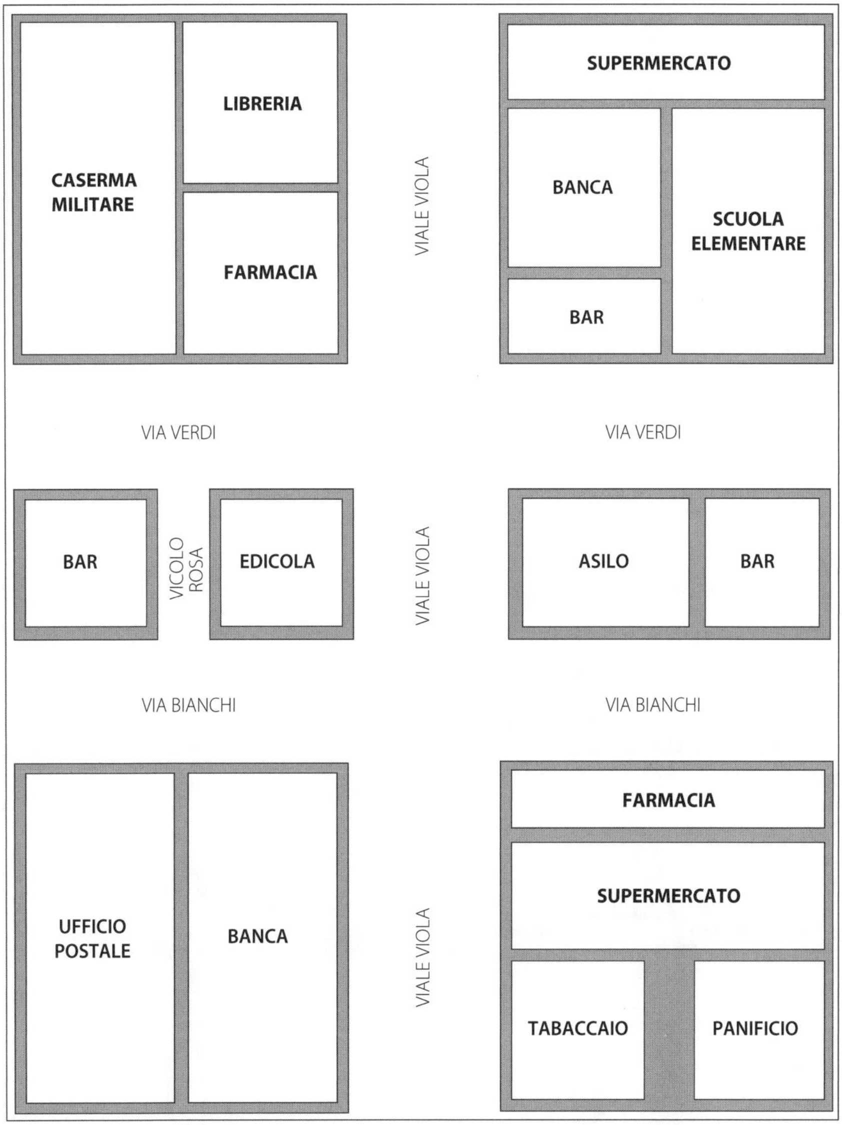

28 Quante sono le banche raffigurate nella piantina?

- A Una
- B Due
- C Tre
- D Quattro
- E Non vi sono banche

29 **Quale tra i seguenti locali si trova nello stesso edificio dell'asilo?**

- (A) Un bar
- (B) Una banca
- (C) Un tabaccaio
- (D) Un panificio
- (E) Una farmacia

30 **Quante sono le strade presenti nella piantina?**

- (A) Due
- (B) Tre
- (C) Quattro
- (D) Cinque
- (E) Sei

31 **La caserma militare è nello stesso edificio di:**

- (A) una farmacia e un'edicola
- (B) un bar e una libreria
- (C) una scuola e un ufficio postale
- (D) una farmacia e un supermercato
- (E) una libreria e una farmacia

Osservare il seguente disegno per un massimo di 1 minuto. Poi coprirlo e rispondere alle domande.

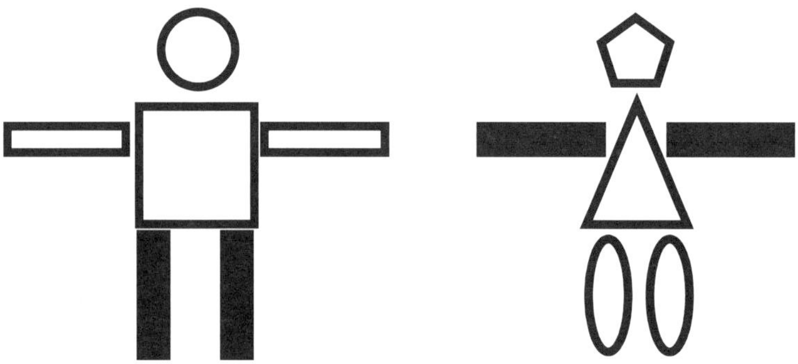

32 **Quanti sono i rettangoli presenti nel disegno?**

- (A) Due
- (B) Tre
- (C) Quattro
- (D) Cinque
- (E) Sei

33 **Quali tra i seguenti poligoni sono stati utilizzati per disegnare il busto delle due figure "umane"?**

A Due quadrati
B Un triangolo e un quadrato
C Un quadrato e un pentagono
D Un triangolo e un'ellisse
E Un quadrato e un'ellisse

34 **Quali sono le figure geometriche colorate di nero?**

A Due rettangoli
B Due rettangoli e due ellissi
C Due ellissi e un cerchio
D Due ellissi e un quadrato
E Quattro rettangoli

35 **Quale tra le seguenti figure geometriche è presente più volte nel disegno?**

A Quadrato
B Cerchio
C Ellisse
D Triangolo
E Pentagono

9.2 | Soluzioni e commenti

1 L'elenco riportato nel testo dell'esercizio contiene informazioni su alcuni professori e sulle scuole in cui insegnano. L'errore è facilmente individuabile nell'ultima parola della prima alternativa, *sesione* anziché *sezione*. La risposta corretta è dunque la **A**.

2 La risposta esatta è la **C**: il codice di avviamento postale è infatti diverso da quello indicato nel testo dell'esercizio (*01000* al posto di *00100*).

3 In questo caso l'imprecisione è contenuta nella data riportata dalla seconda alternativa: l'anno si è erroneamente trasformato da *92* a *82*. La risposta esatta è quindi la **B**.

4 Ogni riga presenta una sequenza di numeri composta da quattro serie di quattro cifre ciascuna (in un'attività d'ufficio ogni riga potrebbe essere, per esempio, un numero di codice). Osservando con attenzione le alternative proposte, si rileva un errore nella risposta **B**, nella quale la serie *8843* è stata trasformata in *8848*. La risposta corretta è dunque la **B**.

5 L'alternativa corretta è la **B**, essendo l'unica che non presenta diversità rispetto alla sequenza data. Infatti:

- nell'alternativa **A** sono state invertite la quinta e la sesta lettera (si ha *LJ* al posto di *JL*);
- l'alternativa **C** termina con *LJL* al posto di *JLL*;
- nell'alternativa **D** sono state invertite l'ottava e la nona lettera (*LJ* al posto di *JL*);
- l'alternativa **E** contiene una lettera in più, essendo composta da quindici elementi e non da quattordici come la sequenza iniziale.

6 L'alternativa **A** è errata poiché termina con *6969* al posto di *9969*; nell'alternativa **B** sono state invertiti l'ottavo e il nono elemento (si ha *69* al posto di *96*); l'alternativa **C** è scorretta poiché termina con *699* al posto di *969*; l'alternativa **D** è errata poiché inizia con *666* al posto di *669*. La risposta esatta è dunque la **E**.

7 L'alternativa **A** è scorretta poiché la sesta lettera è una *R* anziché una *B*; l'alternativa **B** è errata poiché inizia con *RBR* al posto di *RBB*; l'alternativa **C** è sbagliata poiché la nona e la decima lettera sono state invertite (si ha *BR* al posto di *RB*); infine, l'alternativa **D** è scorretta poiché termina con *RBR* al posto di *BRR*. La risposta esatta è dunque la **E**.

8 L'alternativa corretta è la **D**, essendo l'unica che non presenta diversità rispetto alla sequenza data.

9 L'alternativa corretta è la **D**, essendo l'unica che non presenta diversità rispetto alla sequenza data.

10 L'unica alternativa che riporta la sequenza data al contrario è la **C** che è dunque la risposta corretta.

11 L'alternativa **A** è errata in quanto il penultimo carattere è "L" e non "7" come nella sequenza iniziale; nell'alternativa **B** il settimo carattere è "3" al posto di "8"; l'alternativa **C**, anziché iniziare con "JJ" inizia con "JL" e infine l'alternativa **E** presenta al posto del primo "7", in quarta posizione, il carattere "1". L'unica sequenza identica a quella data è la **D**, che risulta dunque la risposta corretta.

12	Per facilitare il controllo delle alternative si può provare a scomporre la serie proposta in modo da isolare una serie di lettere più breve ma facilmente riconoscibile: si considerino, per esempio, solo le ultime sette lettere GMMMMMG. Tale serie è presente solo nelle ultime tre alternative, ma è solo nella D (soluzione del quesito) che è preceduta da MGMMM.
13	Nell'alternativa C (soluzione del quesito) la terza, quarta e quinta lettera sono tutte minuscole e non rispettano quindi l'andamento "minuscolo maiuscolo" richiesto.
14	La risposta esatta è la A. L'unica differenza tra le due sequenze di date proposte è quella relativa al novembre 1973: nel primo testo il giorno è il 28 mentre nel secondo testo è indicato 23.
15	L'unica parola composta da tre lettere è *Ivo*, che appartiene alla categoria dei Nomi. La risposta corretta è la A.
16	La città associata al nome *Andrea* è *Palermo* quindi la risposta corretta è la B.
17	Il grado di *colonnello* è associato a *Matteo* e ad *Antonio*. La risposta corretta è quindi la C.
18	La persona più anziana tra quelle presenti nella tabella è *Carlo* (35 anni). La risposta corretta è quindi la D.
19	In base ai dati presenti in tabella *Antonio* ha 27 anni. La risposta corretta è quindi la C.
20	L'unica parola composta da tre lettere è *Yen*, che appartiene alla categoria delle Monete. La risposta corretta è la C.
21	L'unica parola che inizia con la lettera V è *Volvo*, che appartiene alla categoria delle Automobili. La risposta corretta è quindi la A.
22	La parola che termina con la lettera S è *Ananas*, che appartiene alla categoria dei Frutti. La risposta corretta è quindi la E.
23	L'unica parola composta da otto lettere è *Sterlina*, che appartiene alla categoria delle Monete. La risposta corretta è quindi la C.
24	L'unica parola che inizia con la lettera H è *Honda*, che appartiene alla categoria delle Automobili. La risposta corretta è quindi la A.
25	L'unica parola palindroma è *Anna*, che appartiene alla categoria dei Nomi. La risposta corretta è quindi la B.
26	L'unica parola che inizia con la lettera I è *Iraq*, che appartiene alla categoria delle Nazioni. La risposta corretta è quindi la D.
27	La risposta corretta è la A: tutti gli esagrammi contengono nove quadratini neri a eccezione del quart'ultimo che ne contiene otto, ossia uno in meno.
28	Le banche riportate nella piantina sono due. La risposta esatta è quindi la B.
29	L'asilo si trova nell'edificio collocato a destra nella parte centrale della piantina, in cui si trova anche un bar. La risposta corretta è dunque la A.
30	Nella piantina sono presenti due strade orizzontali (via Verdi e via Bianchi) e due strade verticali (vicolo Rosa e viale Viola). La risposta corretta è dunque la C.

31 La caserma militare si trova nell'edificio collocato in alto a sinistra della piantina, in cui si trovano anche una libreria e una farmacia. La risposta corretta è dunque la **E**.

32 I rettangoli sono stati utilizzati per dar forma alle braccia delle due figure "umane" e alle gambe della prima di esse. In totale sono sei, quindi la risposta corretta è la **E**.

33 Nella prima figura il tronco è disegnato per mezzo di un quadrato mentre nella seconda figura è stato utilizzato un triangolo. La risposta corretta è pertanto la **B**.

34 Gli elementi neri sono quelli che rappresentano le "gambe" della prima figura e le "braccia" della seconda. In entrambi i casi si tratta di rettangoli quindi la risposta corretta è la **E**.

35 La risposta corretta è la **C**: l'ellisse è stata infatti utilizzata per rappresentare le "gambe" della seconda figura.

10| ATTITUDINE MECCANICA

10.1 |Esercizi proposti

1 **Quale delle quattro figure (A, B, C e D) contiene i pezzi che compongono il disegno seguente?**

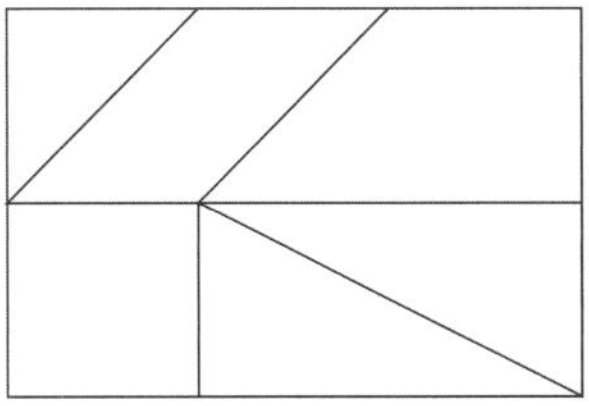

A
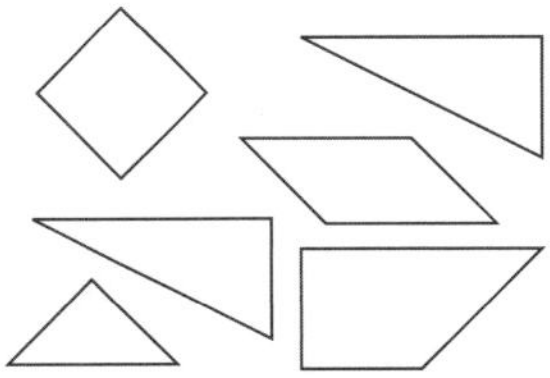

B
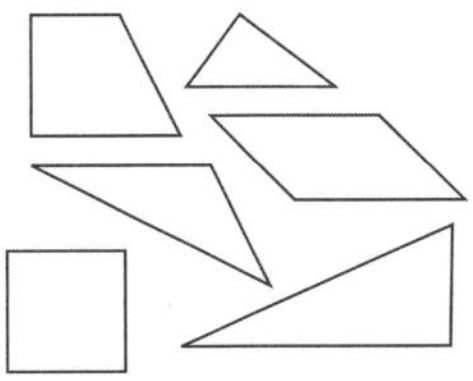

C
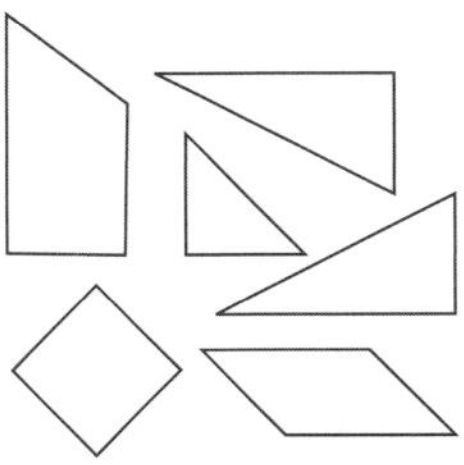

D
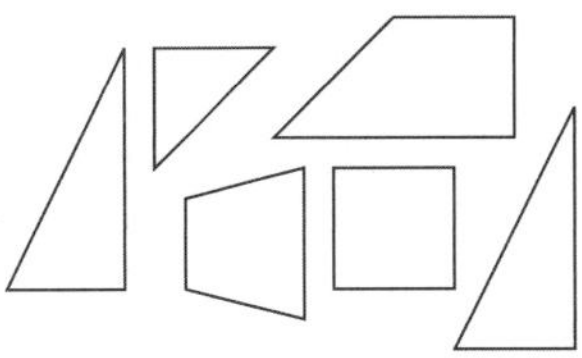

2 **Quale delle quattro figure (A, B, C e D) corrisponde alla composizione seguente vista allo specchio?**

A

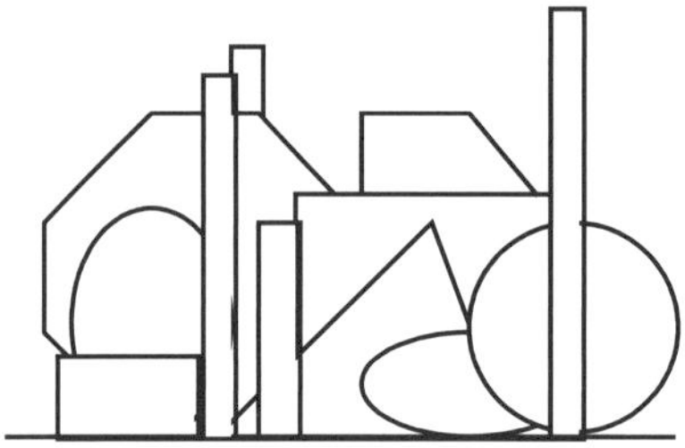

B

C

D

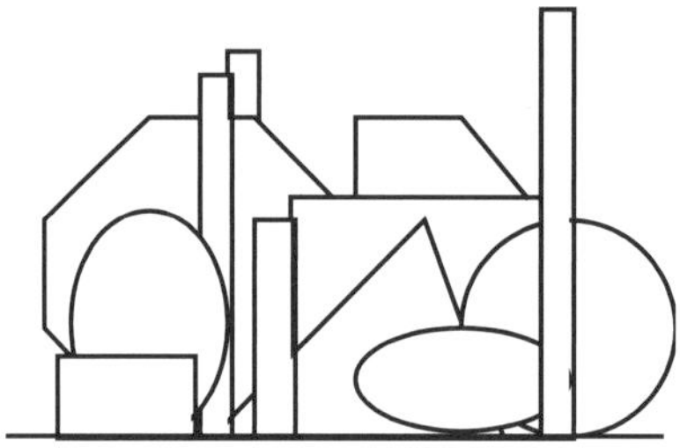

3 **Quale delle quattro figure (A, B, C e D) corrisponde alla composizione seguente vista allo specchio?**

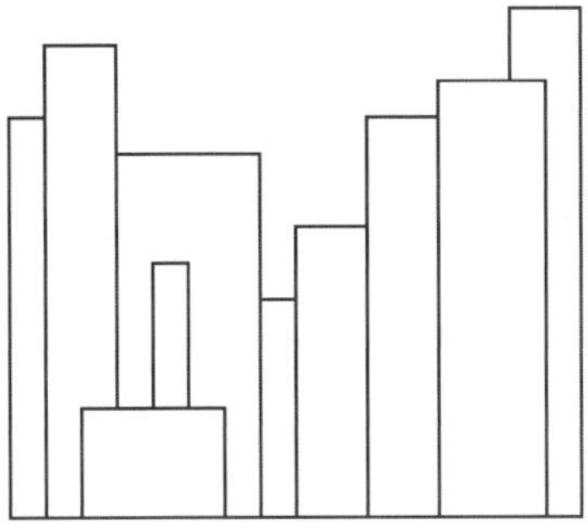

A

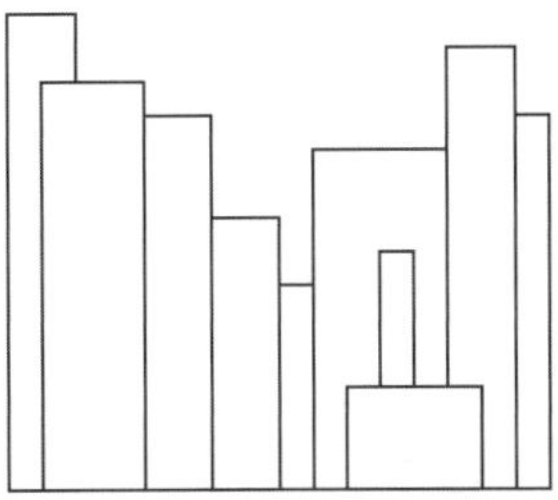

B

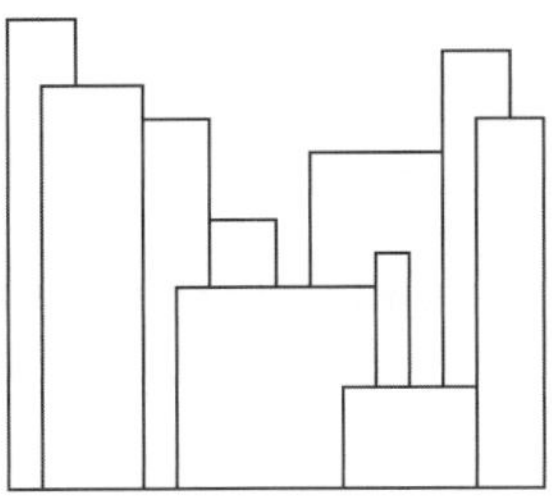

C

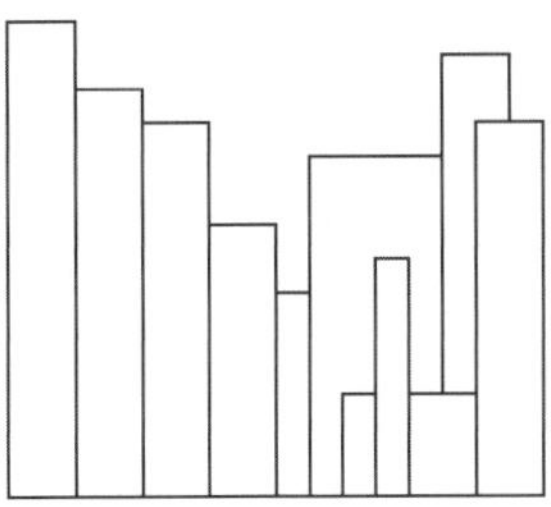

D

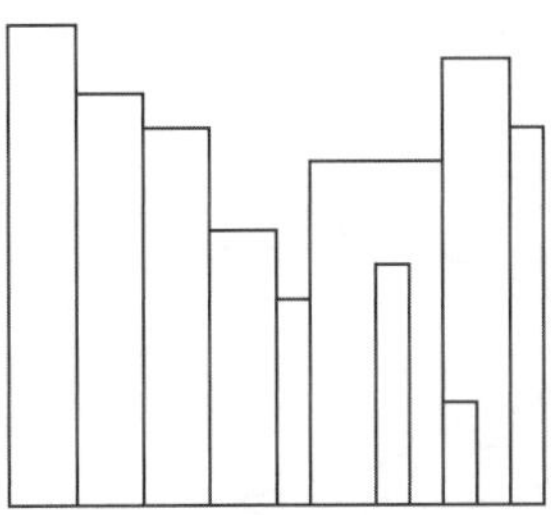

4 **Quale delle quattro figure (A, B, C e D) corrisponde alla composizione volumetrica della figura piana sottoriportata?**

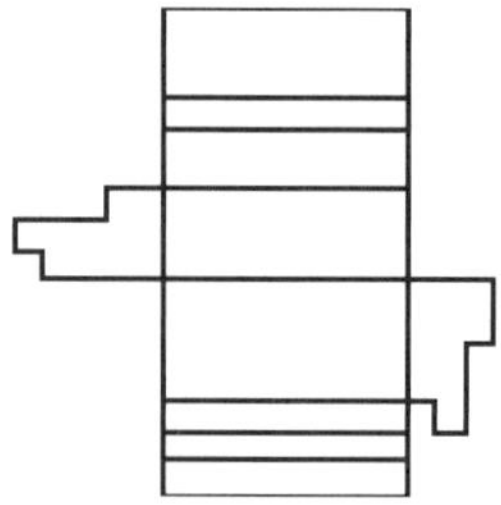

A
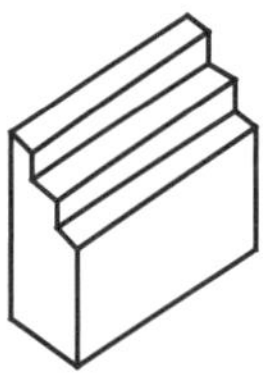

B
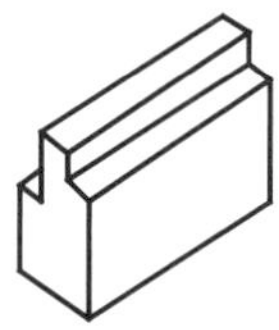

C
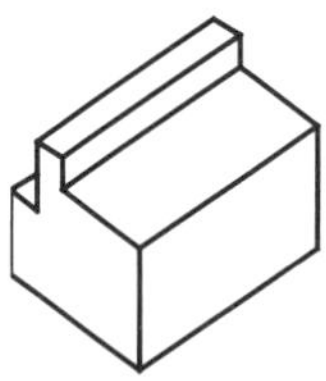

D
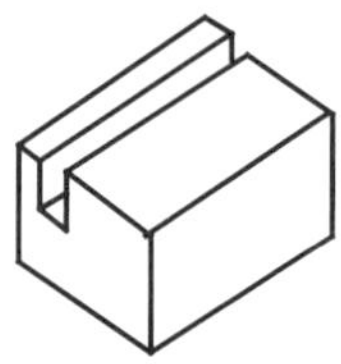

5 **Quale delle quattro figure (A, B, C e D) corrisponde alla composizione volumetrica della figura piana sottoriportata?**

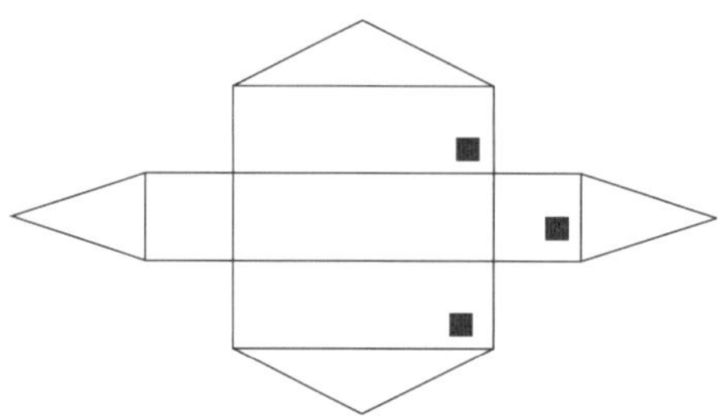

A
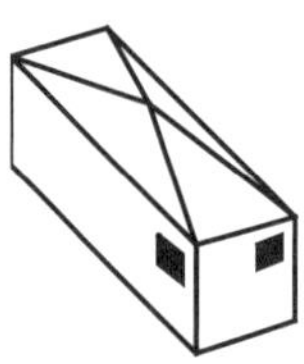

B
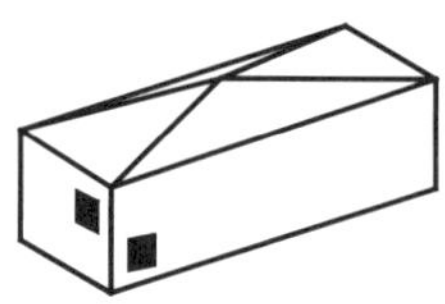

C
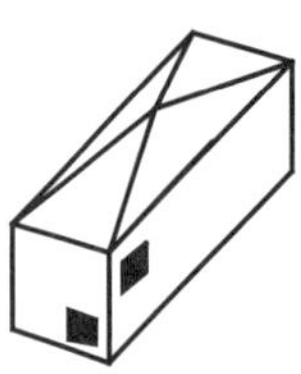

D
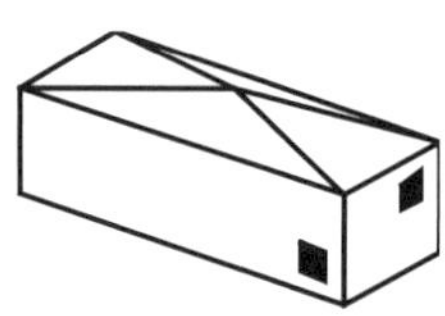

6 **Quale delle quattro figure (A, B, C e D) corrisponde alla composizione volumetrica della figura piana sottoriportata?**

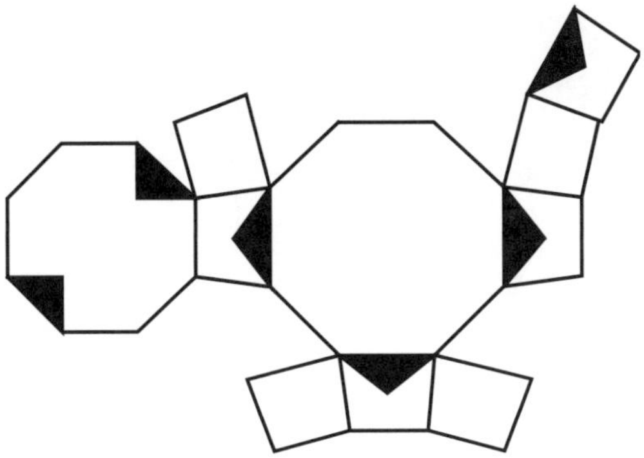

A 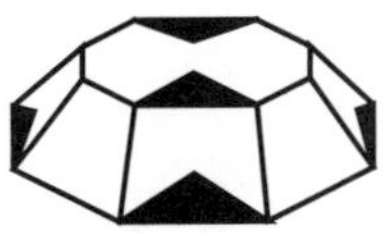

B 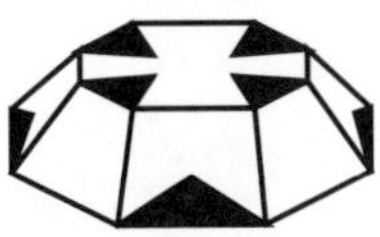

C 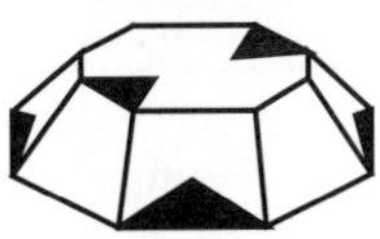

D 

7 **Quale delle quattro figure (A, B, C e D) corrisponde alla composizione volumetrica della figura piana sottoriportata?**

A 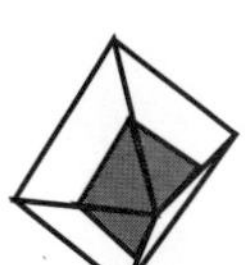 B  C 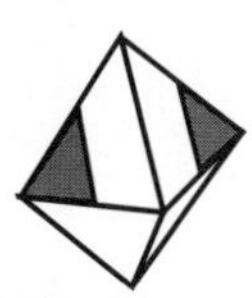 D 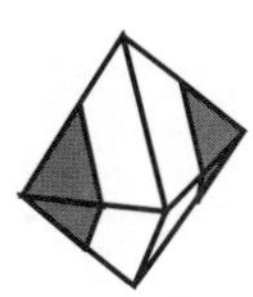

8 **Quale delle quattro figure (A, B, C e D) corrisponde alla composizione seguente vista allo specchio?**

A 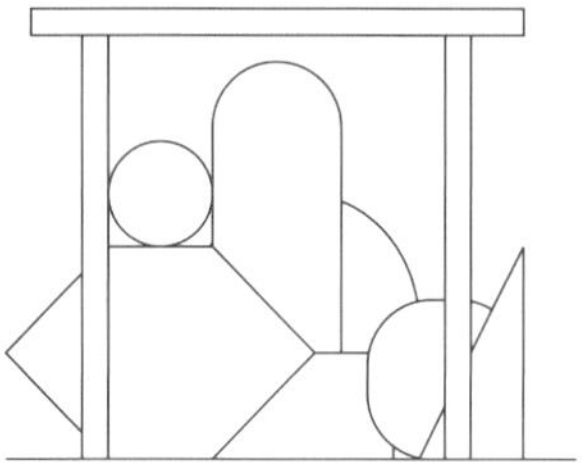

B 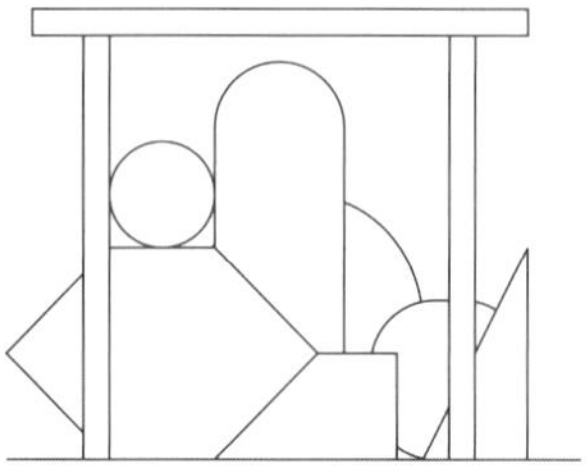

C 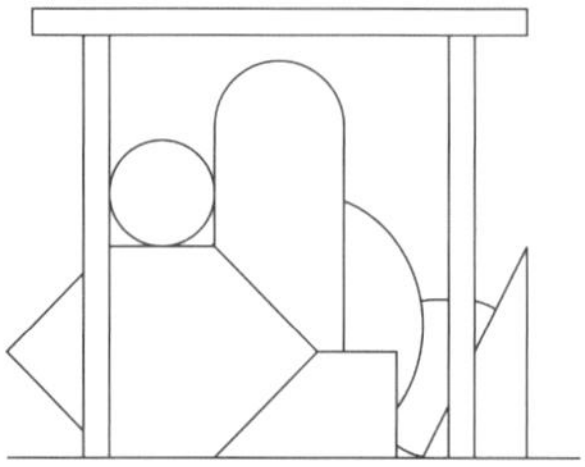

D 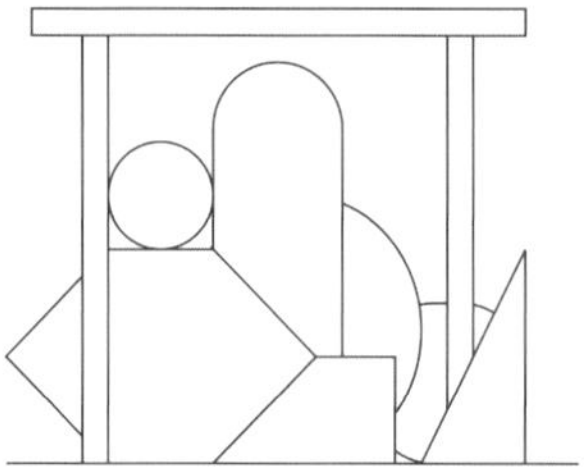

9 **Quale dei cinque cubi (A, B, C, D ed E) corrisponde alla composizione volumetrica della figura piana sottoriportata?**

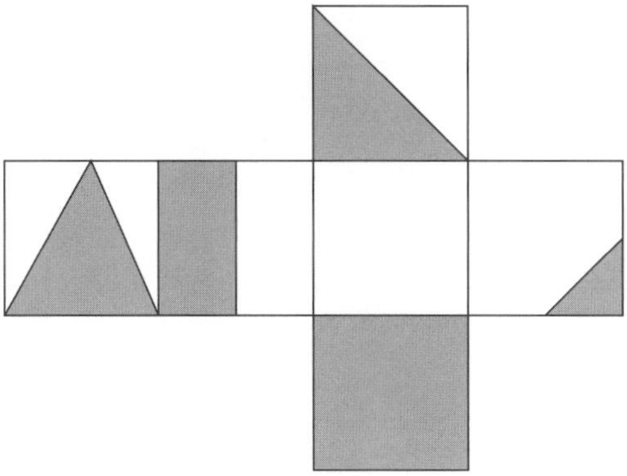

A 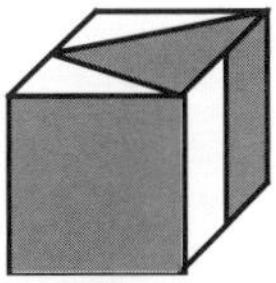

B 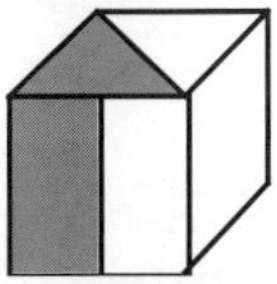

C 

D 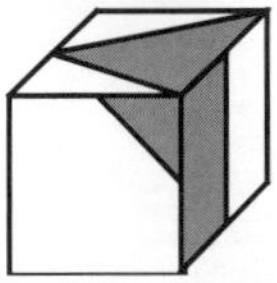

E 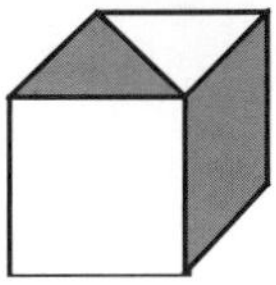

10 **Quale dei cinque cubi (A, B, C, D ed E) corrisponde alla composizione volumetrica della figura piana sottoriportata?**

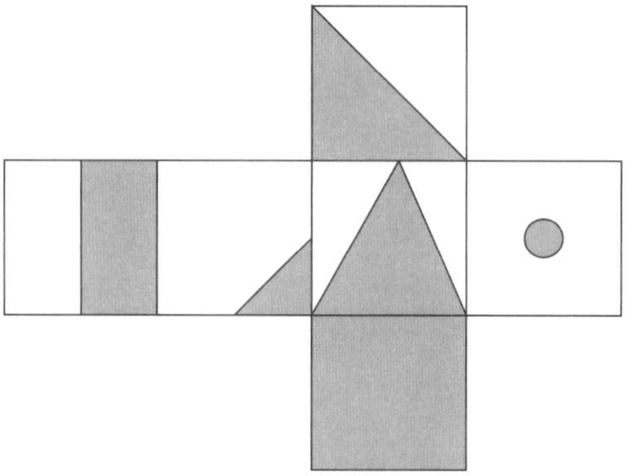

A 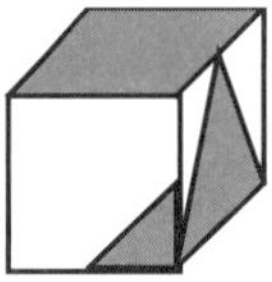

B 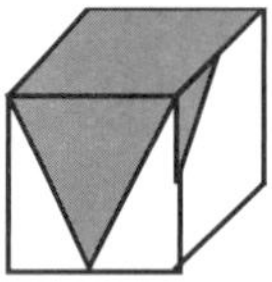

C 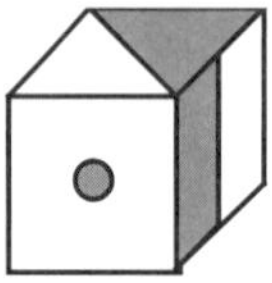

D 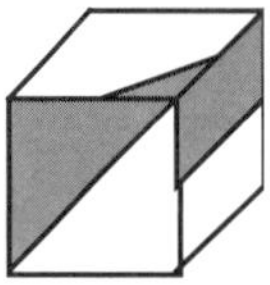

E 

11 **Quale dei cinque cubi (A, B, C, D ed E) corrisponde alla composizione volumetrica della figura piana sottoriportata?**

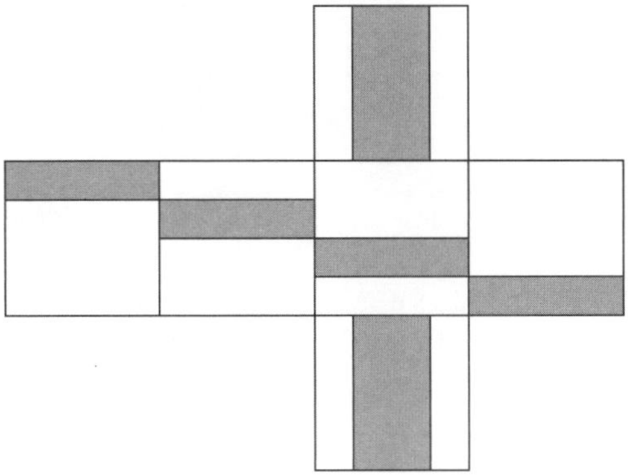

A
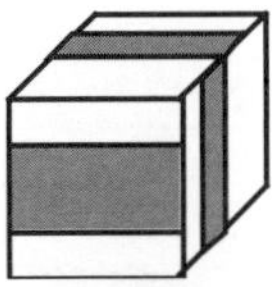

B
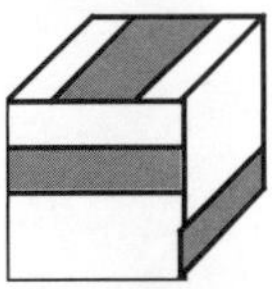

C
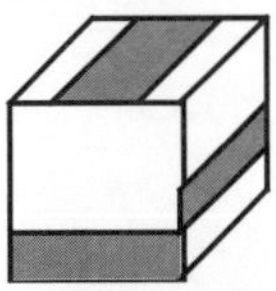

D
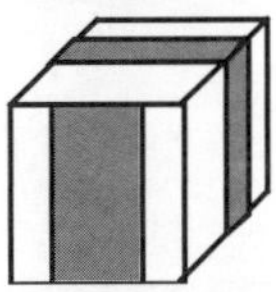

E
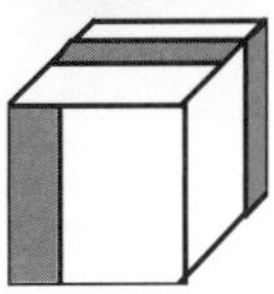

12 **Quale dei cinque cubi (A, B, C, D ed E) corrisponde alla composizione volumetrica della figura piana sottoriportata?**

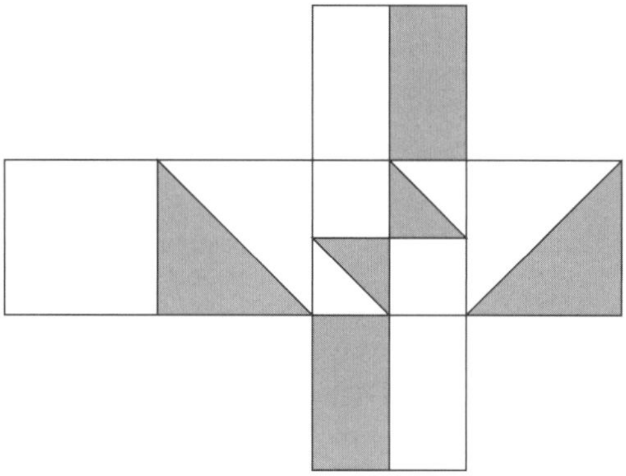

A 

B 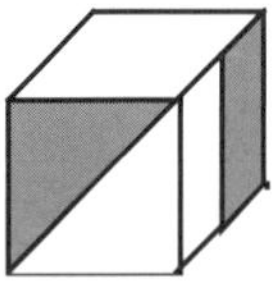

C 

D 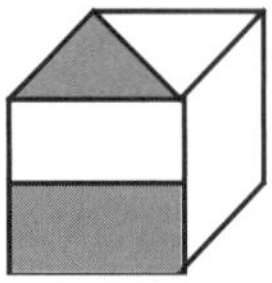

E 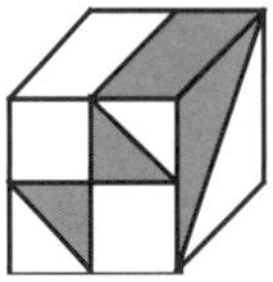

13 Quale dei cinque cubi (A, B, C, D ed E) corrisponde alla composizione volumetrica della figura piana sottoriportata?

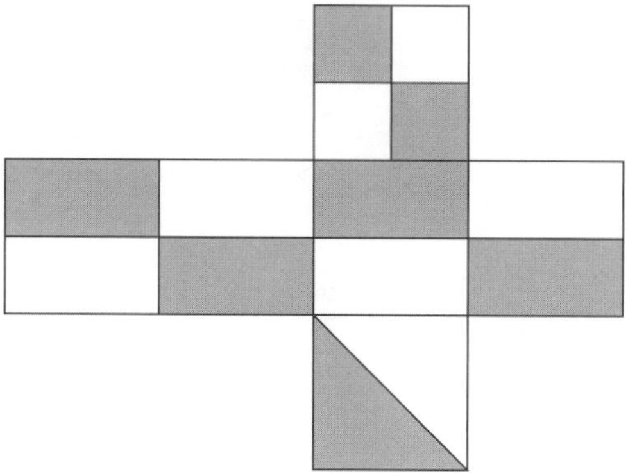

A 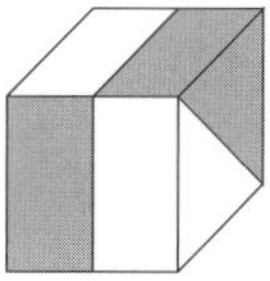

B 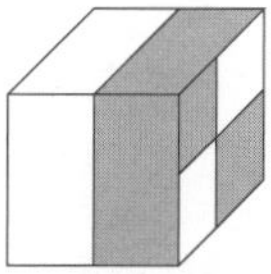

C 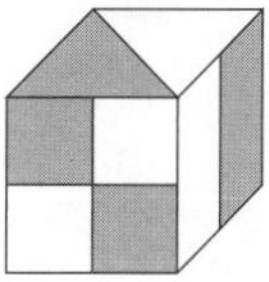

D 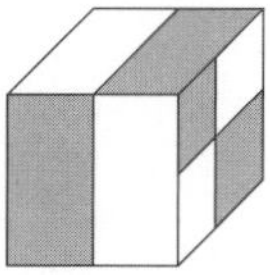

E 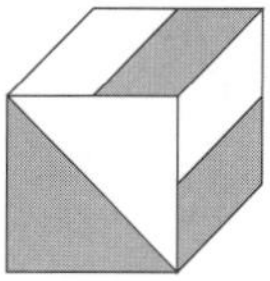

14 **Quale dei cinque cubi (A, B, C, D ed E) corrisponde alla composizione volumetrica della figura piana sottoriportata?**

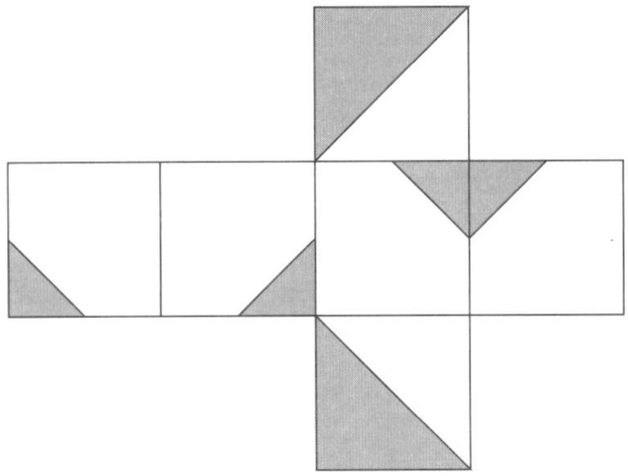

A 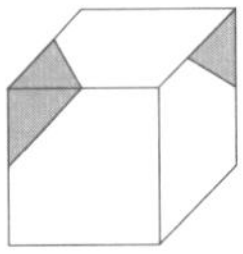

B 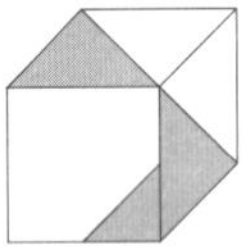

C 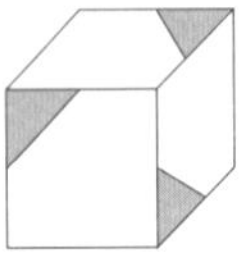

D 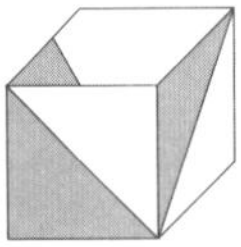

E 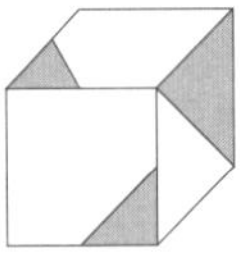

15 Quale dei cinque cubi (A, B, C, D ed E) corrisponde alla composizione volumetrica della figura piana sottoriportata?

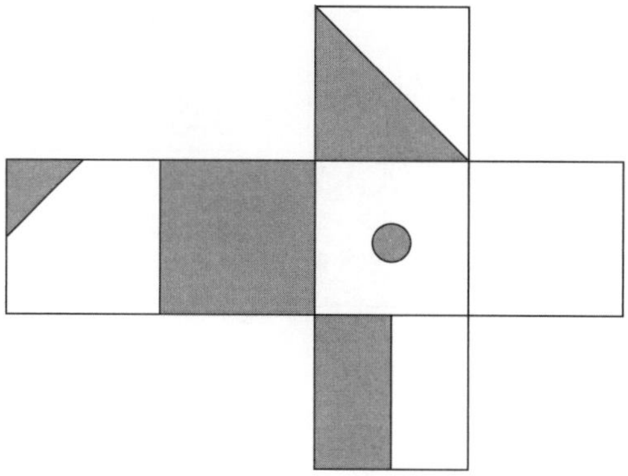

A 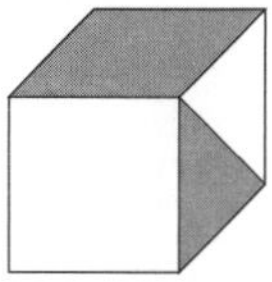

B 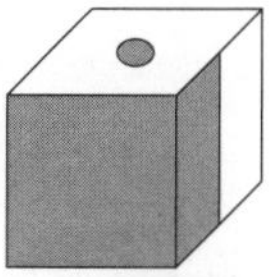

C 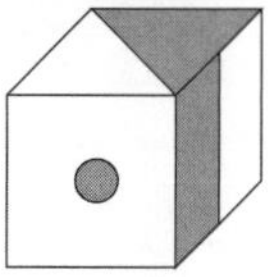

D 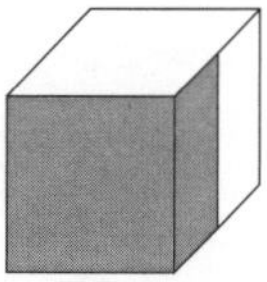

E 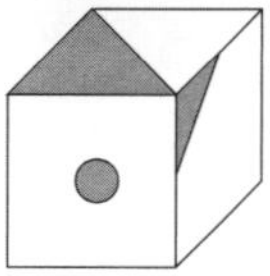

16 **Quale dei cinque cubi (A, B, C, D ed E) corrisponde alla composizione volumetrica della figura piana sottoriportata?**

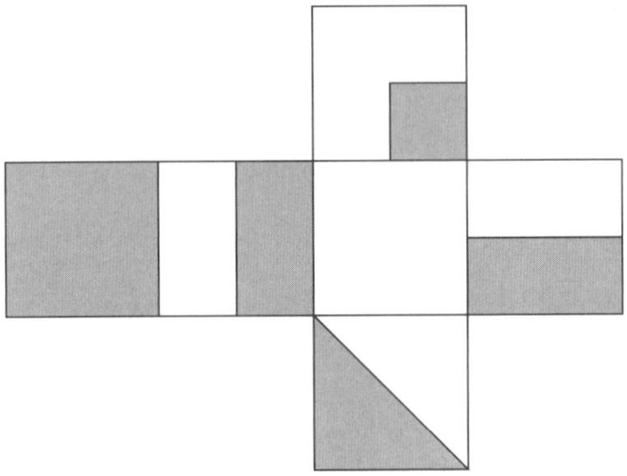

A 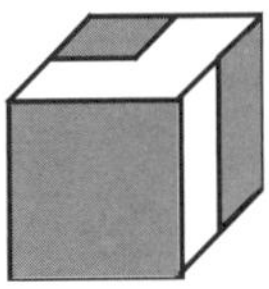

B 

C 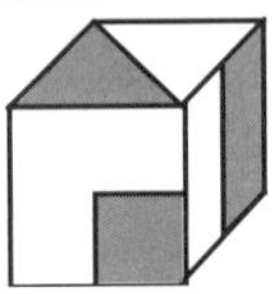

D 

E 

17 **In quale senso deve ruotare la ruota dentata A affinché la pallina P cada nel contenitore C?**

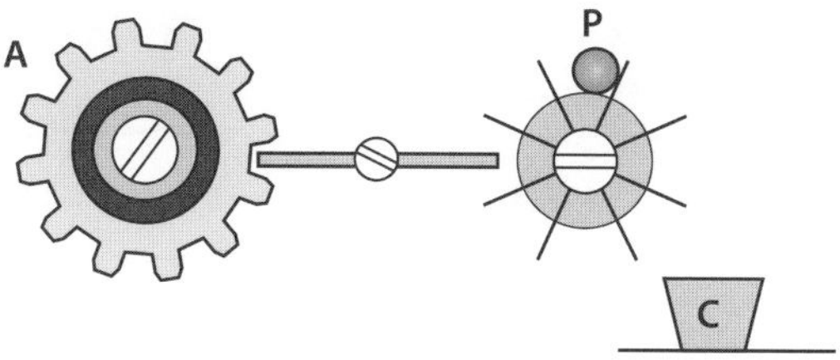

- **A** Orario
- **B** Antiorario
- **C** È indifferente
- **D** È impossibile che la pallina cada in C

18 **Se la ruota dentata A gira in senso antiorario, in quale senso gira l'ingranaggio B?**

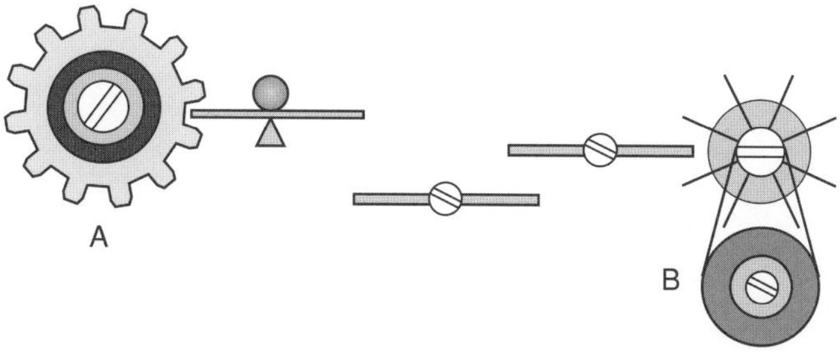

- **A** È impossibile che B giri
- **B** È indifferente
- **C** Orario
- **D** Antiorario

19 **Quale delle tre ruote gira più velocemente?**

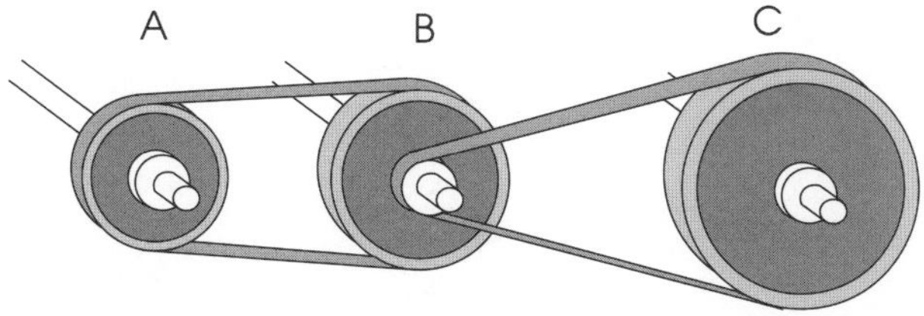

- **A** La A
- **B** La B
- **C** La C
- **D** Girano tutte con la stessa velocità

20 **Se la ruota dentata piccola A gira in senso antiorario, in quale senso gira la ruota piccola D?**

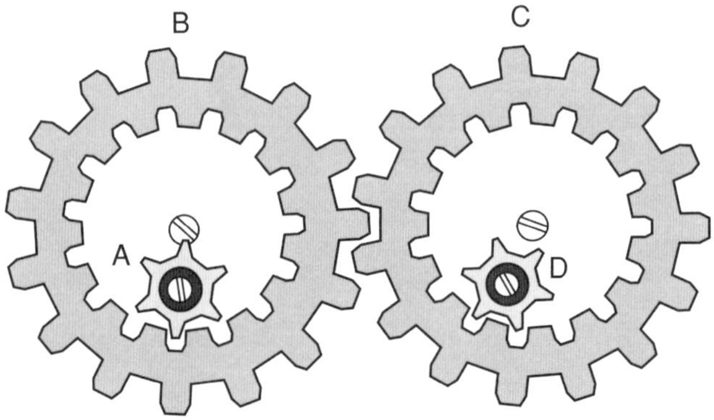

- **A** Nello stesso senso di B
- **B** Il sistema non può funzionare
- **C** Orario
- **D** Nello stesso senso di A

10.2 | Soluzioni e commenti

1 Nella figura B manca un triangolo rettangolo; il trapezio della figura C non rispetta le proporzioni di quello originale (ha la base minore più lunga di quella del trapezio del disegno proposto); infine, nella figura D vi è un trapezio di troppo (e manca il parallelogramma). Quindi la risposta esatta è la A.

2 In questa figura, ciò che è importante osservare, oltre all'inversione destra-sinistra, è la rispondenza dei rapporti reciproci di profondità tra i diversi componenti della figura. Per esempio, nella figura A l'ovale a sinistra si nasconde dietro alla barra verticale, mentre dovrebbe essere il contrario. Nella figura B il triangolo in centro è davanti anziché dietro rispetto al rettangolo verticale. Infine, nell'alternativa D l'ovale davanti al triangolo è erroneamente anche davanti al cerchio. La risposta corretta è quindi la C.

3 In tutte le risposte l'inversione destra-sinistra è rispettata: il rettangolo più alto che nell'originale è sulla destra, lo si ritrova sempre sulla sinistra. Nella B spicca però davanti a tutti un quadrato che non è in primo piano nell'originale e rende quindi l'alternativa sbagliata. La C e la D sono anch'esse sbagliate perché in entrambe non si vede in primo piano il rettangolino che nell'originale è davanti a tutti in basso a sinistra e perché nell'originale il secondo rettangolo a destra è sovrapposto rispetto agli altri due. Ne segue che la risposta esatta è la A.

4 Per risolvere questo esercizio è necessario concentrarsi sul profilo delle due facce laterali dello sviluppo proposto: così facendo, è possibile scartare immediatamente la risposta D, poiché le due facce non permettono di generare un incavo come quello presente nella figura. Anche la risposta A è errata, in quanto le due facce non presentano una "gradinata". Fra le due risposte rimanenti, la B è quella corretta perché nella C le proporzioni non sono rispettate.

5 La risposta esatta si determina osservando la posizione relativa dei quadratini neri. Dopo aver chiuso lo sviluppo in un solido si ha che il quadrato sulla faccia più piccola si trova nell'angolo in alto a destra; quello alla sua sinistra è posto nell'angolo inferiore della faccia laterale; infine, quello alla sua destra si trova nell'angolo superiore della faccia laterale. Queste posizioni sono rispettate solo nella risposta D.

6 La base superiore del solido presenta solo due triangoli neri, quindi si può scartare la figura B. Inoltre, i triangoli laterali corrono lungo il bordo inferiore, quindi si può scartare la risposta D. Infine si nota che i triangoli neri della base superiore non coincidono, ma si alternano, con quelli laterali. La risposta esatta è dunque la C.

7 Il solido generato dallo sviluppo proposto è una doppia piramide a base quadrata: una piramide ha la parte superiore delle quattro facce colorata di grigio, l'altra piramide è completamente bianca. L'unica figura che rispetta questa descrizione è la B, dove la punta colorata della piramide è lo spigolo non visibile del solido.

8 La risposta esatta è la A. In tutte le altre figure il cerchio che si trova in basso a sinistra nella composizione proposta non è posto alla profondità giusta rispetto agli altri oggetti.

9 Nella figura A la faccia grigia anteriore dovrebbe comparire alla base del triangolo; nella B la faccia anteriore del cubo dovrebbe essere bianca; nella D alla base del triangolo dovrebbe comparire la faccia grigia; nella E al posto della faccia grigia dovrebbe comparire quella con il triangolino grigio nell'angolo in basso a destra. La risposta esatta è quindi la C.

10 Nella figura **A** la faccia superiore dovrebbe essere divisa in due triangoli di diverso colore; nella **C** la metà grigia della faccia laterale non dovrebbe essere adiacente alla faccia con il pallino grigio; nella **D** il triangolino della faccia superiore non dovrebbe toccare il triangolo della faccia anteriore; nella **E**, infine, la faccia grigia dovrebbe invece contenere il pallino grigio. La risposta esatta è quindi la **B**.

---

11 Nella figura **B** la barra della faccia anteriore dovrebbe essere leggermente più in basso; nella **C** la barra della faccia laterale dovrebbe essere completamente in alto; nella **D** le barre delle facce superiore e laterale non possono coincidere (e sono nella posizione sbagliata); nella **E** una delle tre facce dovrebbe contenere la banda grossa centrale. La risposta esatta è quindi la **A**.

---

12 Nella figura **A** la faccia superiore dovrebbe essere completamente bianca; nella **C** i colori della faccia laterale dovrebbero essere invertiti; nella **D** la faccia anteriore dovrebbe avere i colori invertiti (anche la faccia laterale è sbagliata); nella **E** la faccia laterale dovrebbe avere i colori invertiti. La risposta esatta è quindi la **B**.

---

13 Nella figura **A** i colori della faccia laterale dovrebbero essere invertiti; nella **B** i colori della faccia anteriore dovrebbero essere invertiti; nella **C** la faccia superiore non dovrebbe contenere il triangolo grigio; nella **E** le barre delle facce superiore e laterale dovrebbero avere diversa orientazione. La risposta esatta è quindi la **D**.

---

14 Nella figura **A** la faccia laterale dovrebbe contenere un triangolo grosso; nella **B** e nella **D** i triangoli grossi non dovrebbero essere adiacenti; nella **C** dovrebbe apparire almeno un triangolo grosso (altrimenti essi sarebbero adiacenti, anche se non visibili).
La risposta esatta è quindi la **E**.

---

15 Nella figura **A** la faccia grigia e quella bianca non possono essere adiacenti; nella **C** la faccia superiore e quella laterale non possono essere adiacenti; nella **D** la faccia superiore dovrebbe contenere il pallino grigio; nella **E** la faccia laterale dovrebbe essere completamente bianca. La risposta esatta è quindi la **B**.

---

16 Nella figura **B** la faccia superiore dovrebbe essere completamente bianca; nella **C** la faccia superiore dovrebbe essere completamente grigia; nella **D** la faccia bianca e quella grigia non possono essere adiacenti; nella **E** la faccia grigia non dovrebbe essere adiacente a nessuna banda verticale grigia. La risposta esatta è quindi la **A**.

---

17 Il senso di rotazione orario della ruota A causa una rotazione antioraria della barra centrale che provoca a sua volta una rotazione oraria dell'ultima ruota: in questo modo la pallina cade in C. La risposta corretta è quindi la **A**.

---

18 Le leve invertono il senso di rotazione, mentre la cinghia lo conserva. Quindi, l'ingranaggio A, che gira in senso antiorario, causa una rotazione oraria della prima leva; la pallina cade sulla seconda leva, facendola ruotare in senso antiorario. Questa leva urta quella adiacente provocando una rotazione oraria che si trasforma in antioraria nella ruota con le palette. La cinghia trasmette la stessa rotazione anche alla ruota B, che gira quindi in senso antiorario. La risposta esatta è la **D**.

19 Si supponga che la ruota A compia 10 rotazioni, la ruota B che le è collegata, poiché è più grande, compie un numero più basso di rotazioni (se avesse un raggio doppio, farebbe metà rotazioni). Osservando le dimensioni della seconda ruota rispetto alla prima, si può supporre che faccia circa 8 rotazioni. La ruota C è più grande della B a cui è collegata e compie quindi un numero di rotazioni ancora inferiore (circa 5 rotazioni). Ne segue quindi che la ruota che gira più velocemente è la A (risposta **A**).

20 Essendo la ruota A interna alla B, essa ruota nel medesimo verso; analogamente per gli ingranaggi C e D. Il verso di rotazione si inverte una sola volta passando dalla ruota B alla C, e quindi la ruota D gira in senso orario (risposta **C**).

Parte quinta

PROVA SIMULATA

Alpha Test

Scheda per le risposte della Prova Simulata

Contrassegnare le risposte relative alle domande della prova simulata

	A	B	C	D	E		A	B	C	D	E		A	B	C	D	E
1						21						41					
2						22						42					
3						23						43					
4						24						44					
5						25						45					
6						26						46					
7						27						47					
8						28						48					
9						29						49					
10						30						50					
11						31						51					
12						32						52					
13						33						53					
14						34						54					
15						35						55					
16						36						56					
17						37						57					
18						38						58					
19						39						59					
20						40						60					

INTRODUZIONE

Questo volume (al pari del MANUALE PER I TEST PSICOATTITUDINALI, che consente di completare la preparazione contenendo le nozioni teoriche e i suggerimenti per lo studio e il ripasso mirato di tutti gli argomenti su cui vertono le domande dei test) si rivolge a tutti i candidati che devono sostenere una prova a test di natura psicoattitudinale. Naturalmente, ogni prova concorsuale attribuisce un peso diverso alle singole tipologie di esercizi, in funzione del profilo ideale dei candidati.

Stanti queste diversità tra test e test, concernenti in varia misura il numero di quesiti, le conoscenze richieste, il grado di difficoltà, il tempo a disposizione e i criteri di attribuzione dei punteggi, la prova simulata riportata nelle pagine seguenti rappresenta una soluzione di compromesso, formulata secondo i seguenti criteri:

- le tipologie di esercizi corrispondono a quelle più diffuse nei test in esame;
- il grado di difficoltà medio è paragonabile a quello dei quesiti che compongono le prove ufficiali adottate nei concorsi a cui questo volume si rivolge;
- il tempo medio a disposizione per risolvere ciascun quesito è lievemente inferiore a quello generalmente concesso durante le prove ufficiali. Tale scelta è motivata dal fatto che questa prova simulata viene svolta in condizioni psicologiche più vantaggiose rispetto a quelle che caratterizzano l'esame.

La prova così ottenuta è costituita da 100 quesiti; il tempo a disposizione per lo svolgimento è pari a 90 minuti.

Pur non potendo soddisfare appieno le esigenze specifiche del singolo lettore, la prova consente di verificare il grado di preparazione raggiunto e di sperimentare la difficoltà, le modalità e l'impegno di un test di natura psicoattitudinale.

La prova è corredata da due *schede per le risposte*: la *scheda vergine* (riportata qui a lato) sulla quale il lettore deve indicare l'alternativa scelta per ogni quesito e la *scheda delle risposte esatte* (riportata al termine della prova), in cui viene indicata la soluzione dei quesiti. Prima di iniziare lo svolgimento del test è anche possibile fotocopiare la scheda vergine in modo da poterla facilmente compilare durante lo svolgimento degli esercizi.

L'alternativa ritenuta esatta deve essere indicata annerendo lo spazio corrispondente. È infatti solitamente questo il metodo utilizzato nei casi in cui la correzione degli elaborati venga effettuata attraverso elaboratori dotati di lettori a fibre ottiche.

Si ricorda che durante la prova ufficiale non è consentito l'uso di calcolatrici e di libri di testo.

Una volta completata la prova, **e solo allora**, si confrontano le risposte indicate sulla scheda vergine con quelle presenti sulla scheda delle risposte esatte.

Per la **valutazione del risultato**, si utilizzi il seguente criterio:

- + 1 punto per ogni risposta esatta;
- – 1/4 di punto per ogni risposta errata;
- 0 punti per ogni quesito lasciato irrisolto.

Tale sistema di valutazione è infatti il più utilizzato nella correzione dei test in quanto consente di neutralizzare l'effetto delle risposte casuali.

PROVA SIMULATA

In base alle informazioni contenute nel brano seguente, rispondere alle successive domande.

Di solito, solo un fatto che esce dall'ordinario stimola la richiesta di una spiegazione. Ad esempio, un impiegato che giunge in ufficio in perfetto orario per mesi o per anni non desterà mai alcuna curiosità riguardo al suo comportamento. Qualora un giorno gli accadesse di ritardare un'ora, il direttore gli chiederebbe certamente una spiegazione. Ma cos'è che rende una spiegazione valida e accettabile? L'impiegato potrebbe rispondere che aveva preso l'autobus delle sette e mezzo, come sempre, ma che l'autobus era stato coinvolto in un incidente stradale e aveva quindi subito un notevole ritardo. Non avendo a disposizione nessun altro mezzo di trasporto, aveva dovuto attendere che l'autobus fosse riparato, cosa che aveva richiesto un'ora intera. Questa giustificazione sarebbe probabilmente ritenuta soddisfacente. E può esserlo perché il fatto da spiegare segue logicamente dalle proposizioni che costituiscono la spiegazione, tanto da non suscitare più alcuna perplessità. Una spiegazione è un gruppo di proposizioni o un racconto dal quale può essere logicamente inferito il fatto da spiegare e la cui accettazione elimina o diminuisce il carattere problematico o enigmatico del fatto stesso.

Naturalmente, l'inferenza del fatto come conclusione dalla spiegazione assunta come premessa può essere formalmente corretta ove le "sottintese" premesse addizionali siano delle leggi causali generalmente accettate, ovvero che la conclusione ne derivi con probabilità piuttosto che deduttivamente. È quindi evidente che la spiegazione e l'inferenza sono in stretta relazione reciproca. Esse sono, in effetti, lo stesso procedimento logico considerato da due opposti punti di vista. Date certe premesse, qualsiasi conclusione che possa essere logicamente inferita si può considerare spiegata da queste premesse. E, dato un fatto da spiegare, diciamo che ne abbiamo trovato la spiegazione quando abbiamo trovato delle premesse dalle quali il fatto stesso possa essere logicamente inferito.

Alcune spiegazioni proposte sono, naturalmente, migliori di altre. Il principale criterio per valutare le spiegazioni è la *rilevanza*. Se l'impiegato adducesse a giustificazione del suo ritardo il fatto che c'era un guerra in Cina o una carestia in India, la sua spiegazione sarebbe certamente considerata ben povera, o meglio non sarebbe considerata affatto una spiegazione. Un racconto di questo tipo non avrebbe "nulla a che fare con il fatto", sarebbe cioè *irrilevante*, perché il fatto da spiegare *non* può essere inferito da esso. La rilevanza di una spiegazione proposta è dunque esattamente proporzionale alla forza dell'argomento mediante il quale il fatto da spiegare è inferito dalla spiegazione proposta.

1 Per quale motivo l'autore riporta l'esempio dell'impiegato?

- **A** Per chiarire l'intento di chi fornisce una spiegazione a un proprio comportamento
- **B** Per chiarire cosa si intenda con il concetto di spiegazione
- **C** Per evidenziare un comportamento poco corretto
- **D** Per chiarire le motivazioni che spingono un individuo a chiedere una spiegazione

2 **Quale delle seguenti spiegazioni non verrebbe ritenuta dall'autore del brano rilevante in relazione al fatto che Francesco non è andato a scuola?**

A Francesco è andato al cinema durante l'orario scolastico
B Francesco ha subito un incidente mentre stava andando a scuola ed è stato trasportato all'ospedale
C Francesco non ama la scuola
D Francesco ha perso il treno che lo porta a scuola e il treno è l'unico mezzo di trasporto disponibile per recarsi a scuola da dove abita Francesco

3 **Secondo l'autore una premessa spiega una conclusione se:**

A la premessa può essere logicamente dedotta dalla conclusione
B la conclusione è condizione sufficiente affinché sia vera la premessa
C la premessa può essere inferita sulla base della conclusione
D la conclusione può essere logicamente inferita dalla premessa

4 **Secondo l'autore la rilevanza di una spiegazione è:**

A ininfluente per poter valutare se una spiegazione sia o meno accettabile
B direttamente proporzionale alla forza con cui è possibile dedurre logicamente la spiegazione dal fatto da spiegare
C sufficiente a rendere la stessa spiegazione accettabile
D direttamente proporzionale alla forza con cui è possibile inferire il fatto da spiegare dalla spiegazione

5 **Qual è il carattere del brano?**

A Scientifico
B Tautologico
C Divulgativo
D Logico

In base alle informazioni contenute nel brano seguente, rispondere alle successive domande.

Il tema del disavanzo pubblico è ormai quasi quotidianamente al centro dell'attenzione. Le cifre sull'andamento corrente e le previsioni sul fabbisogno complessivo dell'anno si accavallano in continuazione e vengono utilizzate come indicatore prevalente (unico?) dello stato dell'economia italiana. In realtà, la denuncia dello stato di crisi in cui versa la finanza pubblica in Italia risale a un noto articolo di Reviglio del 1975, che ha messo in rilievo l'esistenza di un disavanzo sommerso e ha contribuito alla definizione di un quadro contabile preciso per il settore pubblico allargato. L'analisi delle cause permette anche di individuare la terapia: «Si deve affrontare con chiarezza – conclude Reviglio – la crisi delle entrate tributarie, che si sono mostrate incapaci di adeguarsi al livello della spesa pubblica, soprattutto a causa dell'evasione e, in parte minore, degli effetti contingenti della riforma tributaria. Si deve porre termine allo sviluppo esplosivo della spesa corrente, che si è potuto realizzare per la resa dello Stato ai privilegi corporativi che hanno saputo imporsi all'interesse collettivo, anche grazie al mancato controllo sull'efficienza delle maggiori spese decise dal Parlamento, imputabile alla facilità con cui si è potuto finanziare i disavanzi apparentemente senza costi per alcuno, almeno sino al 1973».

In un lavoro successivo viene stabilita una connessione fra l'esplosione della spesa pubblica e la stagnazione dell'economia, aderendo così alla corrente di pensiero che attribuisce validità esplicativa alla teoria degli effetti di spiazzamento. Ma anche questa tesi viene poi qualificata, in quanto Reviglio rileva che «la stagnazione sarebbe stata assai più grave se fosse mancato il sostegno operato dalla politica di bilancio, perché senza l'aumento del livello della spesa pubblica e il crescente disavanzo nel periodo 1970-1975 si sarebbe realizzato un livello di reddito più basso e, quindi, un tasso di sviluppo probabilmente nullo o negativo». Ma, gradualmente, man mano che il dibattito esce dalla cerchia degli studiosi, queste cautele scompaiono e al disavanzo pubblico viene assegnato il ruolo di variabile esplicativa di tutti i mali che affliggono l'economia italiana, per lungo tempo attribuito al costo del lavoro. Allo squilibrio fra entrate e spesa pubblica viene così imputata la responsabilità globale e diffusa della stagnazione e dell'inflazione, sia pure attraverso canali non bene identificati o comunque diversi a seconda dei diversi punti di vista, del disavanzo della bilancia dei pagamenti e di una inefficiente allocazione delle risorse. All'analisi si tende a sostituire sempre più frequentemente l'anatema, e la prescrizione di politica economica si riassume nell'obiettivo di conseguire, costi quel che costi, una riduzione del disavanzo cui dovrebbe miracolosamente seguire la catarsi del sistema produttivo.

---

6 Dalla lettura del brano si intuisce che l'enfasi generale sul disavanzo pubblico come causa di stagnazione e inflazione è considerata dall'autore:

- A insufficiente se si considera la continua crescita del debito pubblico determinata dal disavanzo
- B adeguata se si considera che una parte rilevante della popolazione non è sufficientemente informata
- C eccessiva e poco documentata
- D l'autore afferma di non aver sufficienti elementi per valutare

---

7 Secondo Reviglio la crescita del disavanzo pubblico:

- A è stata determinata da una crescita della spesa non accompagnata da un'analoga crescita delle entrate tributarie
- B è stata determinata da una caduta delle entrate tributarie non accompagnata da una parallela caduta della spesa pubblica
- C ha contribuito ad aggravare la fase recessiva degli anni Settanta
- D ha favorito lo sviluppo degli interessi corporativi

---

8 Chi è verosimilmente l'autore del brano?

- A Un giornalista tedesco
- B Uno storico dell'economia
- C Un docente universitario di economia
- D Un dirigente del ministero delle Finanze

---

9 Dal brano è possibile dedurre che nei primi anni Settanta:

- A l'economia italiana ha subito un tasso di crescita negativo
- B il Parlamento si è opposto tenacemente all'aumento della spesa pubblica deciso dal Governo
- C Reviglio era ministro delle Finanze
- D il disavanzo pubblico dello Stato italiano è cresciuto

10 **Secondo l'autore del brano la presunta connessione tra il disavanzo pubblico e la stagnazione dell'economia:**

- **A** dipende dagli effetti di spiazzamento
- **B** non viene dimostrata univocamente
- **C** dipende da un'inefficiente allocazione delle risorse economiche
- **D** dovrebbe indurre a conseguire, costi quel che costi, una riduzione del disavanzo stesso

Rispondere alle domande seguenti.

11 **Un ispettore ministeriale ha visitato una scuola primaria. Secondo l'ispettore, per massimizzare l'efficienza della scuola, gli insegnanti dovrebbero essere consapevoli delle loro capacità di insegnamento e di quelle dei propri colleghi. Nella scuola lavorano 20 insegnanti. Ad ogni docente è stato chiesto di classificare le proprie capacità di insegnamento, paragonandole a quelle dei colleghi, e di elencare quindi in ordine di bravura tutti i docenti della scuola, compresi se stessi, in una classifica discendente con posizioni da 1 a 20. Tutti gli insegnanti della scuola hanno inserito il proprio nome in una delle prime 10 posizioni in classifica.**

Quale delle seguenti affermazioni è totalmente sostenuta dal brano precedente?

- **A** Nella scuola lavorano insegnanti le cui abilità sono al di sopra della media nazionale
- **B** Non si è riusciti a stilare una classifica delle capacità di insegnamento dei docenti nella scuola
- **C** Non dovrebbe essere permesso agli insegnanti di valutare le proprie capacità di insegnamento
- **D** Non tutti gli insegnanti sono stati in grado di valutare le proprie capacità di insegnamento in maniera accurata
- **E** La metà degli insegnanti ha saputo valutare i colleghi in maniera accurata

12 **La maggioranza dell'opinione pubblica ritiene che l'energia eolica sia una parte integrante delle nuove fonti energetiche per il futuro. Spesso, tuttavia, gruppi di attivisti si oppongono alla realizzazione di impianti eolici. Le ragioni fornite sono le più disparate e vanno dall'inefficienza di tali impianti al disturbo apportato agli uccelli migratori. In realtà le vere ragioni sono più legate ad interessi personali. Raramente i cittadini si oppongono alla realizzazione di impianti eolici distanti dalla loro zona di residenza; piuttosto, ciò che interessa loro è che tali impianti non rovinino esteticamente il panorama adiacente alla loro abitazione.**

Quale delle seguenti affermazioni, se considerata vera, rafforza quanto sostenuto dal brano?

- **A** Molto spesso è più semplice costruire impianti eolici in mare aperto perché si incontra minore opposizione
- **B** Costruire impianti eolici lontano dai centri abitati è la soluzione più economica
- **C** Nonostante il supporto dei residenti, il progetto per un impianto eolico in un'isola sperduta è stato bocciato in seguito alle proteste degli attivisti
- **D** I cittadini si oppongono maggiormente alla costruzione di centrali nucleari nei pressi delle proprie abitazioni rispetto alla costruzione di impianti eolici
- **E** Gran parte dell'opinione pubblica considera gli impianti eolici come una piacevole peculiarità del paesaggio

13 **Recenti studi hanno riportato che nel 2006 il numero di donne sottoposte all'esame per la diagnosi del tumore al seno risultate positive è aumentato del 13% rispetto al 2005. Nello stesso lasso di tempo, il numero di esami effettuati è aumentato del 10%. Se le donne sottoposte a tale esame fossero rappresentative dell'intera popolazione, quale tra le seguenti affermazioni sarebbe vera?**

- A Se una percentuale maggiore di popolazione venisse sottoposta a tale esame, il tasso di positività aumenterebbe sicuramente
- B L'aumento dell'incidenza del tumore al seno non può essere calcolato se non si conosce il numero effettivo di esami eseguiti
- C Il 13% delle donne sottoposte all'esame per la diagnosi del tumore al seno nel 2006 è risultato positivo
- D La percentuale dell'intera popolazione femminile risultata positiva all'esame per la diagnosi del tumore al seno nel 2006 è aumentata del 13% rispetto al 2005
- E La percentuale di donne risultate positive all'esame per la diagnosi del tumore al seno nel 2006 è aumentata poco meno del 3% rispetto al 2005

14 **La settimana scorsa, in seguito a un'abbondante nevicata, le scuole hanno dovuto decidere se rimanere chiuse o meno. Tale decisione è sempre difficile poiché vi sono numerosi fattori da prendere in considerazione. Da un lato, la chiusura imprevista delle scuole causa molti disagi, perché i genitori che lavorano hanno poco tempo per trovare qualcuno a cui affidare i propri bambini. Dall'altro lato, sarebbe opportuno limitare il traffico per questioni di viabilità. Tuttavia, se le scuole rimangono aperte quando nevica, il traffico aumenta perché un numero maggiore di genitori usa l'auto per accompagnare i figli a scuola. Quindi, la settimana scorsa tutte le scuole della città sarebbero dovute rimanere chiuse.**

Su quale supposizione implicita si basa il brano precedente?

- A I problemi derivanti dal traffico sono più gravi rispetto a quelli causati ai genitori dalla chiusura delle scuole
- B I genitori volevano che le scuole rimanessero aperte
- C Gli insegnanti sarebbero stati in grado di arrivare a scuola
- D Le scuole che sono rimaste chiuse non hanno valutato abbastanza attentamente tutte le possibilità
- E I datori di lavoro dovrebbero prendere in considerazione le esigenze dei dipendenti con figli

15 ***"La Costituzione fissa la durata di entrambe le Camere in cinque anni. Tuttavia, qualora si vengano a trovare nell'impossibilità di funzionare [...] il Presidente della Repubblica, sentiti i loro presidenti, può procedere allo scioglimento anticipato".***

Quale delle seguenti affermazioni NON è deducibile dal precedente testo?

- A Le Camere possono essere sciolte anticipatamente
- B Per le Camere è fissata in partenza la stessa durata
- C Le Camere possono essere sciolte dal Presidente della Repubblica e dai loro presidenti
- D La durata delle Camere viene stabilita dalla Costituzione
- E Se non possono funzionare, le Camere possono essere sciolte

Individuare la coppia di termini che completa correttamente le proporzioni seguenti.

16 Barrire : X = nitrire : Y

A X = elefante, Y = cavallo
B X = asino, Y = passero
C X = puledro, Y = elefante
D X = topo, Y = guaire
E X = barriera, Y = nitrito

17 Litro : X = Y : petrolio

A X = chilometro, Y = trivella
B X = acqua, Y = barile
C X = peso, Y = ambiente
D X = litro, Y = giacimento

18 Unire : X = costruire : Y

A X = pezzi, Y = mattone
B X = separare, Y = demolire
C X = incollare, Y = rammendare
D X = tagliare, Y = edificio
E X = sposare, Y = abbattere

19 Circonferenza : X = Y : cubo

A X = cilindro, Y = rombo
B X = cono, Y = prisma
C X = sfera, Y = quadrato
D X = cerchio, Y = rettangolo
E X = ellisse, Y = quadrilatero

20 Canada : X = Y : Ankara

A X = Ottawa, Y = Turchia
B X = Stati Uniti, Y = Egitto
C X = Toronto, Y = Albania
D X = canadesi, Y = arabi
E X = Québec, Y = Peloponneso

21 Pane : X = Y : uovo

A X = salame, Y = pancetta
B X = farina, Y = frittata
C X = pasta, Y = tuorlo
D X = spaghetti, Y = zabaione

22 **Ospedale : X = tribunale : Y**

A X = infermiere, Y = galeotto
B X = avvocato, Y = degente
C X = medico, Y = magistrato
D X = farmacia, Y = armeria
E X = ammalato, Y = pubblico ministero

23 **Bocca : viso = X : Y**

A X = maniglia, Y = finestra
B X = dentiera, Y = dente
C X = viso, Y = occhio
D X = udito, Y = orecchio

24 **Petalo : fiore = X : Y**

A X = equipaggio, Y = marinaio
B X = radice, Y = terra
C X = pagina, Y = libro
D X = tram, Y = tramviere

25 **Isola : oceano = X : Y**

A X = oasi, Y = deserto
B X = albero, Y = campo
C X = foresta, Y = valle
D X = foresta, Y = bosco

Negli esercizi seguenti individuare la parola da scartare.

26

A Divario
B Dividendo
C Discrepanza
D Discordanza

27

A Stato
B Nazione
C Capitale
D Paese

28

A Punire
B Pungolare
C Castigare
D Condannare

29

- A Vernacolo
- B Bestemmia
- C Moccolo
- D Imprecazione

30

- A Panchina
- B Trono
- C Bracciolo
- D Scranno
- E Sgabello

31

- A Secolo
- B Iarda
- C Decennio
- D Biennio
- E Lustro

32

- A Re
- B Torre
- C Alfiere
- D Pedina
- E Cavallo

33

- A Roma
- B Latina
- C Frosinone
- D Viterbo
- E L'Aquila

34

- A Geyser
- B Pioggia
- C Neve
- D Grandine
- E Cascata

35

- **A** Sala d'aspetto
- **B** Cucina
- **C** Camera da letto
- **D** Sala da pranzo
- **E** Anticamera

Risolvere i seguenti problemi.

36 **Una persona sta correndo lungo una strada a 18 km/h e nella strada perpendicolare a essa c'è un killer appostato. Nel momento in cui la sua vittima è a 15 metri dal centro dell'incrocio, il killer spara due colpi che vanno a 200 m/sec: un colpo subito e un altro dopo un secondo, sempre mirando al centro dell'incrocio, 400 metri davanti a lui. Quale dei due colpi andrà a bersaglio?**

- **A** Il secondo
- **B** Nessuno dei due
- **C** Tutti e due
- **D** Il primo
- **E** Nessuna delle precedenti alternative è corretta

37 **Qual è l'ordine per valore crescente delle frazioni sotto riportate?**

a = 152/150 b = 3/7 c = 8/11 d = 5/8

- **A** b < d < c < a
- **B** c < b < d < a
- **C** d < b < a < c
- **D** b < c < d < a
- **E** c < a < b < d

38 **Bernardo, in una settimana, beve i 3/8 delle bottiglie di birra che ha in casa. Quindi reintegra la sua scorta acquistando gli 11/5 delle bottiglie rimaste, anche perché ha deciso di invitare alcuni amici con i quali, poi, beve i 15/16 delle bottiglie di birra della sua dispensa. Sapendo che ora gli sono rimaste solo tre bottiglie, a quante bottiglie ammontava la sua scorta iniziale?**

- **A** 2/5
- **B** 33
- **C** 24
- **D** 15
- **E** 48

39 **La società XYZ registra un utile pari al 6% del fatturato; mediante una serie di deduzioni fiscali, l'utile viene ridotto del 20%. Quindi la società paga un'imposta sull'utile residuo con un'aliquota del 40%. Alla fine l'utile netto così calcolato risulta essere pari a 720 milioni. A quanto ammonta il fatturato complessivo?**

- A 25 miliardi
- B 37.500 milioni
- C 1.500 milioni
- D 12.000.000.000
- E 24 miliardi

40 **Scegliendo a caso quattro persone, la probabilità che due o più di esse siano nate nello stesso mese (supponendo che la natalità in ogni mese sia equiprobabile) è:**

- A superiore al 40%
- B superiore al 100%
- C inferiore al 20%
- D inferiore al 10%
- E compresa tra il 20% e il 40%

41 **Un gioco per computer è stato scontato del 20% e viene così venduto a 80 euro. Quanto costava senza lo sconto?**

- A Più di 100 euro
- B Meno di 100 euro
- C 100 euro
- D Non ci sono dati sufficienti per determinarlo

42 **È maggiore la probabilità che, lanciando tre volte la stessa moneta, compaia tre volte testa o che, lanciando tre monete contemporaneamente, compaia croce su ogni moneta?**

- A È più probabile che compaia tre volte testa
- B È più probabile che compaia croce su ognuna delle tre monete
- C I due eventi hanno la stessa probabilità
- D Dipende dalla fortuna

43 **La piovosità di una regione è aumentata del 15% dal 1997 al 1998 per poi ridiscendere sempre del 15% nel confronto tra il 1998 e il 1999. Da ciò deriva che la piovosità di quella regione nel 1999 era:**

- A inferiore a quella registrata nel 1997
- B pari a quella registrata nel 1997
- C superiore a quella registrata nel 1997
- D a un livello intermedio tra quella registrata nel 1997 e quella registrata nel 1998

44 **Per potare una vite Marco impiega 3 giorni, cioè due meno di Carlo e uno più di Federico. Se i tre lavorassero insieme in un giorno poterebbero più o meno di una vite?**

- A Più di una vite
- B Esattamente una vite
- C Meno di una vite
- D Non ci sono dati sufficienti per rispondere

45 **Il ciclone "Lorna" si sta avvicinando alla costa della Florida alla velocità di 600 km/h. Se il ciclone è distante dalla Florida 1.800 km e se a Roma sono le ore 17, sapendo che la Florida ha sei fusi orari in meno rispetto all'Italia (per cui quando a Roma è mezzogiorno in Florida sono le sei del mattino), a che ora il ciclone investirà la costa?**

- A Alle 14
- B Alle 17
- C Alle 20
- D Alle 2 di mattina del giorno successivo

46 **Se i 2/3 di x sono uguali ai 3/2 di y e ai 5/9 di z, è maggiore x, y oppure z?**

- A x
- B y
- C z
- D x, y e z sono tra loro uguali

47 **È più probabile vincere un milione comprando un biglietto da 1 euro alla lotteria cinese, che paga un milione di volte la giocata se si vince, ma in cui la probabilità di vittoria è pari a una su centomila o acquistando un biglietto da 1 euro della lotteria giapponese, che paga 800.000 volte la giocata se si vince e in cui la probabilità di vittoria è pari a una su cento?**

- A È più probabile con la lotteria cinese
- B È più probabile con la lotteria giapponese
- C È egualmente probabile
- D Dipende dalla fortuna del giocatore

48 **Qual è l'angolo che si ottiene sottraendo a un angolo di 108° l'angolo opposto al vertice del suo angolo adiacente supplementare?**

- A 54°
- B 36°
- C 144°
- D 126°
- E 90°

49 **Se dodici chili di zucchine costano 24 euro, quanto costa una zucchina dal peso di 250 grammi?**

A 2 euro

B 50 centesimi

C 12 euro

D 1 euro

50 **Gli abitanti di Timbuctù sono 420.000 e i 4/7 sono di sesso femminile. Se ogni 250 abitanti di sesso maschile ci sono 200 persone minorenni di sesso femminile, qual è il rapporto tra abitanti di sesso femminile maggiorenni e non?**

A 3/2

B 5/3

C 2/5

D 40%

E 2/3

51 **Un piastrellista ha pavimentato i 3/5 di una sala. Sapendo che ha utilizzato 12 metri quadrati di piastrelle quanto è grande l'intero pavimento della sala?**

A 20 m^2

B 60 m^2

C 36 m^2

D 15 m^2

E 12 m^2

52 **Qual è la probabilità di lanciare tre volte un dado e di ottenere complessivamente 12?**

A 1/6

B 1/72

C 5/72

D 25/216

E 1/18

53 **Carlo e Giorgio investono 10.000 euro ciascuno in titoli di Stato che rendono il 10% annuo. Dopo un anno Carlo vende i titoli di Stato e i relativi interessi per comprare un'azione il cui rendimento a distanza di un anno del suo acquisto, è stato pari al 5%, mentre Giorgio reinveste tutti i suoi fondi (capitale più interessi) ancora in titoli di Stato che rendono sempre il 10%. Dopo due anni dal momento del primo acquisto di titoli di Stato i due investitori fanno i conti: quanti euro ha Giorgio in più di Carlo?**

A 500

B 5%

C 550

D 1.000

54 **Se un elaboratore processa un milione di informazioni al secondo, quanto tempo impiegheranno tre elaboratori a processare novecento milioni di operazioni?**

A 3 minuti
B 500 secondi
C 5 minuti
D 15 minuti

55 **Se le lancette di un orologio segnano le 21.30 di mercoledì, tra 53 ore e 45 minuti saranno:**

A le 3.15 di sabato
B le 23.15 di giovedì
C le 2.15 di domenica
D le 3.15 di venerdì
E le 2.15 di sabato

Per ciascuno degli esercizi seguenti, indicare il diagramma che soddisfa la relazione insiemistica esistente tra i tre termini dati.

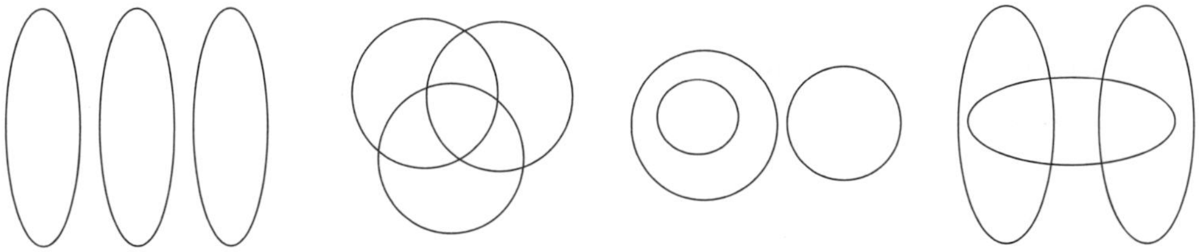

Diagramma 1 Diagramma 2 Diagramma 3 Diagramma 4

56 **Monarchie, Italia, Francia**

A Diagramma 1
B Diagramma 2
C Diagramma 3
D Diagramma 4

57 **Medici, Laureati, Università**

A Diagramma 1
B Diagramma 2
C Diagramma 3
D Diagramma 4

58 **Americani, Scrittori, Anziani**

A Diagramma 1
B Diagramma 2
C Diagramma 3
D Diagramma 4

59 **Biondi, Diplomati, Analfabeti**

- A Diagramma 1
- B Diagramma 2
- C Diagramma 3
- D Diagramma 4

60 **Scienze, Meteorologia, Satelliti**

- A Diagramma 1
- B Diagramma 2
- C Diagramma 3
- D Diagramma 4

61 **Giocatori di tennis, Giovani, Atei**

- A Diagramma 1
- B Diagramma 2
- C Diagramma 3
- D Diagramma 4

62 **Poligoni, Triangoli, Piramidi**

- A Diagramma 1
- B Diagramma 2
- C Diagramma 3
- D Diagramma 4

63 **Europei, Ragazzi, Studenti**

- A Diagramma 1
- B Diagramma 2
- C Diagramma 3
- D Diagramma 4

64 **Operai, Italiani, Inglesi**

- A Diagramma 1
- B Diagramma 2
- C Diagramma 3
- D Diagramma 4

65 **Elementi chimici, Ghiaccio, Calore**

- A Diagramma 1
- B Diagramma 2
- C Diagramma 3
- D Diagramma 4

Leggere il seguente problema e rispondere alle relative domande.

Il proprietario di un negozio di computer deve decidere come disporre cinque prodotti nella vetrina. Egli deve esporre tre prodotti hardware da scegliere fra A, B, C, D ed E e due manuali di software da scegliere fra F, G, H, e I. Il negoziante deve però rispettare alcuni vincoli nella disposizione:

- se espone A, allora deve esporre anche I;
- C non può essere esposto a meno che non lo siano anche B e F;
- se viene esposto D, allora bisogna esporre anche E e viceversa (se viene esposto E, allora bisogna esporre anche D);
- se viene esposto G, né H né I possono essere esposti.

66 Quale delle seguenti esposizioni soddisfa le condizioni precedenti?

A A, B, C, F, I

B A, C, D, E, I

C B, C, E, F, G

D C, D, E, H, I

67 Se A e H sono i due prodotti scelti per primi, quante combinazioni possibili di altri prodotti vi sono che soddisfano le condizioni precedenti?

A 1

B 2

C 3

D 4

68 Se H e I vengono esposti, quale dei seguenti deve necessariamente essere esposto?

A A

B B

C C

D D

69 Se D ed E non vengono esposti, tutti i seguenti prodotti devono necessariamente essere esposti tranne uno. Quale?

A A

B C

C F

D H

70 Se G viene esposto, quale dei seguenti non può venire esposto?

A E

B B

C C

D D

Leggere il seguente problema e rispondere alle relative domande.

Il selezionatore della nazionale di basket ha otto cestisti (Birdo, Dentoni, Fuxa, Gentilo, Menghin, Premiero, Rivo e Splendido) a disposizione per formare la squadra titolare che dovrà affrontare la finale delle Olimpiadi.

La squadra si compone di un playmaker, due ali e due guardie. Per la scelta dei titolari occorre rispettare i seguenti requisiti:

- il playmaker deve essere Dentoni o Gentilo;
- le ali sono Birdo, Premiero e Rivo;
- le guardie sono Fuxa, Menghin e Splendido;
- Fuxa non può essere titolare della squadra se lo è Splendido;
- Rivo non può essere titolare della squadra se lo è Fuxa;
- Premiero può essere titolare della squadra solo a condizione che lo sia anche Gentilo.

71 Quale delle seguenti è una formazione accettabile della squadra nazionale?

A Dentoni, Birdo, Premiero, Menghin e Splendido
B Dentoni, Premiero, Rivo, Menghin e Splendido
C Gentilo, Birdo, Premiero, Fuxa e Menghin
D Gentilo, Birdo, Premiero, Fuxa e Splendido

72 Se il selezionatore fa giocare Dentoni, quale dei seguenti gruppi di cestisti può completare la squadra?

A Birdo, Premiero, Fuxa, Menghin
B Birdo, Premiero, Menghin, Splendido
C Birdo, Rivo, Fuxa, Menghin
D Birdo, Rivo, Menghin, Splendido

73 Quale dei seguenti deve necessariamente essere un titolare della squadra?

A Dentoni
B Birdo
C Premiero
D Menghin

74 Se Birdo e Premiero sono titolari della nazionale, quale delle seguenti affermazioni non può essere vera?

I) Dentoni è il playmaker della squadra

II) Menghin e Splendido sono le due guardie

III) Gentilo è il playmaker della squadra

A Solo la I)
B Solo la II)
C Solo la III)
D Solo la I) e la II)

75 **Se il selezionatore della nazionale fa giocare Dentoni, quale dei seguenti non può essere titolare?**

- A Birdo
- B Rivo
- C Fuxa
- D Menghin

Leggere il seguente problema e rispondere alle relative domande.

I signori Belli organizzano una cena a casa loro e invitano tre coppie di amici. I padroni di casa prendono posto sui due lati corti del tavolo rettangolare del salone e le altre sei persone si dividono equamente sugli altri due lati. Ogni uomo deve essere seduto accanto ad almeno una donna e viceversa. Tenendo conto che:

- Giovanni è seduto di fronte a Laura, che non è la Signora Belli;
- Marco è seduto alla sinistra di una donna ed è di fronte a un'altra donna;
- Nadia è seduta alla destra della Signora Belli, vicino a Paolo;
- C'è una persona seduta tra Roberta e Sara.

76 **Walter deve necessariamente essere:**

I) il Sig. Belli

II) seduto alla destra di Laura

III) seduto davanti a Sara

- A I) e II)
- B solo I)
- C solo III)
- D II) e III)
- E I), II) e III)

77 **Ogni uomo che siede davanti a una donna coglie l'occasione della bella serata per dichiarare pubblicamente il proprio amore per la rispettiva dirimpettaia che contraccambia. Quale delle seguenti nuove coppie si forma quella sera?**

- A Giovanni e Nadia
- B Nadia e Marco
- C Paolo e Giovanni
- D Paolo e Laura
- E Sara e Giovanni

78 **Quale dei seguenti non è seduto vicino a una persona dello stesso sesso?**

- A Giovanni
- B Nadia
- C Laura
- D Il sig. Belli
- E Walter

79 **Marco è infastidito dal fumo della sigaretta del vicino e cambia sedia con la persona seduta quattro posti alla sua sinistra. Quale delle seguenti situazioni si verifica?**

I) Nessuno dei commensali è seduto tra due persone dell'altro sesso

II) Nei due lati lunghi del tavolo vi sono solo persone dello stesso sesso

III) Uno dei padroni di casa ha cambiato posto

- A Solo III)
- B I) e II)
- C II) e III)
- D Solo I)
- E Nessuna

80 **Tornando alla situazione iniziale, i commensali si stringono per fare sedere un'altra ospite, Diana, che può sedere solo tra due uomini.**
Diana prende posto:

- A a destra di Walter
- B a sinistra di Paolo
- C a destra di Marco
- D a sinistra di Sara
- E in piedi perché non è possibile rispettare la regola qui stabilita

Leggere il seguente problema e rispondere alle relative domande.

In una scuola elementare, al termine dell'anno scolastico, si premiano otto bambini che si sono distinti per le loro capacità artistiche. I bambini vengono indicati con le prime otto lettere dell'alfabeto: A, B, C, D, E, F, G e H.

I bambini B, E e F verranno premiati anche per le loro abilità musicali così come i bambini A e H verranno premiati anche per le poesie che hanno composto.

La direttrice della scuola decide di mettere alcuni dei bambini premiati in una speciale fila di sedie vicina al palco della sala in cui si tiene la cerimonia e, per evitare che i bambini litighino tra loro, ritiene opportuno non far sedere vicino i bambini che vengono premiati due volte.

81 **Quanti sono, al massimo, i bambini che si possono far sedere nella fila vicina al palco?**

- A 6
- B 5
- C 8
- D 7

82 **Quale delle seguenti successioni ordinate di bambini rispetta le condizioni poste dalla direttrice?**

- A A, B, E, F, H
- B B, D, G, H, E
- C A, H, D, G
- D A, C, G, B

83 **Se si rispettano le condizioni, fra quale delle seguenti coppie di bambini può sedersi F?**

A D e C
B B e G
C A e H
D E e C

84 **Quale dei seguenti non si può sedere vicino a B?**

A C
B D
C G
D E

85 **B ha un posto vuoto alla sua sinistra e uno alla sua destra; quale delle seguenti coppie di bambini può occupare questi posti?**

A G e F
B D e C
C H e E
D A e C

Negli esercizi seguenti individuare il numero o la lettera che completa correttamente la sequenza data.

86 **Individuare il numero mancante: 48, 50, 51, 53, 54, ...**

A 56 B 57 C 59 D 58 E 60

87 **Individuare il numero mancante: 31, 28, 31, ..., 31, 30, 31, 31**

A 28 B 31 C 30 D 29 E 32

88 **Individuare la lettera mancante: M, O, Q, S, ...**

A U
B V
C S
D T

89 **Individuare il numero mancante: 1, 2, 3, 3, 7, 6, 13, ..., 21, 18**

A 11 B 9 C 13 D 8 E 10

90 **Se l'affermazione "Nessuno studente è diligente" è falsa, quale delle seguenti affermazioni è necessariamente vera?**

A Nessuno studente è diligente
B Due studenti sono diligenti
C Almeno uno studente è diligente
D Almeno uno studente non è diligente
E Tutti gli studenti sono diligenti

91 **Una bambina vuole comporre un puzzle di sei tessere, ma ne ha smarrita una. I cinque pezzi rimanenti sono raffigurati qui sotto:**

Quale tra le seguenti tessere è quella che la bambina ha smarrito?

- **A** 2
- **B** 5
- **C** 1
- **D** 4
- **E** 3

92 **Un gruppo di studenti sostiene due test, uno di storia dell'arte e l'altro di matematica. Per entrambi i test i punteggi sono calcolati in centesimi. Nel grafico sottostante ogni punto rappresenta i risultati di ciascuno studente per entrambi i test.**

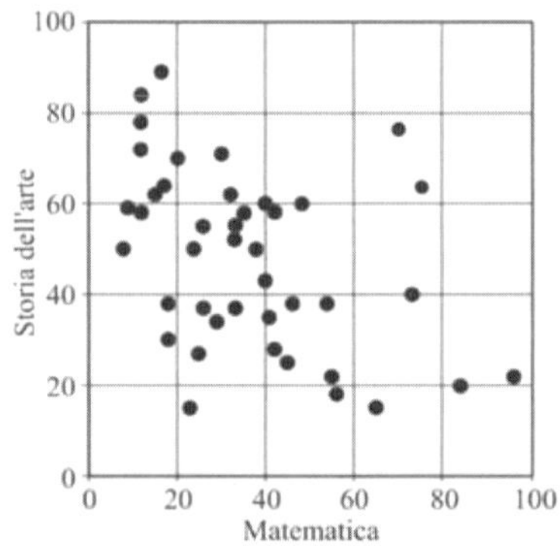

Quale tra le seguenti affermazioni può essere dedotta dal grafico sopra?

- **A** In generale gli studenti hanno ottenuto risultati simili in entrambe le materie
- **B** Uno studente che ha ottenuto un buon punteggio in storia dell'arte ha generalmente ottenuto un buon punteggio anche in matematica
- **C** Pochi studenti hanno ottenuto un risultato sopra la media in entrambe le materie
- **D** Uno studente che ha ottenuto un buon punteggio in matematica ha generalmente ottenuto un buon punteggio anche in storia dell'arte
- **E** Gli studenti hanno trovato il test di matematica più facile di quello di storia dell'arte

93 **Durante uno spettacolo un prestigiatore ha ripiegato un pezzo di carta sottilissimo in modo tale da farlo apparire al pubblico come un triangolo rettangolo con il lato maggiore lungo il doppio del lato minore.**

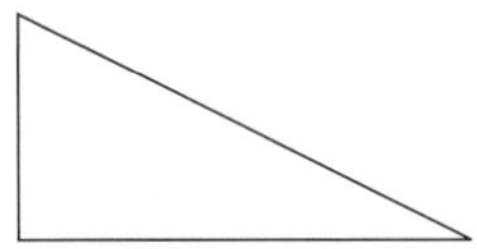

Quale delle seguenti figure è l'unica che NON può essere tale triangolo rettangolo quando il pezzo di carta viene aperto?

A 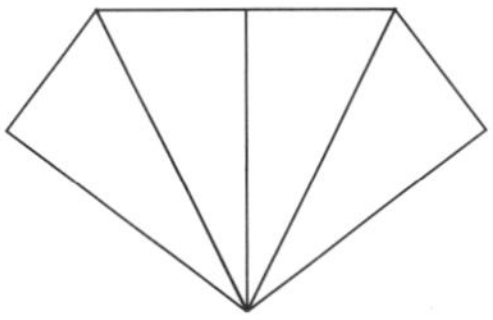

B 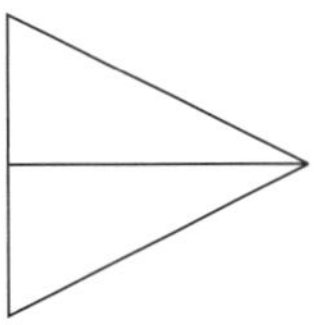

C 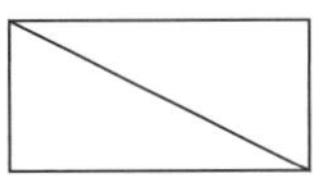

D 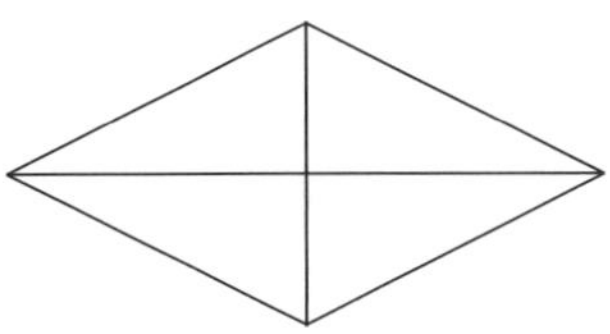

E 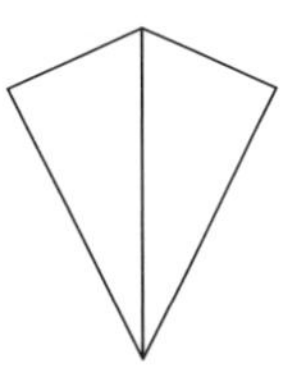

94 **I tre quadrati del disegno hanno lo stesso lato. I punti in grassetto sui lati dei quadrati sono i loro punti medi. In ogni quadrato si consideri l'area complessiva delle parti annerite.**

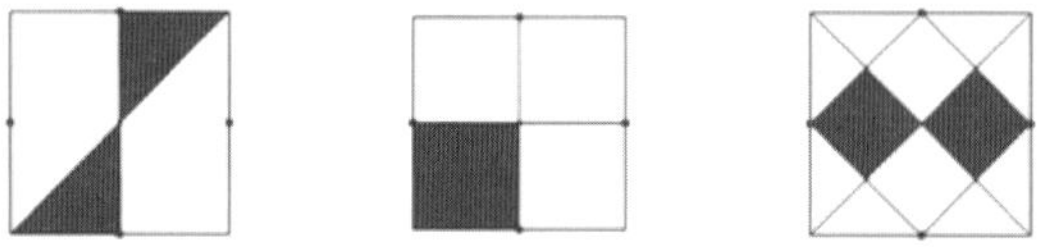

Quadrato 1 Quadrato 2 Quadrato 3

Che cosa si può affermare riguardo le aree delle parti annerite nei tre quadrati?

A Le tre aree sono uguali

B L'area delle parti annerite del quadrato 1 è maggiore di quelle degli altri due quadrati

C L'area delle parti annerite del quadrato 3 è maggiore di quelle degli altri due

D L'area delle parti annerite del quadrato 1 è uguale a quella delle parti annerite del quadrato 2 ed entrambe sono maggiori di quelle del quadrato 3

E L'area delle parti annerite del quadrato 2 è maggiore di quelle degli altri due quadrati

95 **Il proprietario di una fabbrica di orecchini, in occasione della festa dell'8 marzo, vuole fare un regalo alle sue 100 dipendenti donne. Poiché sa che il 10% di esse porta un solo orecchino e che il rimanente si divide in parti uguali tra chi non ne porta affatto e chi ne porta due, quanti orecchini dovrà far preparare?**

A 100

B 45

C 90

D 180

E 200

96 **Incontro due persone nel paese dei cavalieri (che dicono sempre la verità) e dei furfanti (che mentono sempre).**

Il primo dice: *Siamo entrambi ricchi.*

Il secondo afferma: *Siamo entrambi furfanti.*

Dunque necessariamente:

A il secondo è un furfante, il primo non è ricco

B il primo è un furfante, il secondo è ricco

C il primo è un cavaliere, il secondo è ricco

D il primo è un furfante, il secondo è un cavaliere

E il primo è un cavaliere, il secondo non è ricco

97 Individuare la figura mancante.

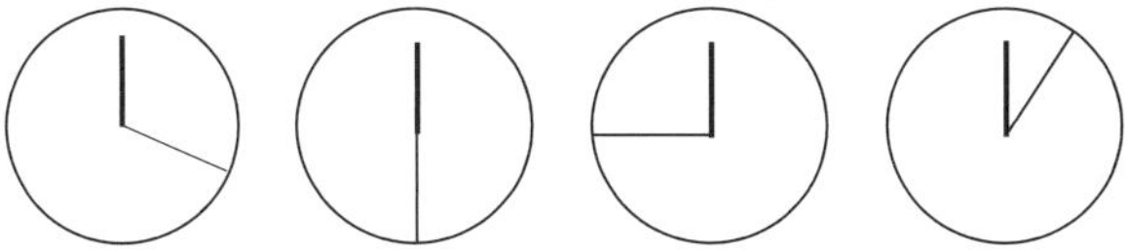

?

A 

B 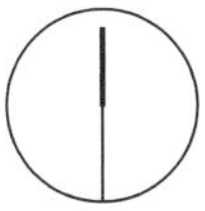

C 

D 

E 

98 Individuare la figura mancante.

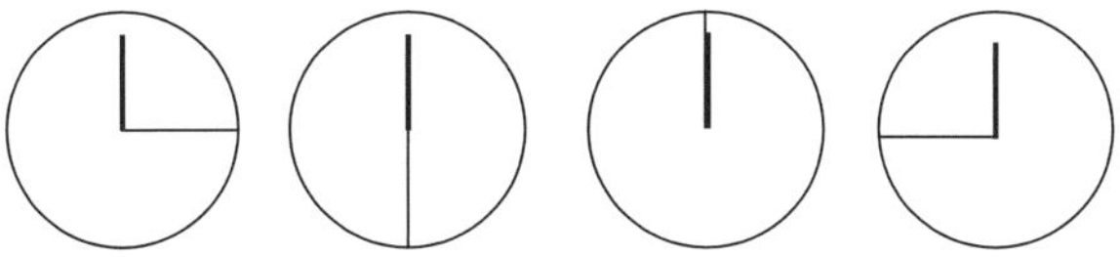

?

A  B 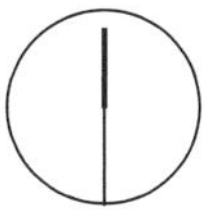 C  D  E 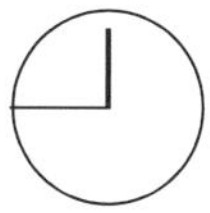

99 Individuare la figura mancante.

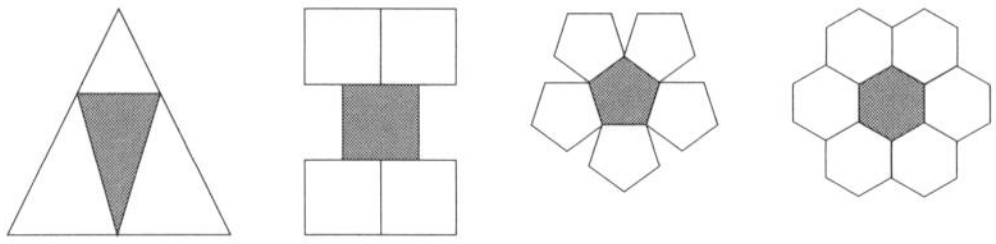

?

A 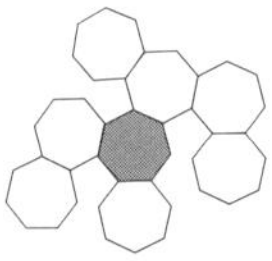

B 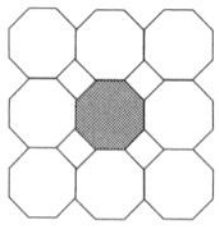

C 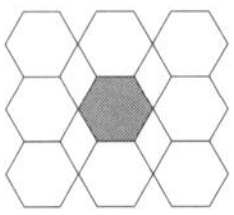

D 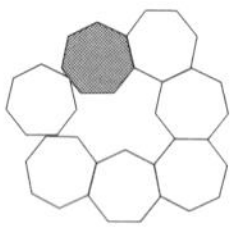

E 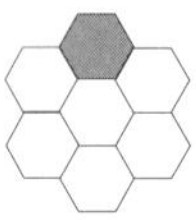

100 Individuare la figura mancante.

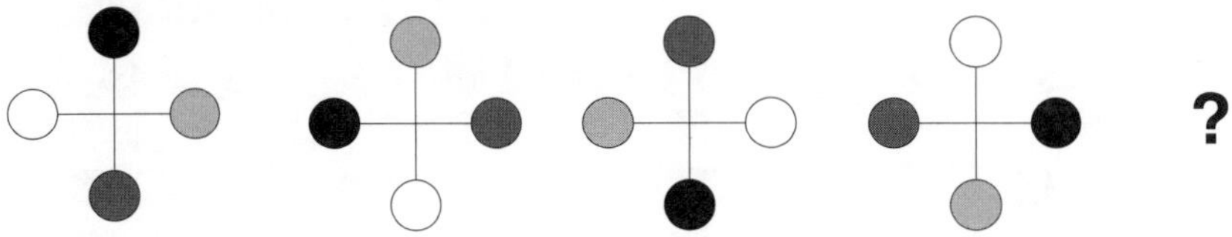

A 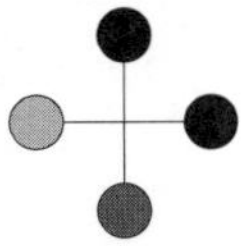

B 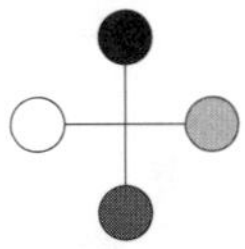

C 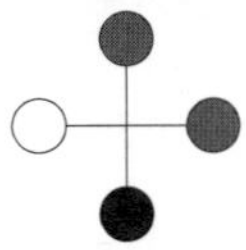

D 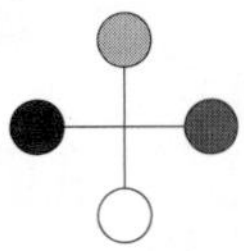

E 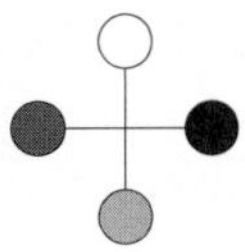

Alpha Test

Risposte esatte della Prova Simulata

	A	B	C	D	E
1		■			
2			■		
3				■	
4				■	
5			■		
6			■		
7	■				
8			■		
9				■	
10		■			
11				■	
12	■				
13					■
14	■				
15			■		
16	■				
17		■			
18		■			
19			■		
20	■				
21		■			
22			■		
23	■				
24			■		
25	■				
26		■			
27			■		
28		■			
29	■				
30			■		
31		■			
32				■	
33					■
34	■				
35	■				
36	■				
37	■				
38			■		
39	■				
40	■				
41			■		
42			■		
43	■				
44	■				
45	■				
46			■		
47	■				
48		■			
49		■			
50					■
51	■				
52				■	
53			■		
54			■		
55	■				
56	■				
57			■		
58		■			
59				■	
60			■		
61		■			
62			■		
63		■			
64				■	
65	■				
66	■				
67	■				
68				■	
69				■	
70			■		
71			■		
72				■	
73				■	
74	■				
75			■		
76	■				
77		■			
78			■		
79				■	
80	■				
81				■	
82				■	
83	■				
84				■	
85		■			
86	■				
87				■	
88	■				
89	■				
90			■		
91		■			
92			■		
93			■		
94	■				
95	■				
96			■		
97		■			
98					■
99	■				
100		■			

PER COMPLETARE LA PREPARAZIONE

Pagg. 256 - € 18,90

Pagg. 496 - € 24,90